SUPPLÉMENT SOMMAIRE

AU TRAITÉ ALPHABÉTIQUE

DE L'ENREGISTREMENT

(1911-1920)

SUPPLÉMENT SOMMAIRE

AU TRAITÉ ALPHABÉTIQUE

DE L'ENREGISTREMENT

(1911-1920)

CONTENANT LE RÉSUMÉ DE TOUS LES CHANGEMENTS LÉGISLATIFS
AINSI QUE LA JURISPRUDENCE DE LA COUR DE CASSATION
DEPUIS LA PUBLICATION DE LA 2e ÉDITION DU TRAITÉ

PAR

ÉDOUARD MAGUÉRO
Directeur honoraire de l'Enregistrement

ET

ÉDOUARD TASSAIN
Ancien Sous-Chef à la Direction Générale de l'Enregistrement

PARIS
ADMINISTRATION DE LA *REVUE DE L'ENREGISTREMENT*
5, RUE DE VIENNE (8e arrondt)

1921

PRINCIPALES ABRÉVIATIONS

D. ou Déc.	Décret.
I.	Instruction.
J. O.	Journal officiel.
L.	Loi.
R. E.	Revue de l'Enregistrement.

SUPPLÉMENT ABRÉGÉ

A LA 2e ÉDITION DU

TRAITÉ ALPHABÉTIQUE

DE L'ENREGISTREMENT, DU TIMBRE ET DES HYPOTHÈQUES

1911-1920

(*au courant jusqu'au 1er novembre 1920*).

ABSENCE. — **1.** Lorsque, conformément à la loi du 21 vent. an XI, un curateur spécial est désigné à la succession échue, en totalité ou en partie, à un militaire qui, informé du décès par le juge de paix, ne donne pas de ses nouvelles, les droits de mutation par décès ne peuvent être réclamés sur les biens susceptibles d'être recueillis par le militaire disparu avant que d'autres personnes n'aient pris possession des dits biens ou avant que le sort de ces derniers n'ait été définitivement fixé (Sol. 9 sept. 1915, I. 3466-6, R. E. 6467).

2. Les dispositions du Code civil relatives aux absents sont applicables à l'égard des militaires, marins et civils disparus pendant la durée des hostilités en tant qu'il n'y est pas dérogé par la loi du 25 juin 1919 (*J. off.* du 27).

ACCIDENTS DU TRAVAIL. — **1.** La loi du 15 juill. 1914 a étendu aux exploitations forestières le bénéfice de la loi du 9 avril 1898 et notamment l'art. 29 de ladite loi qui édicte la gratuité de l'impôt pour tous les actes et jugements faits ou rendus en vue de son exécution (I. 3417, R. E. 6073 ; V. Déc. 27 mai 1915, R. E. 6322).

Une loi du 25 octobre 1919 a étendu la même législation aux maladies d'origine professionnelle (R. E. 6993).

2. Les taux des contributions au fonds de garantie général de la loi du 9 avr 1898, des exploitants non patentés, ont été maintenus à 2 0/0 et 4 0/0 par deux périodes successives de 5 ans qui doivent prendre fin le 31 décembre 1921 (L. 13 déc. 1912, I. 3361, Circ. Comp., 15 fév. 1908, n° 1916-207, et L. 18 déc. 1917, I. 3543, R. E. 6736).

3. Pour alimenter le fonds spécial de prévoyance dit des blessés de la guerre, il est établi une contribution à la charge notamment

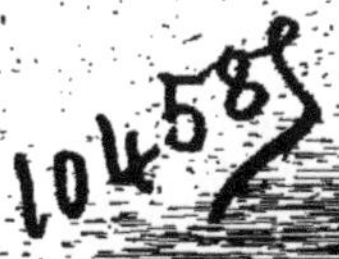

des employeurs non patentés mais assurés et des employeurs non patentés ni assurés (L. 25 nov. 1916 et Déc. 2 janv. 1917, I. 3503, R. E. 6634).

4. Cette dernière contribution s'ajoute aux taxes qui ont été édictées par l'art. 5 L. 12 avr. 1906, modifié par L. 26 mars 1908 en vue d'alimenter le fonds de garantie institué par les art. 24-25 L. 9 avr. 1898. Elle a les mêmes bases que ces taxes et, à l'égard des employeurs visés ci-dessus, est également recouvrée par l'Administration.

5. Son taux, à déterminer chaque année par la loi de finances, a été fixé jusques et y compris l'année 1919 au tiers et, pour l'année 1920, au huitième des taxes constitutives du fonds de garantie général (LL. 25 nov. 1916, art. 3, I. 3503, R. E. 6634 ; 12 août 1919, art. 18, R. E. 6962 et 30 déc. 1919, art. 9, R. E. 7054).

6. L'Etat ne contribue pas à la constitution du fonds créé par la L. 25 nov. 1916 (D. M. F. 30 janv. 2 fév. 1917, I. 3503, R. E. 6634), non plus d'ailleurs qu'à celle du fonds de garantie général (D. M. F. 15 avr. 1910, I. 3302-22, R. E. 5127).

7. Les communes sont passibles de la contribution, dès lors qu'elles sont responsables des accidents du travail survenus aux ouvriers qu'elles emploient dans les termes des lois de 1898 et 1899 (Cass., 31 mars 1920).

ACQUISITION PAR L'ÉTAT. — L'exemption du timbre prononcée par l'art. 6 L. 22 avr. 1905 profite, sous les réserves formulées à l'art. 7 de la même loi, aux actes constatant des acquisitions ou des échanges d'immeubles par l'Etat (D. M. F. 12 déc. 1912, I. 3362-19, R. E. 5796).

ACTE ADMINISTRATIF. — **1.** Les règles relatives aux traités de gré à gré et aux achats sans marché passés ou effectués par les communes et par les établissements publics de bienfaisance ont été modifiées par la loi du 17 juin 1918 (R. E. 6777).

2. Le traité, passé en la forme administrative, entre une ville et le principal d'un collège qui s'engage à gérer pour son compte le pensionnat annexe, ne constitue pas un bail à nourriture de personnes. Il a le caractère d'un acte complémentaire du traité précédemment passé entre l'Etat et la ville pour régler les conditions de fonctionnement du collège, et, comme tel, échappe à tout droit (Cass. civ., 14 nov. 1911, R. E. 5422).

3. Sont exempts de timbre et de la formalité de l'enregistrement, les certificats ou attestations délivrés par les maires en vue du paiement aux conjoints, aux héritiers en ligne directe ou aux collatéraux privilégiés des militaires ou marins tués à l'ennemi et des civils décédés par suite de faits de guerre, de toutes sommes dues à titre de pension, gratification ou réforme, traitement, salaires ou secours, de tous fonds ou valeurs jusqu'à concurrence de 1.500 fr., dus soit par la Caisse des dépôts et consignations ou par l'une des caisses dont elle a la gestion, soit par les caisses d'épargne, ainsi que des objets, et, jusqu'à concurrence de 1.500 fr., des sommes ou valeurs comprises dans les successions liquidées par l'autorité militaire (L. 16 avr. 1917, art. 2, I. 3501, R. E. 6640).

4. Sont dispensés du timbre et de l'enregistrement les actes administratifs constatant la location ou la vente aux habitants des départements envahis des baraquements ou tous autres édifices provisoires à usage d'habitation ou d'exploitation agricole (L. 29 mars 1918, I. 3537, R. E. 6829).

5. Les actes d'affectation hypothécaire passés en la forme administrative lorsque les sociétés coopératives ou les sociétés d'intérêt collectif agricoles auxquelles l'Etat a attribué des avances à long terme sont ou deviennent propriétaires d'immeubles, sont assujettis au timbre et à l'enregistrement sur la minute dans un délai de 20 jours comme il est prévu art. 78 L. 15 mai 1818 (L. 5 août 1920, art. 31).

ACTE DE COMMERCE. — 1. Actes synallagmatiques. — Même rédigés en forme synallagmatique, les marchés commerciaux échappent aux prescriptions de la loi du 29 juin 1918. — V. *Acte sous seing privé*.

2. Mines. — L'exploitation des mines a désormais le caractère d'un acte de commerce (L. 9 sept. 1919, art. 5, R. E. 6971).

ACTE DE L'ÉTAT CIVIL. — 1. Les registres destinés à remplacer ceux qui ont été perdus ou détruits par suite d'événements de guerre sont exempts de timbre (L. 1er juin 1916, I. 3477, R. E. 6142).

2. L'expédition des tables décennales destinée à rester au greffe du tribunal civil est affranchie du timbre (D. 27 fév. 1913, I. 3390-19, R. E. 5957).

3. Une circulaire de la Chancellerie du 1er juin 1913 donne une liste, non limitative, des cas où les extraits d'actes de l'état civil peuvent être délivrés sur papier non timbré (I. 3370 26, R. E. 5929. — V. également D. M. F. 1er mars 1912, I. 3345-17, R. E. 5678 ; D. M. F. 10 déc. 1912, I. 3362-15, R. E. 5756 ; D. M. F. 8 août 1914, I. 3434-15, R. E. 6268).

4. Doivent être rédigés sur timbre les extraits d'actes de l'état civil nécessaires au fonctionnement des sociétés de prévoyance ; — ceux délivrés aux candidats à l'examen du certificat d'études ; — ceux produits par les veuves ou orphelins des agents des chemins de fer de l'Etat pour la liquidation de leurs pensions de retraite ; — ceux délivrés aux particuliers, même s'ils sont simplement revêtus de l'empreinte d'un cachet ou d'une griffe, sans signature manuscrite (D. M. F. 13 juin 1914, I. 3413-16, R. E. 6263 ; Conf. D. M. F. 20 juin 1913, I. 3370-27, R. E. 5949).

5. Les expéditions nécessaires à un indigent pour contracter mariage sont visées pour timbre gratis au vu d'un certificat constatant l'indigence de celui des futurs qu'ils concernent (D. M. F. 26 nov. 1912, I. 3370 23, R. E. 5956).

6. Les dispositions de la loi du 18 mai 1850 sont applicables aux mariages contractés en France par les Italiens tant que les Français jouiront en Italie des mêmes avantages (D. 5 juin 1914, I. 3413-20, R. E. 6074).

7. Les feuilles non utilisées des registres d'actes de l'état civil ne peuvent recevoir aucun emploi.

8. Les actes de notoriété destinés à suppléer aux actes de l'état civil dont les originaux se trouvaient, alors, en pays envahi, sont visés pour timbre et enregistrés gratis (LL. 16 mars 1916, I. 3471, R. E. 6396, 20 juin 1920, art. 2 ; V. aussi D. M. F. 6-24 juin 1916, I. 3482). — V. *Timbre*.

ACTE ÉCRIT A LA SUITE D'UN AUTRE. — L'addition, sur un chèque, lors de sa présentation à l'encaissement, de la domiciliation pour paiement soit à la Banque de France, soit dans une banque ayant un compte à la Banque de France, ne donne ouverture à aucun droit de timbre (L. 26 janv. 1917, I. 3496, R. E. 6583).

ACTE PASSÉ EN CONSÉQUENCE. — Les actes passés et enregistrés en Algérie ou dans les colonies ne sont soumis au tarif métropolitain que le jour où il en est fait usage en France. Cette nouvelle perception doit être assise d'après le tarif métropolitain au jour de l'usage, sauf imputation des droits déjà payés (Cass. civ., 24 mai 1911, I. 3335-3, R. E. 5328). — V. *Maroc*, *Tunisie*.

ACTE PRODUIT EN COURS D'INSTANCE. — 1. Il y a usage ou production en justice au sens de l'art. 23 L. 22 frim. an VII, toutes les fois que l'une des parties invoque, au soutien de ses intérêts, un acte ou un écrit dont l'existence ne laisse aucun doute, alors même qu'il n'est pas représenté matériellement (Cass. civ., 9 déc. 1912, R. E. 5667).

2. L'abstention, calculée ou volontaire, des parties de représenter à l'enregistrement l'acte produit ne saurait avoir pour effet de priver le Trésor de l'impôt et d'en empêcher le recouvrement : l'Administration a la faculté, dans ce cas, d'évaluer d'office, en se basant sur les éléments du litige, le montant des droits exigibles (Même arrêt).

3. L'obligation d'acquitter les droits dus sur les actes produits en justice est subordonnée à la condition que les dits actes n'aient pas

été antérieurement annulés par une décision judiciaire. Il n'y a pas annulation quand un tribunal consulaire se déclare incompétent, motif pris de ce que le contrat qui lui est soumis n'a aucun caractère commercial (Cass. civ., 14 avr. 1913, I. 3374-6, R. E. 5743).

4. Lorsque l'Administration réclame une somme arbitrée d'office représentant les droits et amendes de toute nature pouvant être dus sur les actes produits, cette somme comprend aussi bien les droits et amendes de timbre que ceux d'enregistrement (Cass. civ., 9 déc. 1912, R. E. 5667).

ACTE RESPECTUEUX. — 1. Sont visés pour timbre et enregistrés gratis, les actes, quelle que soit leur forme, dressés en vue de constater le dissentiment : entre les père et mère, entre l'aïeul et l'aïeule de la même ligne, entre les parents divorcés ou séparés de corps ; entre les père et mère naturels (L. 10 mars 1913, I. 3367, R. E. 5723).

2. La gratuité s'applique aussi bien à la réquisition qu'à la notification, alors même que ces deux formalités feraient l'objet de deux actes séparés dressés par des notaires différents. Elle profite aussi aux expéditions de ces actes remises soit aux parents, soit à l'officier de l'état civil.

3. L'acte de notification du dissentiment conserve le bénéfice de la gratuité même s'il renferme la déclaration, par les ascendants à qui cette notification est faite, qu'ils donnent ou qu'ils refusent leur consentement au mariage projeté (I. 3367 ; Conf. D. M. F. 4 juin 1919, I. 3335-13, R. E. 5519).

4. Est visée pour timbre et enregistrée gratis l'ordonnance sur requête dispensant de la notification prescrite par les art. 151 à 154 C. civ. lorsque l'impossibilité de procéder à cette notification aura été établie (L. 23 juill. 1916, I. 3486, R. E. 6508).

ACTE SOUS SEING PRIVÉ. — 1. Doivent être enregistrés dans les trois mois de leur date les actes sous seings privés synallagmatiques non assujettis par les lois antérieures à l'enregistrement dans un délai déterminé (L. 29 juin 1918, art. 12, I. 3554, R. E. 6786).

2. Par actes il faut entendre les écrits spécialement dressés pour constituer la preuve littérale de la convention et revêtus des signatures de toutes les parties à cette convention.

3. Lorsqu'une convention a fait l'objet de simples lettres missives échangées par les parties, il n'y a pas d'acte au sens de la loi, ni, partant, enregistrement obligatoire.

4. Il n'est pas nécessaire, toutefois, que l'écrit réunisse toutes les conditions de validité définies par l'art. 1325 C. civ., l'Administra-

tion n'étant pas juge de la validité des actes. De même, quand l'acte est rédigé en plusieurs originaux, il n'est pas indispensable, pour l'application du texte, que chaque original porte la signature de toutes les parties : l'impôt est dû, dès lors que l'ensemble des originaux contient toutes les signatures.

5. Ce sont exclusivement les actes synallagmatiques parfaits qui sont visés par l'art. 12 précité, c'est-à-dire ceux dans lesquels les parties se soumettent, par le fait même de la convention, à des engagements réciproques qui forment ou qui sont censés former pour chacune d'elles l'équivalent de la prestation à laquelle elle a droit.

6. Par suite, la loi nouvelle n'atteint pas les actes synallagmatiques imparfaits, c'est-à-dire ceux dans lesquels l'une des parties s'engage seule, par l'effet immédiat de la convention ; l'obligation de l'autre dépendant de circonstances accidentelles postérieures à sa formation.

7. Demeurent également sous le régime antérieur : les actes unilatéraux, même ceux qui, faits avec charges, seraient susceptibles de se transformer ultérieurement en contrats synallagmatiques.

8.... les actes notariés, judiciaires et extrajudiciaires, ainsi que les actes administratifs, même, pour ces derniers, ceux que la législation spéciale n'astreint pas à l'enregistrement dans le délai de vingt jours.

9. Toutefois, parmi les actes sous seings privés synallagmatiques parfaits, ne sont pas soumis à l'enregistrement obligatoire en vertu même du texte, ceux visés par l'art. 22 L. 11 juin 1859 (L. 29 juin 1918, art. 12).

10. Ces derniers actes sont les marchés et traités réputés actes de commerce par les art. 632, 633 et 634 n° 1 C. com. et donnant lieu au droit proportionnel de 1 0/0 ou 5 0/0 suivant l'art. 69 § 3 n° 1 et § 5 n° 1 de la loi du 22 frimaire an VII et L. 25 juin 1920 (V. T. A. Acte de commerce).

11. Spécialement, les marchés de commerce doivent s'entendre même de ceux où l'un des contractants seulement est commerçant. Tel est le cas des contrats d'abonnement pour la fourniture de gaz ou d'électricité intervenus entre une société commerciale et un particulier (R. E. 6766).

12. Les polices d'abonnement aux eaux constituent, non des actes de commerce, mais des contrats civils soumis à l'enregistrement obligatoire, sauf dans le cas où elles sont souscrites par un commerçant pour les besoins de son commerce (Sol. 28 oct. 1918, R. E. 6820).

13. Toutefois, si la société chargée de la distribution d'eau possédait en même temps d'autres exploitations d'un caractère commercial indiscutable, les contrats qu'elle passerait devraient être considérés comme commerciaux (R. E. 6820, obs.).

14. En dehors de l'exception visant les actes de commerce, la disposition nouvelle ne s'applique pas, savoir : aux actes sous seings privés constatant des conventions synallagmatiques et exonérés de la formalité par des lois spéciales.

15... aux actes pour lesquels des lois particulières ont organisé un mode spécial de paiement du droit d'enregistrement comme les polices d'assurances, les cessions de titres négociables régies par la loi du 23 juin 1857.

16... aux actes passés à l'étranger et qui ne constatent pas la transmission d'immeubles ou de fonds de commerce sis en France ; le lieu où a été donnée la signature qui confère à l'acte sa perfection devant être envisagé pour déterminer si cet acte est ou non passé à l'étranger (Rapp. I. 3554, p. 9 et 23).

17. Les actes d'avances sur titres sont soumis à un régime spécial depuis la loi du 11 sept. 1919. — V. *Prêt sur dépôt.*

18. La date de l'acte fait foi vis-à-vis de l'Administration pour l'application de l'art. 12, sauf preuve contraire.

Toutefois, les actes dont la date est antérieure à la mise en vigueur des art. 24, 25 et 26 de la loi du 25 juin 1920 et qui contiennent des dispositions de la nature de celles visées dans ces articles, ne peuvent bénéficier des tarifs édictés par les lois antérieures s'ils n'ont pas été présentés à l'enregistrement dans les 10 jours à compter de l'entrée en vigueur de la loi du 31 juillet 1920 (L. 31 juillet 1920, art. 20, I. 3636, R. F. 7149). L'acte non enregistré dans le délai de 10 jours prévu doit être soumis aux nouveaux droits pour toutes ses clauses.

19. Le délai fixé pour l'enregistrement est de trois mois à compter de la date de l'acte.

20. Toutefois la partie à la charge de laquelle aucune portion des droits ne doit définitivement rester est admise à présenter l'acte dans le quatrième mois (L. 29 juin 1918, art. 12, 3e al).

21. En cas d'enregistrement hors délai, chacune des parties est tenue personnellement et sans recours, nonobstant toute stipulation contraire, d'un droit en sus au minimum de 50 francs en principal (L. 29 juin 1918, art. 12, 2e al). Ce minimum comporte l'addition de 5 décimes.

22. On doit, pour l'application de la pénalité, considérer comme une seule partie toutes les personnes ayant un même intérêt (*Contrà*, I. 3554).

23. Par le dépôt de l'acte au bureau compétent avant l'expiration du quatrième mois à partir de sa date, la partie à la charge de laquelle aucune portion des droits ne doit définitivement rester s'affranchit tant du paiement immédiat des droits simples exigibles que du droit en sus dont elle est personnellement redevable (L. 29 juin 1918, art. 12, 3e al.).

24 Cette dernière disposition n'apporte toutefois aucune dérogation à la règle posée par l'art. 28 L. frim. touchant la solidarité de toutes les parties contractantes vis-à-vis de l'Administration, pour le paiement du droit simple.

25. C'est en se référant au principe posé par l'art. 31 de la loi de frim. et, le cas échéant, aux stipulations conventionnelles des parties, qu'on détermine si un co contractant est, ou non, dispensé de toute obligation au paiement d'une fraction quelconque des droits simples exigibles.

26. Le dépôt de l'acte dans les conditions prévues à l'art. 12 est constaté par un bulletin de dépôt remis à la partie qui l'effectue.

27. Les actes sous seings privés soumis obligatoirement à l'enregistrement dans un délai déterminé autres que ceux portant transmission de propriété d'usufruit ou de jouissance de biens immeubles, de fonds de commerce ou de clientèle (V. *infrà, Mutation et fonds de commerce*), doivent être soumis à la formalité au bureau du domicile de l'une des parties contractantes (L. 29 juin 1918, art. 13).

28. Cette disposition est applicable depuis le 1er juillet 1918 à tous les actes présentés à l'enregistrement et rentrant dans les catégories visées par le texte, quelle que soit leur date, sauf en cas de dépôt en l'étude d'un notaire (R. E. 6931-XV).

29. L'enregistrement à un bureau incompétent est considéré comme inexistant (Conf. Cass. civ., 13 nov. 1900, R. E 2552) avec les conséquences de droit.

30. Les parties restent autorisées à requérir la formalité dans un bureau quelconque en ce qui concerne les actes sous seings privés constatant des conventions unilatérales ou les actes sous seings privés, tels que les marchés commerciaux, qui ne sont pas assujettis dans un délai déterminé bien que renfermant des conventions synallagmatiques.

31. Les parties qui rédigent un acte sous seings privés soumis à l'enregistrement dans un délai déterminé soit par l'art. 12, soit par les lois antérieures, doivent en établir un double sur papier timbré revêtu des mêmes signatures que l'acte lui-même et qui reste déposé au bureau de l'enregistrement lorsque la formalité est requise (L. 29 juin 1918, art. 14).

32. Nonobstant la formule générale employée par le législateur, il est sans difficulté que le double des actes dont les originaux peuvent être établis sur papier non timbré conformément aux dispositions des lois en vigueur ne doit pas être rédigé sur timbre, mais sur papier libre.

33. Le double à déposer doit être exactement conforme dans sa teneur aux originaux destinés aux parties et être revêtu des signatures de toutes les parties.

34. Le dépôt du double est obligatoire pour tous les actes sous seings privés visés par la loi, dès lors que leur date est postérieure au 30 juin 1918, la loi étant exécutoire à partir du 1er juillet 1918, mais non pour ceux qui sont annexés à des actes authentiques.

35. A défaut de dépôt ou en cas d'irrégularité du double, la formalité doit être refusée (R. E. 6987), sauf au receveur s'il y a lieu, à tirer copie ou à requérir collation conforme des pièces présentées, conformément à l'art. 56 L. 22 frim. an VII pour assurer ultérieurement le recouvrement des droits et pénalités exigibles.

36. Il ne peut être délivré de copies ou d'extraits des doubles classés dans les archives des bureaux d'enregistrement. Les parties ont seulement la faculté de se faire remettre des copies ou des extraits de l'enregistrement dans les termes de l'art. 58 L. 22 frim an VII. — V. *Dissimulation*.

ADJUDICATION D'IMMEUBLES. — **1**. Les dispositions exceptionnelles de l'art. 573 C. com. relatif à la vente des immeubles du failli sont étendues aux ventes effectuées par le syndic avant l'union (L. 5 janv. 1914, R. E. 5887).

2. La loi du 19 mars 1917 (R. E. 6587) complétée par la loi du 18 mars 1918 (R. E. 6743) apporte une dérogation temporaire à l'art. 815 C. civ., ainsi qu'à certaines dispositions concernant la procédure pour la liquidation des successions. — V. pour les nouveaux tarifs : Vis *Partage et Vente d'immeubles*.

ADOPTION. — Le droit minimum de 150 fr. avec décimes est porté à 200 fr. décimes compris (L. 25 juin 1920, art. 28, I. 3626, R. E. 7125.)

AFFICHES

SOMMAIRE

§ 1. — Affiches sur papier.

1. Le droit de timbre des affiches sur papier ordinaire est fixé, y compris les décimes : à 0,12 jusqu'à 12 décimètres et demi carrés ; à 0,24 de 12 décimètres et demi à 25 décimètres ; à 0,36 de 25 à

50 décimètres ; à 0,48 de 50 décimètres à 2 mètres carrés. Au-dessus de 2 mètres carrés, le droit est augmenté de 0,24 par mètre carré ou fraction de mètre carré (LL. 8 avril 1910 art. 16, I. 3297, R. E. 5031 et 25 juin 1920, art. 41, I. 3626, R. E. 7125).

2. Le tarif est double lorsque l'affiche contient plus de cinq annonces distinctes (LL. 1910 et 1920).

3. Les annonces sont uniques ou distinctes suivant qu'elles se rapportent à des intérêts identiques ou qu'elles sont destinées à servir des intérêts différents.

4. Sont soumises au tarif double de celui édicté pour les affiches sur papier ordinaire, les affiches, également sur papier, ayant subi une préparation quelconque en vue d'en assurer la durée, soit que le papier ait été transformé ou préparé, soit qu'elles se trouvent protégées par un verre, un vernis ou une substance quelconque, soit qu'antérieurement à leur apposition on les ait collées sur une toile, plaque de métal, etc. (L. 8 avr. 1910, art. 17 et 19, et 25 juin 1920, art. 41).

5. Ainsi, le tarif est quadruple de celui prévu pour une affiche sur papier ordinaire contenant moins de six annonces distinctes, quand l'affiche sur papier préparé ou protégée par un verre, un vernis, ou une substance quelconque, renferme plus de cinq annonces.

6. Les affiches sur papier imprimées ou manuscrites, qui sont apposées dans un lieu couvert public ou dans une voiture publique, quelle qu'elle soit, servant au transport du public, sont assimilées, quant au tarif, aux affiches sur papier préparé ou protégées, visées par l'art. 17 L. 8 avr. 1910 (L. 30 juill. 1913, art. 11, I. 3371, R. E. 5800 et L. 25 juin 1920, art. 41).

7. Les auteurs des affiches sur papier ordinaire imprimées ou manuscrites, qu'elles soient ou non apposées dans un lieu couvert public ou dans une voiture publique, sont passibles d'une amende de 5 fr. en principal par chaque exemplaire apposé sans avoir été préalablement timbré ou revêtu de timbres mobiles irrégulièrement oblitérés (L. 8 avr. 1910, art. 16).

8. Les affiches sur papier préparé ou protégées ne peuvent, dans aucun cas, être timbrées par l'apposition de timbres mobiles. Le timbrage en a lieu à l'extraordinaire lorsque la nature de l'affichage le permet. A défaut, les prescriptions du règlement d'administration publique du 18 févr. 1891 maintenues par l'art. 19 L. 26 juill. 1893 doivent être observées (L. 8 avr. 1910, art. 17).

9. Toute contravention en matière d'affiches sur papier préparé ou protégées est punie d'une amende de 10 fr. en principal par affiche (L. 8 avr. 1910, art. 17).

10. Les calendriers-réclames sont soumis au point de vue du timbre aux règles générales édictées pour les affiches.

11. Toutefois, par dérogation aux art. 16 et 17 L. 8 avr. 1910, l'afficheur est seul tenu du paiement des droits et amendes exigibles conformément à l'art. 11 L. 30 juill. 1913, à raison de l'apposition, dans un lieu couvert public, de calendriers-réclames non préalablement timbrés ou revêtus de timbres mobiles régulièrement oblitérés, et ne rentrant pas dans la catégorie des enseignes visées par l'art. 22 L. 8 avr. 1910 (L. 15 juill. 1914, art. 33, I. 3415, R. E. 6033).

12. Doit être considérée comme afficheur pour l'application de cette dernière loi, toute personne qui a la libre disposition ou la jouissance du lieu couvert public, soit à titre de propriétaire ou d'usufruitier, soit à titre de gérant ou d'administrateur, de locataire ou de concessionnaire (L. 15 juill. 1914, art. 33).

13. Les enseignes sont exemptes de timbre. Sont considérés comme telles, les affiches et tableaux-annonces apposés à l'intérieur d'un établissement où le produit annoncé est en vente ou à l'extérieur, sur les murs mêmes de cet établissement ou de ses dépendances, lorsque les affiches ou tableaux-annonces ont exclusivement pour objet d'indiquer le produit vendu (L. 8 avr. 1910, art. 22; Sol. 6 mars 1914, R. E. 6016 et I. 3626).

14. Pour que les affiches puissent bénéficier de la dispense édictée par l'art. 56 de la loi du 9 vendémaire an VI en faveur des actes émanés de l'autorité publique, il faut non seulement qu'elles concernent l'intérêt public, mais encore qu'elles émanent d'un fonctionnaire de l'ordre administratif agissant comme représentant de l'autorité publique (D. M. F. 8 avr. 1913, I. 3370-28, R. E. 5950).

15. En matière de fêtes et d'exposition, l'exemption d'impôt s'applique exclusivement aux affiches concernant des cérémonies ou concours organisés directement par l'Etat (D. M. F. 15 juin 1911, I. 3335-19, R. E. 5520).

16. Sont affranchies du droit de timbre, les affiches imprimées ou non qui sont apposées par les comités de patronage des habitations à bon marché et de la prévoyance sociale et qui ont exclusivement pour objet la vulgarisation des dispositions législatives et réglementaires concernant les habitations à bon marché, la petite propriété, les jardins ouvriers et les bains douches, toutes les mesures relatives à leur aménagement ainsi que toutes les dispositions prises en exécution du 3e al. de l'art. 3 L. 12 avr. 1906 (L. 23 déc. 1912, art. 9, I. 3363, R. E. 5693).

17. Sont également exemptes, les affiches imprimées ou non, apposées par les caisses d'assurances visées à l'art. 14 et ayant pour objet exclusif la vulgarisation des statuts, comptes rendus et conditions de fonctionnement de ces caisses en conformité L. 5 avr. 1910 (L. 17 août 1915, art. 22, I. 3454, R. E. 6295).

18. Les affiches apposées par les sociétés de secours mutuels doivent porter en elles-mêmes la preuve que se trouvent remplies les conditions auxquelles la dispense d'impôt du timbre est subordonnée par la loi du 1er avr. 1898 (D. M. F. 1er févr. 1911, I. 3322-14, R. E. 5397).

19. Les affiches imprimées ou non, concernant exclusivement les offres et demandes de travail et d'emplois, et apposées par les bureaux de placement gratuit énumérés à l'art. 83 L. 28 déc. 1910, sont affranchies de tout droit de timbre (L. 28 déc. 1910, art. 86, R. E. 5481). La loi du 25 juin 1920 limite l'exemption au cas où les affiches sont apposées par les offices publics départementaux ou locaux et par les bureaux municipaux de placement gratuit (art. 43).

20. Les affiches sur lesquelles ont été apposés soit des timbres mobiles ayant déjà servi, soit des timbres à l'extraordinaire découpés, doivent être considérées comme non timbrées et la contravention présumée, sous réserve de la preuve contraire, être le fait de l'auteur de l'affiche, c'est-à-dire de la personne désignée dans cette affiche et qui a intérêt à la publicité (Cass. crim., 1er fév. 1913, R. E. 5765).

§ 2. — Affiches peintes.

21. Les affiches peintes et généralement toutes les affiches inscrites dans un lieu public, quand bien même ce ne serait ni sur un mur ni sur une construction, autrement dit les affiches autres que celles imprimées ou manuscrites sur papier sont soumises, pour toute leur durée, à un droit de timbre dont la quotité est fixée à 2 fr. par mètre carré ou fraction de mètre carré, sans addition de décimes (LL. 8 avr. 1910, art. 18, I. 3297, R E 5031 et 25 juin 1920, art. 41. V. Appendice au T. A).

22. Si l'affiche contient plus de cinq annonces distinctes (V. n° 3 ci-dessus), elle est passible du double du droit correspondant à sa dimension (LL. 1910 et 1920).

23. Les prescriptions du règlement d'administration publique du 18 février 1891 maintenues par l'art. 19 L. 26 juill. 1893 continuent à être appliquées à ces affiches.

§ 3. — Panneaux réclames.

24. Les affiches dites panneaux réclames, affiches écrans ou affiches sur portatif spécial, c'est-à-dire les affiches de toute nature imprimées, peintes ou constituées au moyen de tout autre procédé, établies sur toute partie d'un immeuble bâti ou non, autre qu'un mur de maison ou de clôture et au delà d'un périmètre de 100 mètres autour de toute agglomération de maisons ou de bâtiments, sont soumises à une taxe annuelle de timbre (L. 12 juill. 1912, art. 1er, I. 3346 et 3354, R. E. 5694 non modifiée par L. 25 juin 1920).

25. Par agglomération il faut entendre l'ensemble de maisons ou de bâtiments formant un hameau, un village, un bourg, à l'exclusion d'une maison isolée entourée de bâtiments annexes (D. M. F. 12 déc. 1912, I. 3362, § 18, R. E. 5766).

26. La taxe est applicable à toutes les affiches panneaux réclames apposées postérieurement au 11 juin 1912.

27. Son taux est fixé par mètre carré à 50 fr. pour les affiches d'une dimension inférieure à 6 mètres carrés, 100 fr. jusqu'à 10 mètres carrés, 200 fr. jusqu'à 20 mètres carrés et 400 francs pour les affiches d'une superficie supérieure à 20 mètres carrés, toute fraction de mètre étant comptée pour un mètre (L. 12 juill. 1912, art. 2).

28. Elle n'est pas soumise aux décimes.

29. Les droits sont doublés si l'affiche contient, groupées ou non, 2 annonces ; triplés si elle contient trois ; quadruplés si elle renferme quatre annonces ou plus (L. 15 juill. 1912, art. 12).

30. La taxe est due pour l'année entière sans fraction (L. 15 juill. 1912, art. 2).

31. Toute inscription ou apposition d'un panneau réclame doit être précédée d'une déclaration particulière d'affichage et du paiement des droits exigibles (D. 22 août 1912, art. 2).

32. La taxe peut être immédiatement payée pour plusieurs années. En tout cas, le versement doit être effectué, jusqu'à déclaration de cessation, et à peine d'amende, dans les vingt jours qui suivent l'expiration de l'année ou des années pour lesquelles elle a été antérieurement acquittée (D. 22 août 1912, art. 3).

33. La taxe simple et les amendes sont dues solidairement par les auteurs des affiches et les propriétaires des immeubles sur lesquels elles se trouvent placées (L. 12 juill. 1912, art. 5).

34. Toute affiche doit porter dans sa partie inférieure gauche l'indication, en caractères suffisamment apparents, de la date et du numéro de la quittance de la taxe (D. 22 août 1912, art. 5).

35. Les personnes chargées d'établir l'affiche sont tenues, pendant l'exécution des travaux, de représenter l'exemplaire de la déclaration remis à la partie ou un duplicata régulier de cette déclaration, à tous les agents chargés de constater les contraventions. Elles doivent, à défaut, interrompre les travaux (D. 22 août 1912, art. 5).

36. Les contraventions sont constatées par tous les agents ayant qualité pour verbaliser en matière de timbre. Ces agents ont le droit de pénétrer sur le terrain où l'affiche est apposée (L. 12 juill. 1912, art 6).

37. Toute affiche non timbrée entraîne l'exigibilité d'un droit en sus au minimum de 500 fr. (L. 12 juill. 1912, art. 5) et chaque contravention au règlement d'administration publique est punie d'une amende de 500 fr. (L. 12 juill. 1912, art. 9). Ces amendes comportent l'addition des 2 décimes et demi édictés (L. 25 juin 1920, art. 110).

38. Le quart des amendes est attribué aux gendarmes, gardes champêtres et autres agents de la force publique qui ont constaté les contraventions (D. 22 août 1912, art. 8), mais non aux commissaires de police ni aux préposés de l'enregistrement.

39. Le recouvrement de la taxe et des pénalités a lieu comme en matière d'enregistrement (L. 12 juill. 1912, art. 5).

40. Les auteurs des affiches ou les afficheurs ont dû dans le délai d'un mois de la promulgation de la loi du 12 juillet 1912 déclarer les panneaux réclames, affiches, écrans et affiches sur portatif spécial existant avant le 11 juin 1912 (L. 12 juill. 1912, art. 3).

41. Pour ces affiches, la taxe est applicable à compter du 1er juillet 1915 à moins que les contrats les concernant ne viennent à expiration avant cette date, auquel cas la taxe a pour point de départ le jour même de l'expiration dudit contrat pour les affiches maintenues en vertu des traités renouvelés.

42. La déclaration de maintien ou de renouvellement est accompagnée du paiement de la taxe pour une ou plusieurs années comme s'il s'agissait d'une affiche nouvelle (D. 22 août 1912, art. 6).

43. Les affiches apposées dans les sites de caractère artistique ont dû obligatoirement être supprimées dès la promulgation de la loi (L. 12 juill. 1912, art. 3).

44. En cas de cession de fonds de commerce, de changement d'adresse, de modifications apportées au nom ou à la raison sociale, il y a lieu à déclaration pour ordre.

§ 4. — Affiches lumineuses.

45. *Affiches permanentes.* — Les affiches lumineuses constituées par la réunion de lettres ou de signes installés spécialement sur une charpente ou sur un support quelconque, pour rendre une annonce visible tant la nuit que le jour, sont soumises à un droit de timbre dont la quotité est fixée sans addition de décimes à 20 fr. par mètre carré ou fraction de mètre carré pour la première année et à 6 fr. pour les années suivantes (LL. 8 avr. 1910, art. 20, I. 3297, R. E. 5031 et 25 juin 1920, art. 41).

46. Le droit est doublé pour toute affiche contenant plus de cinq annonces distinctes.

47. La surface imposable est celle du rectangle dont les côtés passent par les points extrêmes de la figure de l'annonce.

48. Les prescriptions du règlement d'administration publique du 18 fév. 1891, maintenues par l'art. 19 L. 26 juill. 1893, sont applicables aux affiches lumineuses permanentes (L. 8 avr. 1910, art. 21).

49. La taxe est due pour une année entière sans fraction ; elle court du jour même de la déclaration (D. 18 fév. 1911, art. 2, I. 3317, R. E. 5258).

50. Elle peut être payée pour plusieurs années ou pour une seule (D. 8 fév. 1911, art. 1). Si la déclaration ne fixe pas de durée, la taxe afférente à la seconde année est exigible dans les 20 jours qui suivent l'expiration de la première et ainsi de suite (D. 8 fév. 1911, art. 2).

51. Toute infraction est punie d'une amende de 5 fr. en principal, par affiche, sans préjudice des droits dont le Trésor aura été frustré (L. 8 avr. 1910, art. 23).

52. *Affiches non permanentes.* — Sont assujetties à un droit mensuel de 10 fr. par mètre carré ou fraction de mètre carré, sans addition de décimes, quel que soit le nombre des annonces, les affiches lumineuses obtenues soit au moyen de projections intermittentes ou successives sur un transparent ou sur un écran, soit au moyen de combinaisons de points lumineux susceptibles de former successivement les différentes lettres de l'alphabet dans le même espace, soit au moyen de tout procédé analogue (L. 25 juin 1920, art. 42).

53. La taxe est payable d'avance. Elle est due pour un mois entier sans fraction : elle commence à courir du jour de la première déclaration (L. 25 juin 1920, art. 42).

54. Elle peut être payée pour plusieurs ou pour un seul mois (L. 1920).

55. Si la déclaration ne fixe pas de durée, la taxe afférente à chaque mois est exigible dans les 10 jours qui suivent l'expiration du mois précédent et la perception est continuée de mois en mois, dans les mêmes conditions, jusqu'à déclaration de suppression de l'affiche. Si la déclaration est faite pour un nombre de mois déterminé, la perception est continuée, soit de mois en mois, soit pour une période plus longue indiquée par les parties, jusqu'à suppression de l'affiche.

56. Toute infraction est punie d'une amende de 5 fr. en principal par annonce, sans préjudice des droits dont le Trésor aura été frustré (L. 25 juin 1920, art. 42).

57. C'est cette dernière amende de 5 fr. — à l'exclusion de celle de 100 fr. prévue par la législation spéciale aux affiches peintes — qui est due en cas de non déclaration préalable à l'apposition d'une affiche lumineuse (Sol. 18 juill. 1912, I. 3362-17, R. E. 5758).

58. La nouvelle réglementation concernant les affiches lumineuses non permanentes s'appliquera aux affiches existantes à la date de la promulgation de la loi du 25 juin 1920, mais seulement à l'expiration de l'année en cours pour laquelle la taxe de 100 fr. édictée par le 2e al. L. 8 avr. 1910 a déjà été payée.

ALIMENTS. — Aux termes de l'art. 206 (nouveau) C. civ. « les gendres et belles-filles doivent également, et dans les mêmes circonstances, des aliments à leurs beau-père et belle-mère, mais cette obligation cesse lorsque celui des époux qui produisait l'affinité et les enfants issus de son union avec l'autre époux sont décédés » (L. 9 août 1919, *J. off.* du 10).

ALGÉRIE

SOMMAIRE

§ 1. — Matières diverses.

1. Les textes spéciaux à l'Algérie sont mentionnés ci-après par leur date, suivant l'ordre chronologique et leur objet (les décrets dont la date est suivie de la lettre S s'appliquent aux territoires du Sud).

D. 1er oct. 1909. Notaire. Comptabilité. Visa. R. E. 4924.

D. 31 janv. 1911. Colis postaux agricoles. R. E. 5348.

D. 6 mai 1911. Notaire. Comptabilité. Visa R. E. 5327.

D. 16 déc. 1911. Congrégation. Taxe d'accroissement. R. E. 5464.

D. 23 déc. 1914 (S). Tarifs : Taxe et droit de transmission. Echange et vente d'immeubles. Biens situés à l'étranger. Donations. Taxe d'accroissement. Droit de transcription. Assurances maritimes. Autres droits proportionnels et droits fixes : majoration de moitié. R. E. 6115.

D. 24 nov. 1915. Hypothèques. Conservation d'Oran. Division. R. E. 6647.

D. 2 déc. 1915 (S). Procès-verbal. Tabacs. R. E. 6313.

D. 20 avr. 1916. Guerre. Suspension des délais. Juges de paix à compétence étendue. R. E. 6652.

D. 1er sept. 1917. Serment des suppléants des officiers publics ou ministériels. R. E. 6718.

D. 13 nov. 1918 (S). Assurance contre l'incendie. Taxe de 12 fr. par million. R. E. 6848.

D. 13 nov. 1918 Majoration de tarifs (Echanges, ventes, licitations, soultes de partages d'immeubles. Donations. Taxe d'accroissement. Droit de transcription. Assurances maritimes. Autres droits fixes et proportionnels). R. E. 6848.

D. 13 nov. 1918 (S). Timbre. Bulletins de bagages. R. E. 6848.

D. 13 nov. 1918. Majoration de tarifs (Timbre de dimension. Effets de commerce. Abonnement au timbre). R. E. 6848.

L. 4 fév. 1919. Accession des indigènes aux droits politiques. Actes de l'état civil. Actes judiciaires. R. E. 6902.

D. 9 déc. 1919 (S). Contrats de transports. Imputation de droits. Tunisie, Maroc. R. E. 7023.

D. 12 et 19 déc. 1919 (S). Actes et jugements en matière musulmane. R. E. 7024.

D. 14 déc. 1919 (S). Passeport. Timbre. R. E. 7025.

D. 21 déc. 1919. Mutation entre vifs à titre gratuit. Fraude et insuffisance. Assurances vie et accidents. Taxe obligatoire d'enregistrement. Assurances accidents. Abonnement au timbre. Taxe d'accroissement. Relèvement des taux. R. E. 7026.

D. 24 déc. 1919. Fraudes fiscales. R E. 7027.

D. 29 déc. 1919. Biens en France et en Algérie. R. E. 7022.

D. 29 déc. 1919. Echanges, ventes et licitation d'immeubles. Majoration de droits. R. E. 7030.

D. 29 déc. 1919 (S). Taxe des biens de mainmorte. R. E 7031.

D. 29 déc. 1919 (S). Majoration de certains droits d'enregistrement. R. E. 7032.

2 DD. 29 déc. 1919 (S). Institution de l'impôt de mutation par décès (V. ci-après 4 et s. R. E. 7028 et 7029).

D. 18 janv. 1920. Droits de mutation par décès. R. E. 7033.

2. Les lois et décrets dont la date est indiquée ci-dessous avec leur objet ont été déclarés applicables en Algérie en vertu d'une disposition expresse de leur texte :

D. 29 août 1909. Assurances maritimes. R. E 4896.

L. 31 déc. 1910 Hypothèque conventionnelle. R. E. 5217.

L. 23 déc. 1912. Habitations à bon marché. R. E. 5693.

L. 10 mars 1913. Acte respectueux. R. E. 5723.

L. 8 août 1913. Warrant-hôtelier. R. E. 5803.

L. 4 déc. 1913 et 12 avr. 1914. Crédit maritime mutuel. R. E. 6078.

L. 5 août 1914 et D. 10 août 1914. Moratorium. R. E. 6034.

D. 9 et 29 août et 27 sept. 1914. Prorogation des échéances. R. E. 6034.

D 29 août 1914. Paiement de coupons. R. E. 6034.

D. 27 oct. 1914. Suspension de paiement de coupons, etc. R. E. 6080.

D. 27 oct. 1914. Prorogation des échéances. R. E. 6081.

L. 29 juin 1915, art. 5. Société. Immeubles en France et en Algérie. R. E. 6259.

L. 19 août 1915. Mariage par procuration. R. E. 6319.

D. 20 mars 1916 et 25 juill. 1916. Fin aux prorogations d'échéances. R. E. 6645.

L. 18 nov. 1916. Procurations données par les mutilés. R. E. 6536.

L. 19 mars 1917. Dérogation à l'art. 815, C. civ. R. E. 6587.

L. 7 avr. 1917. Légitimation d'enfants. R. E. 6674.

L. 16 avr. 1917. Successions des militaires et marins. Testaments. R. E. 6640.

L. 18 juin 1917. Retrait de naturalisation. R. E. 6708.

L. 21 janv. 1918. Marchés à livrer. R. E. 6831.

L. 1er mars 1918 et D. 19 mars 1918. Hypothèques. Suppression du registre de transcriptions. R. E. 6783.

L. 9 mars 1918. Baux à loyer. R. E. 6854 (V. Déc. 13 sept. 1919, *J. off.* 16, au sujet de l'allocation des indemnités).

L. 18 mars 1918. Intérêt légal. R. E. 6789.

L. 7 avr. 1918. Mariage par procuration. R. E. 6832.

L. 9 avr. 1918. Successions des militaires et marins. R. E. 6781.

L. 26 juill. 1918. Procédure. Exception de mobilisation. R. E. 6834.

L. 26 juin 1919. Divorce. Transcription.

L. 24 sept. 1919. Création de stations thermales, climatériques ou de tourisme. R. E. 7064.

L. 29 déc. 1919. Succession. Biens en Algérie et en France. R. E. 7022.

3. Le tableau qui suit présente la liste, par ordre chronologique de leur date, des dispositions législatives ou réglementaires en vigueur dans la métropole, qui ont été rendues exécutoires par décret spécial en Algérie.

(Les décrets de promulgation dont la date est suivie de la lettre S. sont ceux qui contiennent un texte exprès rendant leurs dispositions applicables dans les territoires du Sud.

Les décrets dont la date est indiquée en italique sont ceux qui sont spéciaux aux territoires du Sud.)

L. 16 avr. 1895. Taxe d'accroissement. Déc. 16 déc. 1911, R. E. 5464 ; *Déc. 30 sept. 1912*, R. E. 5695 ; Déc. 21 déc. 1919, R. E. 7026.

L. 13 avr. 1900, art. 3. Expropriation. Déc. 15 fév. 1912, R. E. 5544 ; *Déc. 30 sept. 1912*, R. E. 5695.

L. 10 juil. 1901. Assistance judiciaire. Déc. 15 mai 1913, R. E. 5778.

L. 8 fév. 1902. Titres perdus ou volés. Déc. 2 fév. 1916, R. E. 6363.

L. 26 déc. 1908, art. 5. Droit de transmission. Art. 6. Taxe de transmission. Art. 7. Evaluation des immeubles bâtis. Art. 8. Procès-verbaux. Contributions indirectes et Douanes. Art. 9. Timbres copies. Déc. 7 déc. 1909, R. E. 4951 ; *Déc. 28 juin 1910*, R. E. 5105.

L. 29 déc. 1908, art. 59. Contrat de louage d'ouvrage. Déc. 29 déc. 1910, R. E. 5218 ; *Déc. 21 déc. 1912*, R. E. 5742.

L. 12 juill. 1909. Bien de famille. Déc. 31 janv. 1915, R. E. 6137 et 15 sept. 1915, R. E. 6290.

D. 24 fév. 1910. Hypothèques. Salaires des conservateurs. Déc. 20 juin 1910, R. E. 5104.

L. 19 mars 1910. Crédit agricole. Déc. 25 mars 1915, R. E. 6176.

D. 26 mars 1910. Bien de famille. Déc. 15 sept. 1915, R. E. 6290.

L. 8 avr. 1910, art. 13. Bien de famille. Art. 14. Timbre. Greffier. Déc. 2 déc. 1915, R. E. 6317 (S). Art. 15. Marché. Services automobiles. Déc. 15 fév. 1912, R. E. 5544 ; *Déc. 30 sept. 1912*, R. E. 5695. Art. 16 à 23. Affiches. Déc. 8 sept. 1912 et 8 fév. 1911 ; Déc. 2 mars 1912, R. E. 5544 ; *Déc. 30 sept. 1912*, R. E. 5695. Art. 24. Reçu. Art. 25. Impôt sur le revenu. Société coopérative d'ouvriers et agricoles. Déc. 15 fév. 1912, R. E 5544 ; Déc. 13 déc. 1912, R. E. 5741 ; *Déc. 29 juil. 1913*, R. E. 5911 ; *Déc. 30 sept. 1912*, R. E. 5695.

L. 13 juil. 1911, art. 8. Société. Droit de transcription. Art. 9. Reçu. Reprise d'enveloppes. Déc. 13 déc. 1912, R. E. 5741 ; *Déc. 29 juil. 1913*, R. E. 5911. Art. 12. Impôt sur le revenu. Tantièmes des membres des Conseils d'administration. Déc. 28 déc. 1913, R. E. 6011 ; Déc. 18 janv. 1914, R. E. 5914 ; *Déc. 13 mai 1914*, R. E. 6096.

L. 30 déc. 1911. Chèques. Déc. 5 avr. 1918, R. E. 6779.

L. 18 janv. 1912. Restitution. Abrogation de l'art. 60 L. 22 frim. an VII. Déc. 13 déc. 1912, R. E. 5741 ; *Déc. 29 juil. 1913*, R. E. 5911.

L. 27 fév. 1912, art. 5 et 7, §§ 1, 4, 5. Dissimulation. Expertise. Déc. 18 janv. 1914, R. E. 5912. Art. 4. Insuffisance et dissimulation dans les actes soumis à l'ancien droit gradué. Déc. 28 déc. 1913, R. E. 6011.

L. 27 fév. 1912, art. 5, §§ 1, 4 et 5 et art. 7, §§ 1, 4 et 5. Dissimulation. Insuffisance. Expertise. Déc. 18 janv. 1914, R. E. 5912. Art. 5, §§ 2 et 4. Insuffisance. Expertise. Déc. 23 déc. 1914, R. E. 6116 (S).

L. 12 juil. 1912, art. 3, § 5, art. 4 et 5. Affiches. Panneaux réclames (et Déc. 22 août 1912). Déc. 28 déc. 1913, R. E. 6010 ; Déc. 18 janv. 1914, R. E. 5913 ; *Déc. 13 mai 1914*, R. E. 6096.

D. 25 juil. 1912. Hypothèques. Salaires des conservateurs. Déc. 11 oct. 1912, R. E. 5696.

D. 22 août 1912. Impôt sur le revenu. Tantièmes d'administrateurs. Déc. 18 janv. 1914, R. E. 5914.

D. 27 fév. 1913. Actes de l'état civil. Tables décennales. Déc. 30 juil. 1914, R. E. 6095.

L. 30 juil. 1913, art. 11. Affiches. Lieux couverts. Art. 12. Reçus. Ordres de virement. Art. 15. Impôt sur le revenu. Offices d'habitation à bon marché. Déc. 29 déc. 1914, R. E. 6114 (S). Art. 14. Actes et jugements en Tunisie. Déc. 28 déc. 1913, R. E. 6012.

L. 31 juil. 1913, art. 25, 40, 41. Voies ferrées d'intérêt local. — D. 29 déc. 1919 (S), R. E. 7057.

D. 12 oct. 1913. Chèques. Virements en banque. Timbre. Déc. 3 mars 1915, R. E. 6157.

L. 31 janv. 1914. Expropriation. Acquisition amiable. Déc. 2 déc. 1915, R. E. 6315 (S).

L. 31 janv. 1914. Prescription. Modification à l'art. 61 L. 22 frim. an VII Déc. 19 fév. 1916, R. E. 6378 (S).

L. 29 mars 1914. Impôt sur le revenu. Déc. 2 déc. 1915, R. E. 6316 (S).

L. 16 avr. 1914. Communes. Actions en responsabilité. Déc. 19 fév. 1916, R. E. 6378.

D. 21 juin 1914. Impôt sur le revenu. Déc 21 déc. 1915, R. E. 6341.

L. 15 juil. 1914, art. 27. Fonds de commerce. Bureau. Déc. 21 déc. 1915, R. E. 6341. Art. 28. Reçu. Timbre-quittance gradué. Déc. 13 nov. 1918, R. E. 6848 (S). Art. 30. Reçu. Ordre de virement. Agent de change. Art. 32. Groupage. Colis agricoles. Art 33. Affiches. Calendriers réclames. Déc. 2 déc. 1915, R. E. 6314 (S).

D. 10 août 1914. Impôt sur le revenu. Répartition d'amendes. Déc. 29 avr. 1916, R. E. 6413.

D. 20 janv. 1915, 20 fév. 1915, 23 avr. 1915. Ordres de virement. Timbrage. Reçus. Timbrage. Déc. 22 déc. 1915, R. E. 6341 ; Déc. 15 nov. 1918, R. E. 6850.

L. 20 mai 1915 ; D. 11 juin 1915. Notaires. Extraits d'actes translatifs. D. 8 avr. 1916, R. E. 6397.

L. 22 déc. 1915. Cassation. Pourvois contre jugements de paix. D. 13 nov. 1918, R. E. 6848 (S).

L. 15 janv. 1916. Pensions de veuves et orphelins de fonctionnaires. Actes de la procédure. Déc. 20 sept. 1916, R. E. 6648.

D. 22 janv. 1916. Guerre. Saisies conservatoires. D. 24 avr. 1916, R. E. 6544.

D. 17 juin 1916. Guerre. Reprise des délais. Purge sur surenchère. Déc. 31 déc. 1916, R. E. 6584.

L 29 juil. 1916. Marchés. Approvisionnement de la population civile Déc. 21 sept. 1917, R. E. 6739 (S).

L. 30 déc. 1916, art. 10. Marine marchande. Déc. 21 sept. 1917, R. E. 6738.

L. 26 janv. 1917. Chèque. Domiciliation pour paiement. Déc. 13 nov. 1918, R. E. 6848 (S).

D. 13 avr. 1917. Guerre. Purge des hypothèques régies par L. 3 mai 1841 Déc. 13 août 1917, R. E. 6642.

L. 26 avr. 1917. Société anonyme à participation ouvrière. Déc. 13 nov. 1918, R. E. 6848 (S) ; Déc. 14 mars 1919, R. E. 6903.

L. 18 juil. 1917. Certificat de travail. Exemption de timbre. Déc. 13 nov. 1918, R. E. 6848 (S).

L. 31 juil. 1917. Impôt sur le revenu. Déc. 30 nov. 1918, R. E. 6823 ; *Déc. 28 mai 1919,* R. E. 6960 ; Déc. 1er déc. 1918, R. E. 6823.

L. 1er août 1917. Opérations de change. Déc. 18 avr. 1918, R. E. 6828.

L. 2 août 1917. Chèques. Déc. 5 avr. 1918, R. E. 6779.

L. 29 déc. 1917. Maroc. Imputation de droits. Déc. 13 nov. 1918, R. E. 6849 (S).

L. 2 janv. 1918. Office national des mutilés. D. 23 sept. 1919, R. E. 7058.

L. 9 mars 1918, D. 13 sept. 1919 (au sujet de l'allocation des indemnités).

L. 18 avril 1918, art. 7, §§ 2, 3, 4, art. 8, 9, 10, 14, 15. D. 24 déc. 1919, R. E. 7003.

L. 18 avril 1918, art. 13 et 16. Donations, indication inexacte de parenté, amortissement de rente. D. 21 déc. 1919 (S), R. E. 7026.

L. 27 mai 1918, art. 1 à 5. Donations, insuffisance. D. 21 déc. 1919 (S), R. E. 7026.

L. 29 juin 1918, art. 8 à 11. — Assurances vie et accidents. Taxe obligatoire d'enregistrement. Assurances accidents ; abonnement au timbre. D. 21 déc. 1919 (S), R. E. 7026.

L. 29 juin 1918, art. 24. Vente de spiritueux. Taxe de 20 0/0. D. 29 déc. 1919 (S).

D. 20 juil. 1918. Timbre. Echange et contre-timbrage. Déc. 15 nov. 1918, R. E. 6850.

D. 7 nov. 1918. Hypothèques. Salaires des conservateurs. Déc. 6 janv. 1919, R. E. 6868.

D. 15 nov. 1918. Timbre de dimension. Echange et contre-timbrage. D. 19 avr. 1919, R. E. 6904.

L. 9 sept. 1919. Mines. D. 8 mai 1920, R. E. 7111.

§ 2. — Droits de mutation par décès.

4. L'impôt de mutation par décès est établi en Algérie (2 D. 29 déc. 1919), R. E. 7028 et 7029. Sa perception est réglée, à quelques différences près, comme dans la métropole.

5. En ce qui concerne la détermination de la valeur imposable, les dispositions du premier décret du 29 décembre 1919, reproduisent les textes actuellement en vigueur en France savoir : à l'égard de la propriété des meubles (L. 25 fév. 1901, art. 11, §§ 1, 2, 3, 4 ; mention de l'assurance, L. 31 mars 1903, art. 6) ; des créances (LL. 22 frim. an VII, art. 14, n° 2 et 18 avr. 1918, art. 4) ; des rentes (L. 22 frim. an VII, art. 14, n° 9) ; des valeurs de Bourse (L. 18 mai 1850, art. 7) ; des immeubles (L. 27 mai 1918, art. 1 et 2 et L. 11 nov. 1918).

6... à l'égard de la nue propriété et de l'usufruit (L. 25 fév. 1901, art. 13, §§ 2, 3 ; 13 et 14).

7. Le paiement des droits sur les titres nominatifs, les dépôts de titres, sommes ou valeurs dans les sociétés, compagnies, etc., les sommes dues par des assureurs, les comptes joints, est assuré dans les mêmes termes qu'en France (L. 25 fév. 1901, art. 15 ; 30 déc. 1903, art. 3 ; 31 mars 1903, art. 7).

8. Les valeurs mobilières étrangères dépendant de la succession d'un étranger domicilié en Algérie sont soumises à l'impôt (Conf. L. 23 août 1871, art. 4).

9. Le principe de la déduction des dettes est admis comme en France (L. 25 fév. 1901, art. 3, §§ 1 et 5 ; 4, 5, §§ 1 et 2 ; 6 et 9). Pour les dettes commerciales, V. ci-après, n° 40.

10. Ne sont pas déduites les dettes visées à l'art. 7 de la loi du 25 fév. 1901.

11. Les délais de déclaration sont fixés à 6 mois quand l'auteur de la succession est décédé en Algérie, à 8 mois quand le décès a eu lieu en France ou dans toute autre partie de l'Europe, et à 18 mois quand le décès a eu lieu dans tous autres pays (Conf. L. 22 frim. an VII, art. 24 et 25 ; 29 déc. 1919, art. 21).

12... à moins que, avant les derniers six mois, les héritiers prennent possession des biens héréditaires, auquel cas, il ne reste qu'un délai de 6 mois à partir de cette prise de possession (Conf. L. 22 frim. an VII, art. 24, dernier al.).

13. En ce qui concerne les successions de militaires ou d'absents, les délais sont réglés comme en France (Conf. LL. 22 frim. an VII, art. 24, avant-dern. al. ; 28 avr. 1816, art. 40).

14. Des dispositions spéciales régissent les biens légués aux départements, établissements publics ou d'utilité publique (Conf. LL. 25 fév. 1901, art. 19, §§ 4 et 5 ; 17 avr. 1906, art. 7).

15. Les mutations par décès sont enregistrées au bureau du domicile du décédé, quelle que soit la situation des valeurs mobilières ou immobilières à déclarer. A défaut de domicile en Algérie, la déclaration est passée au bureau du lieu du décès ou si le décès n'est pas survenu en Algérie, aux bureaux qui seront désignés par l'Administration (Conf. L. 25 fév. 1901, art. 16). V. *infrà*, n°s 33, 34.

16. Pour les successions musulmanes, la déclaration doit être accompagnée d'un acte de notoriété dressé par un cadi (art. 29 du décret) ou par un notaire (art. 30). Il peut être suppléé à cet acte par un intitulé d'inventaire. Si la déclaration est préparée en arabe, elle doit être accompagnée de la traduction faite par un interprète assermenté (art. 30).

17. La perception s'effectue comme en France de 20 fr. en 20 fr. (L. 27 ventôse an IX, art. 2) ; ou de franc en franc quand il s'agit de parts nettes ne dépassant pas 500 fr. (L. 30 mars 1902, art. 11).

18. Sont soumises à l'impôt, les sommes, rentes ou émoluments quelconques dus par un assureur à raison du décès de l'assuré (Conf. L. 21 juin 1875, art. 6) ; sauf lorsque l'assurance a été contractée à l'étranger, l'assuré n'ayant en Algérie aucun domicile de fait ou de droit (Conf. L. 25 fév. 1901, art. 15, avant-dern. al.).

19. Sont présumées, jusqu'à preuve contraire, faire partie de la succession, les valeurs mobilières dont le défunt a perçu les revenus moins de 6 mois avant son décès et dont les héritiers sont ultérieurement reconnus être en possession (Conf. L. 18 avr. 1918, art. 17).

20. A défaut de preuve contraire les sommes, titres ou objets trouvés dans un coffre-fort loué conjointement par plusieurs personnes sont réputés être la propriété conjointe de ces personnes (Conf. L. 18 avr. 1918, art. 2).

21. Les droits sont liquidés sur la part nette recueillie par chaque ayant droit (Conf. L. 25 fév. 1901, art. 2).

22. L'obligation au paiement des héritiers, donataires ou légataires est réglée comme en France, les cohéritiers étant également solidaires (Conf. L 22 frim. an VII, art. 32). L' « action » du Trésor est qualifiée de privilège (Conf. L. 16 avr. 1895, art. 7 et L. 25 fév. 1901, art. 19).

23. Les droits peuvent, sous certaines conditions, être payés par versements semestriels (Conf. L. 13 juill. 1911, art. 7, 3 premiers et antépénultième al.).

24. Les délais de prescription sont les mêmes qu'en France : Succession non déclarée et omission : 20 ans ; fausse attestation ou déclaration de dette : 10 ans (L. 18 avr. 1918, art. 11 ; L. 31 janv. 1914, art. unique, § 4 ; L. 25 fév. 1901, art. 10 ; L. 30 janv. 1907, art. 4).

25. L'action en restitution se prescrit comme en France (L. 31 janv. 1914, art. 1, §§ 6 et 7).

26. Les pénalités sont fixées conformément aux règles en vigueur dans la métropole, savoir : pour les successions hors délai (Conf. L. 8 avr. 1910, art. 12) ; les insuffisances de meubles et de fonds de commerce (Conf. L. 25 fév. 1901, art. 11, 3 derniers al.) ; l'indication inexacte du lieu ou degré de parenté de l'héritier donataire ou légataire ou du nombre d'enfants (Conf. L. 18 avr. 1918, art. 13); le délai de prescription étant de 20 ans dans ce dernier cas, et de 3 mois en matière d'insuffisance de fonds de commerce.

27. L'exemption de droits est acquise aux successions des militaires ou victimes de la guerre, pour les parts nettes recueillies par les descendants et par la veuve du défunt (Conf. L. 26 déc. 1914, art. 6).

28. Sont également exempts, les terrains de propriété collective (arch ou sabega) dont l'attribution de jouissance résultera d'une décision de l'autorité administrative et sera faite au profit d'un non successible (art. 47 du décret).

29. Les taux des droits, qui ne comportent ni l'addition de décimes ni la perception d'aucune autre taxe sont les suivants :

INDICATION DES DEGRÉS DE PARENTÉ	TARIF APPLICABLE A LA FRACTION DE PART NETTE COMPRISE ENTRE :												
	1 fr. et 2.000 fr.	2.000 et 10.000 fr.	10.000 et 50.000 fr.	50.000 et 100.000 fr.	100.000 et 200.000 fr.	200.000 et 300.000 fr.	300.000 et 500.000 fr.	500.000 et 1.000.000 de fr.	1.000.000 et 2.000.000 de fr.	2.000.000 et 5.000.000 de fr.	5.000.000 et 10.000.000 de fr.	10.000.000 et 50.000.000 de fr.	au delà de 50.000.000 de fr.
	pour 100 fr. c.	pour 100 fr. c.	pour 100 fr. c.	pour 100 fr. c.	pour 100 fr. c.	pour 100 fr. c.	pour 100 fr. c.	pour 100 fr. c.	pour 100 fr. c.	pour 100 fr. c.	pour 100 fr. c.	pour 100 fr. c.	pour 100 fr. c.
1° En ligne directe........	1 »	1 50	2 »	2 50	3 »	3 50	4 »	4 50	5 »	5 50	6 »	6 50	7 »
2° Entre époux et entre frères et sœurs...........	4 »	4 75	5 50	6 25	7 »	7 75	8 50	9 25	10 »	10 75	11 50	12 25	13 »
3° Entre oncles ou tantes et neveux ou nièces....	12 »	13 »	14 »	15 »	16 »	17 »	18 »	19 »	20 »	21 »	22 »	23 »	24 »
4° Entre grands-oncles ou grand'tantes, petits-neveux ou petites-nièces et entre cousins germains.................	15 »	16 »	17 »	18 »	19 »	20 »	21 »	22 »	23 »	24 »	25 »	26 »	27 »
8° Entre parents au delà du quatrième degré et entre personnes non parentes.	18 »	19 »	20 »	21 »	22 »	23 »	24 »	25 »	26 »	27 »	28 »	29 »	30 »

30. L'héritier, le donataire ou le légataire qui a 4 enfants ou plus, bénéficie d'une diminution de 10 0/0 des droits pour chaque enfant en sus du troisième, sans que la réduction totale puisse excéder 50 0/0 (Conf. L. 31 déc. 1917, art. 13).

31. Les dons et legs aux départements et aux communes affectés à des œuvres d'assistance par la volonté du donateur ; ceux faits aux établissements publics charitables ou hospitaliers, aux sociétés de secours mutuels et à toutes sociétés d'utilité publique dont les ressources sont affectées à des œuvres d'assistance ; aux sociétés d'instruction et d'éducation populaires gratuites reconnues d'utilité publique et subventionnées par l'Etat, ne sont assujettis qu'au droit de 9 0/0 (Conf. L. 25 fév. 1901, art. 19).

32. Les droits et amendes sont recouvrés et les instances suivies comme en matière d'enregistrement.

33. Le second décret du 29 décembre 1919 dispose que dans le cas où la succession d'une personne domiciliée en France comprendra à la fois des biens imposables en France et des biens imposables en Algérie, la déclaration en sera faite en France, dans le délai accordé par la loi métropolitaine (Conf. L. 29 déc. 1919, art. 17).

34. Dans la même hypothèse, le passif grevant la succession est déduit des biens algériens dans une mesure déterminée par la proportion existant entre la valeur de ces biens et celle des biens français (L. 29 déc. 1919, art. 18).

35. Toutes les dispositions dont l'analyse précède (nos 4 et s.) sont applicables aux territoires du Sud.

36. Un décret du 18 janvier 1920 (R. E. 7033) dispose que les déclarations de mutation par décès sont établies sur des formules imprimées fournies par l'Administration au prix de 0.10 par feuille double et de 0.05 par feuille simple (Conf. LL. 6 déc. 1897, art. 11 ; 25 fév. 1901, art. 22).

37. Une quittance des droits est délivrée par le receveur (Conf. Déc. 10 janv. 1898, art. 2).

38. Il y a lieu de fournir un état de mobilier à défaut d'inventaire (L. 22 frim an VII, art. 27).

39. Les immeubles situés en dehors de la circonscription du bureau où la déclaration est passée sont détaillés, pour chaque ressort de bureau, sur une formule spéciale (L. 25 fév. 1901, art. 16, dernier al.).

40. En ce qui concerne les dettes commerciales, l'Administration peut exiger, sous peine de rejet, la production, tant au receveur, pendant cinq jours, qu'une fois, sans déplacement, aux agents de contrôle, des livres de commerce du défunt (Conf. L. 25 fév. 1901, art. 3, §§ 2 et 3).

41. La sincérité de la déclaration peut être vérifiée, quant à l'actif, à l'aide de ces mêmes livres (Conf. L. 25 fév. 1901, art. 3, § 4).

42. L'inexactitude des déclarations et attestations de dette peut être établie par tous les modes de preuve du droit commun, sauf le serment (Conf. L. 25 fév. 1901, art. 8).

43. Les formes, délais et conditions de la demande en paiement fractionné des droits sont déterminés par l'art. 11 du décret du 18 janvier 1920 (Conf. L. 13 juill. 1911, art. 7, §§ 4 à 8).

44. Les déclarations sont affirmées par les déclarants qui attestent, en outre, par une mention écrite de leur main, y avoir compris l'argent comptant, les créances et toutes autres valeurs mobilières (Conf. L. 18 avr. 1918, art. 7, §§ 1 et 2).

45. Toute affirmation frauduleuse est punie des peines portées à l'art. 366 C. pén. (Conf. L. 18 avr. 1918, art. 8).

46. Les poursuites en affirmation frauduleuse se prescrivent par 3 ans (Conf. L 18 avr. 1918, art 9).

47. Sauf en matière de fonds de commerce, auquel cas le délai est réduit à 3 mois, toute expertise, quel qu'en soit l'objet, doit être requise dans les deux ans à compter du jour de l'enregistrement de la déclaration (Conf. L. 18 avr. 1918, art. 15).

48. Avant toute procédure d'expertise, les parties sont avisées que leur déclaration n'est pas admise. Elles ont un délai d'un mois pour présenter leurs observations (Conf. L. 27 mai 1918, art. 3).

49. Si, sur cet avertissement préalable, un accord n'intervient pas, l'expertise est suivie dans les formes prescrites par l'art. 5 L. 27 fév. 1912 rendu applicable en Algérie par D. 18 janv. 1914 (Conf. LL. 27 mai 1918, art. 4 ; 29 juin 1918, art. 11).

50. L'insuffisance égale ou inférieure à un dixième de la valeur déclarée n'entraîne, pour les redevables, ni pénalités, ni frais.

Quand l'insuffisance est supérieure à un dixième, les parties supportent toujours les frais ; elles paient, de plus, à titre d'amende : un quart do droit en sus, un demi-droit en sus ou un droit en sus, suivant que la dite insuffisance est, respectivement, inférieure à un cinquième, à un quart ou supérieure à un quart de la valeur déclarée.

Si l'insuffisance est reconnue avant le dépôt du rapport d'expert, il est fait remise du quart de l'amende encourue (LL. 27 mai 1918, art. 4, §§ 1 à 5 ; 29 juin 1918, art. 11).

51. Le décret du 18 janvier 1920 reproduit, enfin, les dispositions des art. 1 à 6 de la loi du 18 avril 1918 en ce qui concerne : les pièces ou valeurs déposées dans des coffres-forts tenus en location ou contenues dans des plis cachetés ou des cassettes fermées remis en dépôt ; l'inventaire obligatoire après le décès soit du locataire, ou de l'un des locataires, soit du conjoint non séparé de corps ; les obligations des bailleurs des coffres-forts ou des dépositaires de plis cachetés ou de cassettes fermées ; les sanctions et les communications à faire à l'Administration.

ALIÉNÉS. — 1. Un décret du 12 juin 1912 réorganise les asiles autonomes d'aliénés (R. E. 5589).

2. La procédure à suivre pour le recouvrement des frais de transport et d'entretien des aliénés, par l'Administration, est celle qui est organisée pour les instances en matière d'enregistrement (Cass. civ., 21 juin 1911, R. E. 5366).

3. C'est la prescription de cinq ans qui trouve son application lorsque le département, propriétaire d'un asile public, poursuit le recouvrement des dépenses de séjour et d'entretien d'un aliéné dans cet asile (Cass. civ., 21 mai 1912, R. E. 5572).

4. Mais la prescription trentenaire est seule opposable lorsqu'il s'agit du recouvrement par le département du domicile de secours des frais de pension avancés par celui-ci à un autre département propriétaire de l'asile (C. Besançon, 5 nov. 1913, R. E. 6140).

ALSACE ET LORRAINE. — 1. A titre temporaire, et jusqu'à ce qu'une loi spéciale soit intervenue à cet effet, l'introduction du régime fiscal français en Alsace et en Lorraine, par voie de création, modification ou suppression d'impôts, taxes ou redevances de toute nature peut faire l'objet de décrets contresignés par le Président du Conseil et le ministre des Finances et rendus par le commissaire général de la République après avis du Conseil supérieur. Ces décrets sont soumis à la ratification des Chambres dans le délai d'un mois (L. 17 oct. 1919, art. 6, *J. off.* du 18).

2. Antérieurement à la loi qui précède, un arrêté du commissaire général du 7 avril 1919 a soumis à la législation française du timbre, à partir du 1er mai 1919, les chèques, virements, effets de commerce et billets simples créés, négociés ou payables en Alsace et en Lorraine (R. E. 6914 et 6936).

3. En vertu de la loi du 17 oct. 1919, deux décrets ont rendu applicable en Alsace et en Lorraine la législation française en matière de droits d'enregistrement et de taxe sur le revenu (DD. 22 et 25 mars 1920, R. E. 7093) et en matière de timbre (D. 20 juill. 1920).

4. Les modifications de tarifs apportées par la loi aux impôts français introduits en Alsace et en Lorraine sont applicables de plein droit aux départements du Haut-Rhin, du Bas-Rhin et de la Moselle (D. 27 avr. 1920, R. E. 7093).

5. Les dispositions de l'art. 46, § 9, L. 17 avr. 1919 (R. E. 6967) sur le droit des sinistrés débiteurs de l'Etat à invoquer la compensation, sont introduites en Alsace et en Lorraine (D. 12 juin 1920, art. 1, R. E. 7112).

6. La taxe de 10 0/0 pour les ventes d'objets de luxe entre non commerçants et l'impôt sur le chiffre d'affaires sont applicables en Alsace et en Lorraine selon les modalités déterminées par le règle-

ment d'administration publique du 24 juill. 1920 (L. 25 juin 1920, art. 114, I. 3632, R. E. 7125).

7. Sont considérées comme soumises à l'impôt, toutes les personnes qui y seraient assujetties par application de l'art 59, L. 25 juin 1920 si elles habitaient dans les départements français autres que ceux du Bas-Rhin, du Haut-Rhin et de la Moselle. Sont exemptes toutes affaires réalisées dans ces 3 derniers départements et qui seraient exonérées par application de l'art. 60 L. 25 juin 1920 dans les autres départements français (L. 25 juin 1920, art. 114).

8. La loi d'empire du 26 juil. 1918 relative à l'impôt sur le chiffre d'affaires est abrogée à partir du 1er juil. 1920.

9. Des décrets en date du 3 sept. 1920 ont introduit, dans les départements du Haut Rhin, du Bas Rhin et de la Moselle : 1° les lois et règlements relatifs aux indemnités à allouer au jury criminel ; 2° la loi du 29 déc. 1915 relative à la sépulture des soldats français et alliés ; 3° la législation sur les dommages de guerre (*J. off.*, 9 sept.).

10. L'impôt alsacien sur la plus-value des immeubles est supprimé (Déc. 3 sept. 1920, *J. off.* du 12).

AMENDE. — 1. Il est ajouté deux décimes et demi au principal de toutes les pénalités fiscales y compris celles prononcées par L. 25 juin 1920, qu'elles soient ou non déjà assujetties aux décimes par les lois en vigueur (L. 25 juin 1920, art. 110, I. 3326, R. E. 7125).

2. L'addition des nouveaux décimes ne concerne pas les pénalités qui n'ont pas le caractère d'amendes fiscales telles que les amendes de procédure civile et de consignation.

3. Le montant des amendes de condamnation ou amendes pénales prononcées par les cours et tribunaux est majoré de 20 décimes (L. 25 juin 1920, art. 110).

4. Les amendes infligées aux entreprises d'assurances sur la vie ou de capitalisation, en cas de retard dans la production ou la publication de divers documents (LL. 17 mars 1905, art. 14 et 19, 12 déc. 1907, art. 14), sont recouvrées par le service de l'enregistrement, poursuites et diligences du ministre du Travail (D. M. F. 14 sept. 1912, I. 3387).

APPRENTISSAGE. — Le contrat d'apprentissage est soumis au droit fixe d'enregistrement de 3 fr. sans décimes, alors même qu'il contiendrait des obligations de sommes ou valeurs mobilières ou des quittances (LL. 28 déc. 1910, art. 2. R E. 5488 et 25 juin 1920, art. 28, I 3626, R. E. 7125).

ASSISTANCE AUX VIEILLARDS. — Les mutations de propriété sont comprises au nombre des actes que l'art. 38

L. 14 juill. 1905 sur l'assistance obligatoire aux vieillards, infirmes et incurables indigents, dispense du timbre et exempte des droits d'enregistrement. Mais si le contrat est transcrit ou donne lieu à une formalité hypothécaire quelconque, les droits d'hypothèques et les salaires du conservateur doivent être perçus selon les règles ordinaires (D. M. F. 13 janv. 1911, I. 3322-9, R. E. 5400).

ASSISTANCE JUDICIAIRE — 1. Les frais énumérés au § 9, art. 14, L. 22 janv. 1851 modifié par la loi du 19 juillet 1901 sur l'assistance judiciaire sont taxés et liquidés d'après le tarif et suivant les règles de chaque juridiction compétente. Ceux de ces frais qui sont exposés dans les instances portées devant les juridictions administratives sont admis en dépense par le garde des Sceaux. Les règles de déchéance et le mode de paiement sont ceux établis par le décret du 18 juin 1811 et l'art. 5 de l'ordonnance du 28 novembre 1838. Les frais exposés devant le conseil de préfecture doivent en outre être soumis au contrôle du ministre de l'Intérieur qui en arrête le montant sur les états taxés avant de les transmettre au département de la Justice. Les indemnités des témoins, régulièrement taxées, peuvent être acquittées provisoirement à un compte d'avances (L. 13 juil. 1911, art. 93, R. E. 5347 et 5549).

2. Le Trésor n'est pas tenu de verser une provision aux experts : ceux-ci ne peuvent être payés qu'après que leurs frais ont été faits et taxés (C. d'Etat, 11 déc. 1912, R. E. 5701).

3. L'assistance judiciaire est de droit devant la juridiction du premier degré pour la femme en couches qui poursuit son employeur pour rupture de contrat de travail (L. 28 déc. 1910, art. 29, R. E. 5481).

4. Le bénéfice de l'assistance judiciaire est accordé de plein droit à l'Etat, aux départements et aux communes pour exercer leurs recours en matière d'assistance aux familles nombreuses (L. 14 juil. 1913, art. 4, R. E. 5909).

Il semble qu'il leur appartient également, lorsqu'ils exercent leur recours contre les parents tenus aux aliments en matière d'assistance obligatoire aux vieillards et aux infirmes (Rappr. T.A., Ass. jud., 128).

5. Le même bénéfice appartient de droit aux intéressés, devant la juridiction du premier degré dans toutes les instances en matière civile nées de l'exécution de la loi sur les retraites ouvrières et paysannes (L. 5 avr. 1910, art. 33, R. E. 5390).

6. En matière de baux à loyer, l'art. 48 L. 9 mars 1918 accorde l'assistance judiciaire de droit aux locataires énumérés à l'art. 15 de la même loi (R. E. 6854). Il suffit à ces locataires de faire au secrétariat de la commission arbitrale la déclaration qu'ils rentrent dans la catégorie envisagée au dit article. Dans le cas où l'assistance est de

droit, le président de la commission arbitrale fait les désignations prescrites par l'art. 13 L. 22 janv. 1851 modifié par L. 10 juill. 1901. L'assistance est également de droit, dans les mêmes conditions, pour les locataires énumérés à l'art. 16 de la loi du 9 mars 1918 (L. 4 janv. 1919, R. E. 6938).

7. Dans les affaires d'accident du travail, l'avoué de la victime qui prend l'initiative de mettre au rôle l'appel interjeté par un patron contre un jugement de paix le condamnant à payer une certaine somme à son ouvrier et de poursuivre l'instance, n'a pas à consigner l'amende. Mais si l'acte d'appel émane de la victime, celle ci ne saurait invoquer l'art. 14 L. 10 juillet 1901 parce que dans ce cas, elle ne jouit pas de plein droit de l'assistance judiciaire (D. M. F. 11 nov. 1908 et 2 mars 1911, I. 3322 § 6, R. E. 5393).

ASSURANCES

SOMMAIRE

§ 1. — Assurances maritimes.

1. Enregistrement.— La taxe annuelle obligatoire de 0 fr. 52 0/0 décimes compris du montant des primes et accessoires de primes prévus dans chaque contrat est augmentée de 1 0/0 sans décimes (L. 25 juin 1920, art. 39, I. 3626, R. 7125), à partir du 1er juill. 1920 (même loi art. 40).

Le droit majoré ne s'applique donc qu'aux polices signées postérieurement au 30 juin 1920.

§ 2. — Assurances contre l'incendie.

2. Timbre. — Le taux de la taxe annuelle et obligatoire d'abonnement au timbre porté à partir du 1er juillet 1918 à 7 centimes pour 1000 pour les assurances à primes et à 5 centimes pour 1000 pour les assurances mutuelles (L. 29 juin 1918, art. 20, I. 3554, R. E. 6786), est aujourd'hui, respectivement, de 14 et 10 centimes pour 1000 (L. 25 juin 1920, art. 37, I. 3626, R. E. 7125).

La taxe payée par les caisses départementales administrées gratuitement ayant pour but d'indemniser ou de secourir les incendiés fixée à 2 0/0, sans décimes, du montant des collectes de l'année L. 29 juin 1918, art. 20), est actuellement de 4 0/0 (L. 25 juin 1920, art. 37).

3. Les nouveaux tarifs sont applicables à partir du 1er juillet 1920 (L. 25 juin 1920, art. 40).

4. Les polices souscrites antérieurement à cette dernière date doivent continuer à payer l'abonnement à l'ancien tarif (R. E. 6786. *Contrà :* I. 3554 et 3626). Les nouveaux taux ne s'appliquent pas aux primes, cotisations ou contributions échues antérieurement au 1er juillet 1920 et payées postérieurement.

5. Sont exonérées de la taxe, les polices ayant pris fin au cours de l'exercice imposable sans avoir donné lieu au paiement d'une prime, mais non celles qui, résiliées et remplacées par de nouveaux contrats, ont donné lieu à une perception de prime ou de cotisation durant le dit exercice (Cass. civ., 27 nov. 1912, I. 3362-7, R. E. 5650).

6. **Enregistrement**. — La taxe annuelle obligatoire de 10 0/0 décimes compris perçue sur le montant cumulé des primes, cotisations ou contributions constatées dans les écritures des sociétés, compagnies et autres assureurs, ainsi que sur les sommes recueillies dans les quêtes ou collectes par les caisses départementales, est augmentée de 1 0/0 sans décimes (L. 25 juin 1920, art. 39, I. 3626, R. E. 7125), à partir du 1er juill. 1920 (même loi, art. 40).

7. **Taxe de 6 fr. par million**. — Il n'y a pas lieu de déduire, pour le calcul de la taxe, les capitaux assurés par des polices résiliées qui ont donné lieu au paiement d'une prime ou cotisation durant l'exercice imposable (Cass. civ., 27 nov. 1912, I. 3362 § 7, R. E. 5650).

8. **Taxe additionnelle à la taxe de 6 fr. par million**. — La Cour de cassation a statué que, pour la détermination du taux de la taxe additionnelle, il convenait d'envisager seulement les capitaux assurés en France à l'exclusion de ceux assurés à l'étranger (Civ., 31 juil. 1913, R. E. 5829).

9. Cette règle de perception a été modifiée par la loi du 12 août 1919, aux termes de laquelle « il sera tenu compte, pour la détermination du taux de la taxe, des capitaux assurés hors de France par les compagnies et sociétés d'assurances » (I. 3598, R. E. 6962).

§ 3. — Assurances sur la vie et rentes viagères.

10. **Timbre**. — Le taux de la taxe annuelle et obligatoire d'abonnement porté à 4 0/00 du total des versements faits chaque année (L. 29 juin 1918, art. 20, I. 3554, R. E. 6786), sans addition de décimes, est élevé à 8 p. 1000 du même total (L. 25 juin 1920, art. 37, I. 3626, R. E. 7125).

11. Ce dernier tarif ne s'applique qu'aux polices souscrites à partir du 1er juillet 1920 à l'exclusion de celles signées antérieurement (R. E. 6786, *Contrà*, I. 3554 et 3626). Il ne joue pas à l'égard des versements dont l'échéance remonte avant le 1er juillet 1920.

12. Enregistrement. — Les contrats d'assurance sur la vie et rentes viagères, soumis à une taxe annuelle obligatoire d'enregistrement de 1 25 0/0 sans décimes (L. 29 juin 1918, art. 16, I. 3554, R. E. 6786) et ce, à partir du 1er juillet 1918 (même loi, art. 21), donnent lieu actuellement, mais uniquement pour les contrats de rentes viagères depuis le 1er juillet 1920, à une taxe de 2 25 0/0 sans décimes (L. 25 juin 1920, art. 39, I. 3626, R. E. 7125).

13. La taxe est liquidée sur le total des versements faits chaque année aux sociétés, compagnies et assureurs. Elle se perçoit suivant les formes déterminées par les art. 5, 6, 7, 8 et 10, D. 25 nov. 1871 (L. 29 juin 1918, art. 16).

14. Pour l'application du tarif, les contrats de rente viagère comportant le paiement d'une prime annuelle doivent être considérés comme rentrant dans la catégorie des assurances sur la vie lorsqu'ils donnent au contractant un droit d'option entre un capital ou une rente.

15. On ne doit pas faire état : des contrats enregistrés avant le 1er juillet 1918 ou exempts du droit d'enregistrement comme en matière d'accidents du travail ; des contrats souscrits dans les agences à l'étranger des sociétés, compagnies et autres assureurs français par des personnes domiciliées à l'étranger ; des contrats de réassurances, lorsque la taxe est payée par l'assureur (L. 29 juin 1918, art. 16).

16. Les primes perçues en vertu de contrats antérieurs au 1e juillet 1918 sont frappées de la taxe.

17. Toutefois on ne tient pas compte des encaissements et annulations de primes échues antérieurement à la mise en vigueur du nouveau régime (L. 29 juin 1918, art. 16).

18. La situation du risque est indifférente pour l'application de la taxe ; par conséquent en matière d'assurances sur la vie il n'y a pas à s'occuper du domicile de la personne sur la tête de laquelle l'assurance a été contractée.

19. Le fait générateur de la taxe consistant dans la souscription du contrat, on doit exclure des bases de liquidation les versements effectués en vertu de polices souscrites dans les colonies où l'enregistrement est établi.

20. En ce qui concerne les contrats souscrits dans les colonies où l'enregistrement n'est pas établi, il convient de les assimiler à ceux qui sont souscrits à l'étranger.

21. Le lieu de souscription est celui où a été donnée la dernière signature qui donne sa perfection au contrat. Il n'y a pas toutefois à s'occuper de la signature apposée en France par le directeur de la Compagnie pour valoir ratification de la police déjà signée à l'étranger par l'assuré et l'agent de cette compagnie.

22. La taxe représente les droits d'enregistrement établis sur les contrats d'assurances ainsi que sur tous les actes ayant exclusivement pour objet la formation, la modification et la résiliation amiable des contrats (L. 29 juin 1918, art. 16).

23. Pour tout ce qui concerne le mode et les époques de paiement de la taxe, l'art. 16 L. 29 juin 1918 s'en réfère aux art. 5, 6, 7, 8 et 10, D. 25 nov. 1871.

24. Chaque contravention aux prescriptions de la loi est punie des pénalités édictées par l'art. 10 L. 23 juin 1857 (L. 29 juin 1918, art. 16).

§ 4. — Assurances contre les accidents corporels et contre les accidents ou risques matériels.

25. Cette catégorie de contrats comprend non seulement les contrats d'assurances passés par les compagnies ayant pris le titre de compagnies d'assurances contre les accidents, mais encore ceux qui ont pour objet la réparation d'un préjudice subi soit par les personnes elles-mêmes, soit par leurs biens (assurances contre le vol, contre les risques de transports fluviaux ou terrestres, etc.).

26. Timbre. — La taxe d'abonnement obligatoire s'applique comme en matière d'assurances sur la vie (L. 29 juin 1918, art. 21). Son taux est actuellement de 8 p. 1000 des versements faits chaque année (L. 25 juin 1920, art. 37, I. 3626, R. E. 7125) sans addition de décimes.

27. Toutes les polices passées avant le 1er juillet 1918 et frappées du timbre de dimension échappent à la nouvelle taxe de même que les avenants ultérieurs relatifs aux dites polices. Ces avenants doivent être rédigés sur timbre de dimension.

28. Au contraire, les polices passées à partir du 1er juillet 1918, ainsi que les avenants y afférents, sont assujettis à la taxe obligatoire.

29. Les compagnies antérieurement admises à l'abonnement facultatif sont soumises à l'abonnement obligatoire à partir du 1er juillet 1918. Mais les nouveaux tarifs successifs ne doivent jouer qu'à l'égard des contrats signés depuis la mise en vigueur des lois de 1918 et 1920, soit les 1er juillet 1918 et 1920 (R. E. 6786; *Contrà*, I. 3554).

30. Enregistrement. — Tout ce qui est dit *suprà*, nos 10 à 21, s'applique *mutatis mutandis* en matière d'assurances contre les accidents corporels et les accidents et risques matériels, c'est-à-dire que le tarif est actuellement de 2.25 0/0.

§ 5. — Assurances contre les risques agricoles.

31. Timbre. — Le taux de la taxe, élevé à 0.06 p. 1000 sans décimes du total des sommes assurées (L. 29 juin 1918, art. 20, I. 3554, R. E. 6786), est aujourd'hui de 0.12 p. 1000 sans décimes (L. 25 juin 1920, art. 37, I. 3626, R. E. 7125).

32. La taxe par abonnement restait facultative sous l'empire de la loi du 29 juin 1918. La loi du 14 juin 1919, art. 2, l'a rendue obligatoire à partir du 1er avril 1919 (R. E. 6961).

33. Rien n'est modifié au régime de faveur dont jouissent les sociétés ou caisses d'assurances mutuelles agricoles qui sont gérées et administrées gratuitement et qui n'ont en vue et ne réalisent, en fait, aucun bénéfice (L. 14 juin 1919, art. 3).

34. Enregistrement. — Les assurances contre la mortalité des bestiaux, contre la grêle, les inondations et autres risques agricoles n'ont pas été touchées, au point de vue de l'enregistrement, par la loi du 29 juin 1918.

35. Mais elles sont soumises au régime de cette loi, à partir du 1er avril 1919, par l'art. 1er de la loi du 14 juin 1919 (R. E. 6961).

36. La taxe annuelle d'abonnement obligatoire, calculée, à raison de 1.25 0/0 sans addition de décimes du montant des versements faits chaque année aux sociétés, compagnies et autres assureurs assujettis (L. 14 juin 1919, art. 1er § 3), a été augmentée de 1 0/0 et se trouve être de 2.25 0/0 depuis le 1er juillet 1920 (L. 25 juin 1920, art. 39, I. 3626, R. E. 7225).

37. Ne sont pas assujettis à la taxe les contrats enregistrés antérieurement à la promulgation de la loi du 14 juin 1919 (art. 1 § 2).

38. Depuis le 1er juillet 1918, en effet, et par application de l'art. 12 L. 29 juin 1918 (R. E. 6786), les contrats sous seings privés synallagmatiques d'assurances contre les risques agricoles ont dû obligatoirement être soumis à l'enregistrement dans les trois mois de leur date. Par mesure de faveur, toutefois, il a été entendu qu'il ne serait pas insisté sur les pénalités en cas de présentation hors délai des dits contrats à la formalité.

39. Pour le mode et les époques de paiement de la taxe, il y a lieu de s'en référer au décret du 25 novembre 1871.

§ 6. — Sociétés, compagnies d'assurances et assureurs étrangers.

Art. 1er. — *Dispositions générales.*

40. Toutes les dispositions prévues pour les assureurs français sont applicables aux sociétés, compagnies d'assurances et assureurs étrangers qui font des opérations en France soit directement, soit indirectement (L. 29 juin 1918, art. 16, I. 3554, R. E. 6786).

41. Par suite, rendent l'abonnement obligatoire, les opérations faites en France par des assureurs étrangers par l'intermédiaire soit d'agences ou de succursales fonctionnant ostensiblement dans notre pays, soit de courtiers qui obtiennent, sur le territoire, de souscripteurs domiciliés en France, des contrats qui font ensuite l'objet d'écrits rédigés à l'étranger.

Art. 2. — *Dispositions spéciales. Assurances contre les accidents corporels et contre les accidents ou risques matériels.*

42. Avant toute opération ou déclaration, les assureurs étrangers sont tenus de faire agréer un représentant responsable des droits et amendes, conformément à l'art. 10 § 1 Déc. 25 nov. 1871 (L. 29 juin 1918, art. 16).

43. A l'égard des assureurs déjà établis, la loi fixe un délai de 3 mois à partir de sa promulgation pour présenter le représentant responsable des droits et amendes d'enregistrement (art. 16). Elle ne stipule aucun délai relativement à la taxe d'abonnement au timbre.

44. Le représentant peut être celui qui est déjà agréé pour l'impôt sur le revenu, mais il doit fournir un engagement spécial.

45. Les assureurs étrangers paient la taxe au bureau dans le ressort duquel se trouve située leur agence principale ou, à défaut, leur agence particulière.

46. Dans le cas où l'assureur n'a pas d'agence, la taxe est acquittée au bureau des sociétés étrangères, à Paris.

§ 7. — CONTRATS D'ASSURANCES SUR LA VIE, DE RENTE VIAGÈRE, CONTRE LES ACCIDENTS CORPORELS OU LES ACCIDENTS OU RISQUES MATÉRIELS PASSÉS A L'ÉTRANGER PAR DES FRANÇAIS DOMICILIÉS EN FRANCE AUPRÈS DE COMPAGNIES ÉTRANGÈRES.

47. Les contrats énumérés dans le présent titre sont soumis à la même taxe d'enregistrement que s'ils avaient été passés auprès d'une compagnie française (L. 29 juin 1918, art. 18, I. 3554, R. E. 6786 ; L. 25 juin 1920, art. 39, I. 3626, R. E. 7125).

48. Le souscripteur doit dans les trois mois de la date de la police en souscrire la déclaration au bureau de l'enregistrement de son domicile et acquitter à ce bureau chaque année, dans les trois mois à compter de l'échéance de chaque prime, la taxe de 1.25 0/0 sur le montant de la dite prime (L. 29 juin 1918, art. 18).

49. Toute contravention est punie d'une amende égale au quintuple des taxes exigibles et non payées dans le délai légal sans addition de décimes avec minimum de 500 fr., sans décimes, lorsque la contravention consiste dans le défaut de déclaration dans le délai légal, et de 50 fr. sans décimes dans tous les autres cas (L. 29 juin 1918, art. 18).

§ 8. — ENTREPRISES DE CAPITALISATION.

50. Les polices et contrats souscrits par les entreprises françaises ou étrangères de capitalisation assujetties à la loi du 19 déc. 1907 sont soumis au droit de timbre de 2 fr. p. 1000 du capital promis par la police sans addition de décimes (L. 25 juin 1920, art. 38, I. 3626, R. E. 7125).

51. Les entreprises visées sont les sociétés de capitalisation proprement dites, enregistrées comme telles au ministère de la Prévoyance sociale, à l'exclusion des sociétés d'épargne visées par la loi du 3 juill. 1913 et des sociétés d'assurances sur la vie régies par la loi du 17 mars 1905.

52. Le nouveau droit est entré en vigueur le 1er juillet 1920 ; il est acquitté, provisoirement, au moyen de l'apposition des timbres mobiles créés par l'art. 18 L. 31 déc. 1917 (I. 3626) et se perçoit de 1.000 fr. en 1.000 fr. sans fraction.

AVIS DE PARENTS. — **1.** Les pouvoirs donnés par les membres des conseils de famille à l'effet de les représenter aux réunions des dits conseils sont exempts de timbre et enregistrés gratis (L. 20 mars 1917, I. 3509, R. E. 6671).

2. L'immunité s'applique quel que soit l'objet des réunions : nominations de subrogés tuteurs, de tuteurs *ad hoc* ; autorisation de vente d'immeubles, etc. (R. E. 6817-I).

AVOCAT. — Les avocats régulièrement inscrits à un barreau sont dispensés de présenter une procuration devant les juridictions commerciales (L. 13 juil. 1911, art. 96, I. 3325, R. E. 5347).

AVOUÉ. — **1.** Les avoués près le tribunal de 1re instance sont dispensés de présenter une procuration devant le tribunal de commerce de leur résidence (L. 13 juill. 1911, art. 96, I. 3325, R. E. 5347).

2. Extraits. — Contrairement à ce qui est dit au T. A., v° Avoué, 9 et 14, l'Administration reconnaît actuellement que les extraits de jugements dressés par les avoués, notamment en matière d'interdiction et de séparation de biens, ne constituent par des actes susceptibles d'enregistrement (Sol. 12 avr. 1899 et 12 avr. 1900, R. E. 2362 ; T. A., 2e éd., v° Extrait, 5).

BAIL. — **1.** Le droit d'enregistrement des baux de meubles et d'immeubles à durée limitée, de toute nature, est porté de 0.20 0/0 en principal à 0.60 0/0 sans addition de décimes (L. 25 juin 1920, art. 26, I. 3626, R. E. 7125).

2. Sont affranchies de la déclaration, les locations verbales consenties suivant l'usage des lieux ou pour une durée ne dépassant pas 3 ans, et dont le prix n'excède pas 2.000 fr. à Paris et 1.000 fr. dans toutes les autres localités (L. 25 juin 1920, art. 27).

3. La dispense de déclaration accordée par ce dernier texte est acquise même aux locations de moins de 2.000 fr. ou de 1.000 fr. consenties par un même bailleur, dont le prix cumulé excéderait les chiffres limites fixés ci-dessus.

4. Le droit de cautionnement des baux de meubles et d'immeubles à durée limitée est porté à 0.30 0/0 sans décimes (L. 25 juin 1920, art. 26).

5. Le privilège de recouvrer des taxes municipales de place et de marché est un droit mobilier : le bail qui en est consenti a dès lors un caractère mobilier. Par suite, le fractionnement de la perception n'est pas admissible (Cass. civ., 20 fév. 1912, I. 3345-6, R. E. 5545).

6. Le droit de 0 fr. 60 0/0 est seul exigible, à l'exclusion de celui de 5 0/0, sur l'acte par lequel le locataire principal cède, à un tiers, tous ses droits dans un contrat de sous-location (Cass. civ., 21 juin 1919, R. E. 6941).

7. Il n'est dû que 0.60 0/0 à l'exclusion de 1 0/0 sur la clause par laquelle le cessionnaire d'un bail rural s'engage à rembourser au cédant le prix d'engrais et de semences (Sol. 27 déc. 1865, D. E. 3e éd., v° Bail, 228 ; Rappr. T. A., 2e éd., Bail, 73-VII-B et 184-A-IV).

8. La loi du 17 août 1917 concernant la résiliation des baux ruraux par suite de la guerre dispose (art. 20) que les décisions ainsi que les extraits, copies ou expéditions qui en seront délivrés et généralement tous les actes de procédure auxquels donnera lieu son application, doivent être visés pour timbre et enregistrés gratis, à la condition de porter mention expresse qu'ils sont faits en exécution de la loi (I. 3524, R. E. 6707).

9. Une disposition identique fait l'objet de l'art. 53 de la loi du 9 mars 1918 relative aux modifications apportées aux baux à loyer par l'état de guerre (I. 3634, R. E. 6854).

10. Aux termes de l'art. 31 de cette dernière loi, les droits d'enregistrement perçus ou exigibles sur les baux et locations ayant donné lieu à des réductions ou exonération de loyer doivent être restitués ou ne sont pas sujets à recouvrement dans la proportion de la perte de revenu subie. La demande en restitution doit à peine de forclusion être demandée par le propriétaire dans les 3 mois suivant la date à laquelle la réduction ou l'exonération de loyer sera devenue définitive, ou s'il s'agit de réductions accordées avant la promulgation de la loi, dans le même délai de 3 mois du jour de ladite promulgation.

11. Les contrats de location simple, à l'exclusion des contrats de location comportant promesse de vente ou d'attribution passés par les sociétés d'habitation à bon marché, sont régis par la loi du 9 mars 1918 (L. 24 avr. 1919).

12. Des règles spéciales sont édictées en ce qui concerne les baux d'immeubles atteints par faits de guerre ou situés dans des localités évacuées ou envahies (L. 25 oct. 1919, *J. off.* du 26).

13. Les actes de location dressés en la forme administrative de bâtiments destinés provisoirement à l'usage des habitants des régions envahies pour l'habitation ou pour l'exploitation agricole sont dispensés du timbre et de l'enregistrement (L. 29 mars 1918, I. 3537, R. E. 6829).

14. Les mutations de jouissance de biens immeubles résultant de la réquisition exercée par le préfet d'appartements destinés à des réfugiés sont dispensées de la déclaration au bureau de l'enregistrement (LL. 19 avr. 1918, I. 3540, R. E. 6830, 17 octobre 1919, I. 3601).

Locations de chasse et de pêche, V. *Chasse*.

BAIL A CHEPTEL. — Le taux du droit est porté de 0.20 0/0 en principal à 0.60 0/0 sans décimes (L. 25 juin 1920, art. 26, I. 3626, R. E. 7125).

BAIL A COLONAGE PARTIAIRE. — Le taux du droit est porté de 0.20 0/0 en principal à 0.60 0/0 sans décimes (L. 25 juin 1920, art. 26, I. 3626, R. E. 7125).

BAIL A LONGUE DURÉE. — **1**. Les baux de biens meubles faits pour une durée illimitée sont soumis au droit de 5 0/0 sans décimes (L. 25 juin 1920, art. 24, I. 3626, R. E. 7125).

2. Les baux à rentes perpétuelles, ou à vie, ou à durée illimitée de biens immeubles supportent l'impôt au taux de 8 0/0 sans décimes (L. 25 juin 1920, art. 25, I. 3626, R. E. 7125).

BAIL A NOURRITURE. — Le taux du droit est porté de 0.20 0/0 en principal à 0.60 0/0 sans décimes pour les baux à durée limitée (L. 25 juin 1920, art. 26, I. 3626, R. E. 7125) et de 2 0/0 en principal à 5 0/0 sans décimes (L. 25 juin 1920, art. 24).

BANQUE DE FRANCE — **1.** Les actions immobilisées transmises par voie de donation, d'échange ou de succession s'évaluent en valeur vénale et non plus d'après le revenu capitalisé (L. 27 mai 1918, I. 3563, R. E. 6785).

2. Prêts sur titres. — En indiquant que l'engagement souscrit par l'emprunteur auquel la banque avance des fonds sur nantissement est dispensé de l'enregistrement par l'ordonnance du 15 juin 1834, art. 3 et 5, le T. A. (2e éd., v° Banque de France, 8) ne s'est pas exprimé avec toute la précision nécessaire, l'ordonnance de 1834 a seulement dérogé à l'art. 2074 C. civ. qui exige l'enregistrement préalable de l'acte sous seing privé pour la validité du gage, mais elle a laissé la question de l'enregistrement sous l'empire du droit commun. La matière est aujourd'hui réglée par la loi du 11 septembre 1919, v° *Prêt sur dépôt.*

BANQUES COLONIALES. — 1. Les receveurs de l'enregistrement sont chargés, dans les colonies de la Martinique, de la Guadeloupe, de la Réunion et de la Guyane française de transcrire les actes de prêts consentis par les banques coloniales sur cessions de récoltes pendantes et de recevoir les oppositions (L. 21 mars 1919, art. 6, R. E 6935).

2. Tous actes ayant pour objet de constituer des nantissements par voie d'engagement, de cession de récoltes, de transport ou autrement au profit des banques coloniales et d'établir leurs droits comme créanciers, sont enregistrés au droit fixe, que le nantissement soit une garantie spécifiée par les statuts ou une garantie supplémentaire, quelle qu'en soit la nature (même loi, art. 11).

BANQUES POPULAIRES. — V. L. 13 mars 1917, Déc. 31 janv. 1918, I. 3562, 3593, R. E. 6589 et 6966 ; L. 7 août 1929, I. 3637.

BIENS. — 1. Le caractère d'immeubles par destination appartient aussi bien au matériel industriel d'une brasserie, qu'aux objets qui sont les agents nécessaires de la production au sens de l'art. 524 C. civ., tels que voitures, chevaux, harnais, tonneaux (Cass. civ., 24 janv. 1912, I. 3345-5, R. E. 5487).

2. Pylônes de lignes électriques. — La convention par laquelle le propriétaire d'un terrain autorise un entrepreneur à faire passer sur son fonds une ligne électrique et à y placer à cet effet des supports en ciment armé à raison de 10 fr. par support, n'a pas le caractère d'une vente d'immeubles, ni d'une constitution de servitude réelle, mais crée uniquement un droit d'usage, c'est-à-dire une servitude personnelle d'une durée indéterminée (Marmande, 5 mars 1913, R. E 6386 et obs.).

BREVET D'INVENTION. — Une loi du 8 octobre 1919 autorise sous certaines conditions la prorogation de la durée des brevets d'invention qui n'avaient pas atteint le terme légal de leur expiration avant le 1er août 1914, I. 3600, R. E. 7060.

CADASTRE. — 1. Une circulaire de la Chancellerie du 25 octobre 1910 (R. E. 5495) qui enjoignait aux notaires et aux greffiers de déposer au bureau de l'enregistrement des extraits des actes reçus par eux et portant translation de propriété immobilière, a été déclarée sans caractère obligatoire (Cass. civ., 17 nov. 1913, R. E. 5869 ; C. d'Etat, 10 nov. 1916, R. E. 6542).

2. La loi du 20 mai 1915 a régularisé la situation en édictant la même prescription (V. Déc. 11 juin 1915, R. E. 6219; D. M. F. 27 sept. 1914, I. 3427, I. 3452).

CAISSE D'ASSURANCES. — Une loi du 5 juin 1915 crée le livret d'assurance sociale et modifie la législation de la caisse nationale d'assurances en cas de décès (R. E. 6636). D'autres modifications ont été apportées par L. 13 juillet 1920 (*J. off.* du 16).

CAISSE DES DÉPOTS ET CONSIGNATIONS. — A une personnalité distincte de l'Etat (C. d'Etat, 17 mai 1912, R. E. 6306-III).

CAISSES D'ÉPARGNE. — Ne constituent pas des établissement publics (C. d'Etat, 28 juin 1912, R. E 6333-I).

CAISSE DES INVALIDES DE LA MARINE. — 1. Les certificats délivrés par les médecins civils ou militaires en vue du paiement des sommes allouées aux inscrits maritimes sur la caisse nationale de prévoyance des marins français sont affranchis du timbre de dimension à condition de mentionner leur destination (D. M. F. 25 oct 1910, I. 3312-13, R. E. 5289).

2. Les quittances de sommes payées au titre de la même caisse nationale de prévoyance et représentant soit des indemnités journalières, soit des pensions d'infirmités ou de veuves, soit des secours annuels aux orphelins, ou des secours viagers aux descendants, sont exemptes de timbre (Circ. Compt. 28 avr. 1915, R. E. 6659).

CAISSE NATIONALE DES RETRAITES. — Voir les lois modificatives des 4 avril 1914 (R. E. 6318); 5 juin 1915 (R. E. 6636); 25 décembre 1915 (R. E. 6637).

CANTONNEMENT. — 1. L'acte rédigé pour constater l'opération du cantonnement des droits d'usage au bois d'une forêt de l'Etat présente le caractère d'un échange Il doit être enregistré gratis dans les délais prévus par la loi du 15 mai 1818 (D. M. F. 23 nov. 1910, I. 3312-7, R. E. 5283).

2. Un tel acte est exempt de timbre (Comp. D. M. F. 12 déc. 1912, I. 3362 19, R. E. 5796 ; *contrà* D. M. F. précitée).

CASIER JUDICIAIRE. — 1. Sous l'empire de la loi du 25 juin 1920, l'enregistrement du bulletin n° 3 du casier judiciaire donnait ouverture au droit de 0.40 sans décimes (L. 25 juin 1920, art. 28, I. 3626, R. E. 7125).

2. Désormais, le même bulletin est dispensé de la formalité de l'enregistrement, mais il est soumis à un droit de timbre de 0.50 (L. 31 juill. 1920, art. 25, I. 3636, R. E. 7144 et 7149).

3. Toute contravention est punie d'une amende de 50 fr. (L. 31 juill. 1920, R. E. 7144 et 7149).

4. Les greffiers sont tenus, sous les sanctions édictées par les lois en vigueur, d'inscrire au répertoire spécial institué par les art. 19 et 20 L. 26 janv. 1892, les bulletins n° 3 qu'ils délivrent.

5. Les extraits délivrés aux anciens combattants de la guerre de 1870-1871 sont régis par le droit commun (D. M. F. 21 oct. 1911, I. 3345-13, R E. 5644).

6. Sont exempts d'impôt les bulletins n° 3 délivrés aux personnes qui sollicitent leur admission dans les sociétés de secours mutuels approuvées (I. 3370, § 20, R. E. 5930).

CASSATION. — Les jugements rendus par les juges de paix peuvent être attaqués par la voie du recours en cassation pour excès de pouvoir et pour violation de la loi. L'amende et les divers droits fixes d'enregistrement sont réduits de moitié (L. 22 déc. 1915, I. 3462, R. E. 6364).

CAUTIONNEMENT. — Le droit de cautionnement des baux de meubles et d'immeubles à durée limitée est porté de 0.10 0/0 en principal à 0.30 0/0 sans décimes (L. 25 juin 1920, art 26, I. 3626, R. E. 7125).

CERTIFICAT. — Les certificats de travail donnés aux ouvriers, employés ou serviteurs et contenant d'autres mentions que celles prévues au paragraphe 1er de l'art. 24 C. trav. sont exempts de timbre et d'enregistrement (L. 18 juill. 1917, I. 3515, R. E. 6672).

CERTIFICAT DE PROPRIÉTÉ — Sont exempts de timbre et de la formalité de l'enregistrement, dans certaines limites, les certificats et attestations délivrés en vue du paiement aux conjoints, aux héritiers en ligne directe, ou aux collatéraux privilégiés des militaires et marins tués à l'ennemi, ainsi que des civils décédés par suite de faits de guerre.

La formalité de l'enregistrement est toutefois obligatoire, mais elle a lieu gratis, quand le certificat est délivré par un juge de paix ou par un notaire (L. 16 avr. 1917, art. 2, I. 3504, R. E. 6640).

CERTIFICAT DE VIE. — 1. Tout titulaire de pension inscrite au grand livre de la dette viagère — ou son représentant légal — qui ne peut ou ne sait signer ou ne peut se déplacer, et entend faire encaisser les coupons de la pension par un tiers, est autorisé à faire établir son certificat de vie soit par un notaire, soit par un maire. Ce certificat est dispensé du timbre (L. 5 sept. 1919, art. 3, I. 3596, R. E. 7038).

2. Si le pensionnaire ou son représentant légal est capable de signer et de se déplacer, mais désire faire encaisser les arrérages par un tiers, le certificat de vie doit être dressé par un notaire Il bénéficie de l'exemption du timbre (L. 5 sept. 1919, art. 3, R. E. 7038).

3. *Enregistrement.* — Les certificats administratifs sont régis par l'art. 13 L. 22 frim. an VII et ne sont soumis à l'enregistrement qu'en cas d'usage ; les certificats notariés sont exempts d'enregistrement (I. 3596).

CESSATION DES HOSTILITÉS. — La date en est fixée au 24 oct. 1919 (L. 23 oct. 1919, R. E. 7001, I. 3608 ; — Rappr. L. 4 juillet 1915, R. E. 6376).

CESSION DE CRÉANCES. — 1. L'acte par lequel le principal locataire cède à un tiers tous ses droits dans un contrat de sous-location ne s'analyse pas en une cession de créances. Il emporte mutation de jouissance et, comme tel, est passible du droit de 0,60 0/0 à l'exclusion de celui de 1 0/0 (Cass. civ., 21 juin 1919, R. E. 6941).

2. La cession d'un dépôt à vue en banque est assimilable à la cession d'une somme d'argent et ne donne pas ouverture au droit de 1 0/0 pour cession de créance (Sol. 6 oct. 1910, Seine ; Rappr. T. A., 2e éd., Fonds de commerce, 39-V).

3. L'exigibilité du droit de 1 0/0 a été reconnue sur la cession de livrets de caisse d'épargne (Châlons-sur-Marne, 26 fév. 1909, R. E. 5203).

4. Les actes constatant la cession d'indemnité pour dommages de guerre sont exempts de tous droits de timbre et d'enregistrement, à la condition qu'il s'agisse d'une cession à titre onéreux, autorisée dans les formes prescrites par le tribunal civil, et que le cessionnaire soit chargé du remploi ou réinvestissement (L. 17 avr. 1919, art. 49, I. 3625, R. E. 6967).

CHASSE. — 1. *Locations de chasse et de pêche.* — Les locations, soit écrites, soit verbales, du droit de pêche et du droit de chasse, sont soumises à une taxe annuelle de 10 0/0 qui est liquidée sur le prix augmenté des charges et qui est à la charge exclusive des preneurs (L. 31 juill. 1920, art. 19, I. 3636, R. E. 7144 et 7149). L'Administration décide qu'il n'y a pas lieu d'arrondir les sommes imposables de 20 fr. en 20 fr.

2. Lorsque la location résulte d'un acte écrit, la première annuité est perçue au moment de l'enregistrement de l'acte (même article).

3. Si l'acte n'est pas présenté à la formalité dans le délai de 3 mois, une taxe en sus au minimum de 100 fr. en principal est encourue par le preneur, en outre de la pénalité édictée, art. 14, L. 23 août 1871, pour le droit d'enregistrement. Le bailleur est responsable de la

taxe sauf son recours contre le preneur, et encourt à titre personnel la taxe en sus s'il ne dépose pas l'acte au bureau de l'enregistrement dans le délai supplémentaire d'un mois qui lui est accordé art. 14, L 23 août 1871.

4. Lorsque la location ne résulte pas d'un acte écrit, elle doit être déclarée par le *preneur* dans le délai de 3 mois, à compter de la conclusion du contrat, au bureau de l'enregistrement déterminé art. 13 L 29 juin 1918, à peine d'un droit en sus au minimum de 100 fr. en principal. La première annuité de la taxe est acquittée au moment même de la déclaration (même article).

5. Les autres annuités doivent être payées par le preneur dans les trois premiers mois de l'année suivante pour chaque année écoulée sous peine d'une taxe en sus au minimum de 100 fr. en principal et sans distinction entre les baux écrits et les baux verbaux (même article).

6. L'Administration interprète cette dernière disposition en ce sens que les annuités, postérieures à la première, sont payables d'avance (I. 3636). Le versement des annuités autres que la première doit toujours s'effectuer au bureau de la situation des biens.

7. Les règles en vigueur pour la prescription, le recouvrement et la procédure en matière de droits d'enregistrement sont applicables à la taxe de 10 0/0 (art. 19) qui est indépendante du droit d'enregistrement afférent à la location.

8. La taxe n'est pas applicable : ni aux locations de pêche consenties aux sociétés de pêcheurs à la ligne bénéficiaires de la loi du 20 janv. 1902 et du décret des 17 fév.-20 mai 1903 (art. 19).

9. ... ni aux locations du droit de chasse ou du droit de pêche consenties aux locataires des immeubles sur lesquels s'exercent ces droits (art. 19).

CHEMINS DE FER. — 1. Les voies ferrées d'intérêt local *exploitées* par les départements et communes sont soumises au même régime fiscal que les voies ferrées concédées de même catégorie (L. 31 juill. 1913, art. 23, I. 3378, R. E. 5846).

2. Les conventions et cahiers de charges relatifs aux voies ferrées d'intérêt local ne sont passibles que du droit fixe de 6 fr. (L. 31 juill. 1913, art. 40).

3. La cession faite à une société par un rétrocessionnaire d'une concession de ligne de tramways faite primitivement à un département et rétrocédée par celui-ci à l'apporteur, ne peut bénéficier du droit fixe édicté par les concessions et rétrocessions de chemins de fer d'intérêt local (Cass. req., 30 nov. 1910, I. 3312-6, R. E. 5196 ; Conf. Cass. req., 6 fév. 1911, I. 3322-3, R. E. 5239).

CHÈQUES. — 1. La loi du 2 août 1917 complète l'art. 2

L. 14 juin 1865, en édictant que si la provision est inférieure au montant du chèque, celui-ci produit tous les effets attachés au chèque régulier jusqu'à concurrence de ladite provision (art. 1, I. 3517, R. E. 6703).

2. V. la loi du 30 décembre 1911, concernant les chèques barrés (R. E. 5462).

3. Aux termes de cette dernière loi, le banquier qui remet un chèque à une chambre de compensation est autorisé à ne pas y inscrire un acquit daté et à le frapper seulement d'une griffe à date portant la mention « compensé ».

4. Le chèque postal créé par la loi du 7 janvier 1918 n'est pas soumis à la loi du 14 juin 1865 ni autres dispositions concernant le chèque ordinaire (L. 7 janv. 1918, art. 6, I. 3555, R. E. 6704).

5. L'addition, sur un chèque présenté à l'encaissement, de la domiciliation pour paiement soit à la Banque de France, soit dans une banque ayant un compte à la Banque de France, ne donne ouverture à aucun droit de timbre (L. 26 janv. 1917, I. 3496, R. E. 6583).

6. Les paiements fractionnés d'un chèque, tout comme le paiement intégral, sont exempts du timbre de quittance (ou de la taxe sur les paiements) à condition d'être inscrits sur le chèque (R. E. 6773-I).

7. En cas d'émission de chèque sans provision suffisante, l'amende de 6 0/0 établie par l'art. 6 L. 14 juin 1865 modifié par l'art. 6 L. 19 fév. 1874 ne porte que sur la différence entre le montant de la provision et le montant du chèque (L. 2 août 1917, art. 2, I. 3517, R. E. 6703).

8. Celui qui, de mauvaise foi, émet un chèque sans provision préalable et disponible ou retire après l'émission tout ou partie de la provision, est passible d'une peine d'emprisonnement de deux mois à deux ans et d'une amende qui ne pourra excéder le double de la valeur nominale du chèque ni être inférieure au quart de cette valeur (L. 2 août 1917, art. 2, I. 3517, R. E. 6703).

9. L'amende de condamnation ainsi prévue est recouvrée par les percepteurs des contributions directes. Elle n'exclut pas l'exigibilité de l'amende fiscale de 6 0/0 dont le recouvrement incombe à l'administration de l'Enregistrement.

COLONIES

1. Ont été déclarées exécutoires dans toutes les colonies les dispositions législatives ou réglementaires ci-après :

L. 22 nov. 1913. Modification à la loi de 1867 sur les sociétés, D. 31 oct. 1919, J.O. 5 nov. 1919 et D. 10 mai 1914 pour l'Indo-Chine.

L. 10 août 1915. Mariage par procuration des prisonniers, R. E. 6319.

L. 30 déc. 1915. Enfants adultérins. Légitimation, R. E. 6639.

L. 18 nov. 1916. Procuration Mutilés de la guerre, R. E. 6536.

L. 19 mars 1917. Art. 815 C. civ. Dérogation temporaire, R. E. 6587.

L. 7 avr. 1917. Légitimation d'enfants après mobilisation et décès du père, R. E. 6674.

L. 16 avr. 1917. Succession des militaires et marins. Paiements. Justifications. Testament, R. E. 6640.

L. 18 juin 1917. Retrait de naturalisation, R. E. 6708.

L. 21 janv. 1918. Marchés à livrer, R. E. 6831.

L. 1er mars 1918. Hypothèques. Suppression des reg. d'inscription. Lotissements, R. E. 6783.

L. 7 avr. 1918. Mariage par procuration, R. E. 6832.

L. 9 avr. 1918. Successions des militaires et marins, R E. 6781.

D. 8 janv. 1919. Procédure. Délai. Dernier jour tombant un dimanche (L. 13 avr. 1895), R. E. 6869.

D. 9 mars 1919. Moratorium (L. 26 juill. 1918), R. E. 6875.

D. 10 mai 1919. Reprise de dots, L. 15 mars 1919, R. E. 7061.

L. 23 oct. 1919. Cessation des hostilités (Déc. 28 oct. 1919, R. E. 7001).

2. Nous présentons dans les tableaux ci-après les dispositions d'ordre fiscal qui ont été déclarées spécialement applicables dans chacune de nos colonies :

Afrique.

3. *Sénégal.*

D. 14 sept. 1913. Droits de timbre et d'enregistrement. Taxe hypothécaire. R. E. 5915.

D. 7 mai 1914. Tunisie. Imputation réciproque des droits. R. E. 5990.

D. 23 fév. 1918. Successions des victimes de la guerre. R. E. 6741.

D. 3 sept. 1918. Connaissements, feuilles d'expédition, etc. R. E. 6793.

D. 3 sept. 1918. Reçu. Timbre-quittance gradué. R. E. 6793.

D. 3 sept. 1918. Pensions. Certificats de vie. R. E. 6793.

D. 3 sept. 1918. Répertoire. R. E. 6793.

D. 22 mars 1919. Timbre Passeport. R. E. 6906.

D. 9 avr. 1919. Maroc. Imputation réciproque des droits. R. E. 6907.

D. 20 sept. 1920. Relèvement de tarifs des droits d'enregistrement.

4. — *Afrique occidentale française.*

D. 20 déc. 1911. Assistance judiciaire. R. E. 5483.

D. 7 sept. 1915 et 23 déc. 1915. Taxe sur les actes et les conventions. R. E. 6399.

D. 4 sept. 1917. Enregistrement et timbre. R. E. 6995.

D. 9 juin 1918. Avis de parents. Art. 767, C civ R. E. 6778.

5. — *Côte française des Somalis.*

D. 9 juin 1918. Avis de parents. Art. 767, C civ. R. E. 6778.

6. — *Dahomey.*

Arr. local 20 oct 1910. Taxe du timbre. R. E. 5484.

D. 30 nov. 1911. Droits de timbre. Pénalités. R. E. 5485.

D. 12 avr. 1912. Timbre taxe sur les actes. Mode d'oblitération. R. E. 6512.

7. — *Afrique équatoriale.*

D. 9 juin 1918. Avis de parents. Art. 767, C. civ. R. E. 6778.

D. 6 fév. 1919. Tunisie et Maroc. Imputation réciproque des droits. R. E. 6870.

8. — *Réunion.*

L. 31 déc. 1910. Hypothèques conventionnelles. R. E. 5217.

D. 10 mai 1912. Droits de donation et de succession. Taxe sur le revenu. Pénalités. Reconnaissance d'enfants naturels. Timbre des pétitions. Restitution. Reçu d'effets de commerce. R. E. 5555.

L. 10 mars 1913. Acte respectueux. R. E. 5723.

D. 8 avr. 1914. Récépissés de chemin de fer. R. E. 6098.

D 12 mars 1916. Baux et prêts intéressant la petite culture. R. E. 6497.

D. 1er sept. 1916. Successions de militaires et de personnes tuées par l'ennemi. R. E. 6496.

D. 17 fév. 1917. Impôt sur le revenu. Droit de transmission. R. E. 6496.

L. 26 avr. 1917. Sociétés anonymes à participation ouvrière. D. 31 oct. 1919, R. E. 6990.

L. 6 nov. 1918. Expropriation. R. E. 6852.

L. 21 mars 1919. Banque de la Réunion. R. E. 6935.

9. — *Madagascar.*

D. 13 juill. 1912. Régime des droits d'enregistrement et de timbre. R. E. 5604.

D. 9 juin 1918. Avis de parents. Art. 767, C. civ. R. E. 6778.

Amérique.

10. — *Saint-Pierre et Miquelon.*

D. 9 juin 1918. Avis de parents. Art. 767, C. civ. R. E. 6778.

11. — *Martinique.*

L. 6 août 1910. Hypothèques. Reconstitution du bureau St Pierre. R. E. 5126.

L. 31 déc. 1910 Hypothèques conventionnelles. R. E. 5217.

L. 10 mars 1913. Acte respectueux. R. E. 5723.

D. 20 août 1914. Donations et successions. Majoration de tarifs. Echanges d'immeubles. Contrats de mariage. Partages. Délivrances de legs. Mainlevées. Prorogation de délais. Marchés de l'État. Suppression des décimes sur certains droits. R. E. 6513.

D. 2 juill. 1915. Tunisie. Imputation réciproque. R. E. 6291.

D. 2 déc. 1916. Successions. Délai. (Abrogé V. ci après). Succession en ligne directe ou entre époux. R. E. 6514.

L. 26 avr. 1917. Sociétés anonymes à participation ouvrière. D. 31 oct. 1919. R. E. 6990.

D. 16 mars 1918. Successions des victimes de la guerre. Délai. R. E. 6740.

L. 6 nov. 1918 Expropriation. R. E. 6852.

D. 11 déc. 1918. Majoration du droit de vente. Acte de commerce. Timbre. Effets de commerce. Elévation des tarifs. R. E. 6872.

D. 4 fév. 1919. Maroc. Imputation réciproque. R. E. 6871.

L. 21 mars 1919. Banque de la Martinique. R. E. 6935.

D. 27 déc. 1919. Timbre. Double minute des actes notariés. R. E. 7063.

D. 5 mai 1920. Vente et marché de construction de navires.

12. — *Guadeloupe.*

L. 31 déc. 1910. Hypothèques conventionnelles. R. E. 5217.

D. 14 mai 1912. Huissier. Copies. Papier spécial. R. E. 5556.

D. 14 mai 1912. Succession. Déclaration. Formules. R. E. 5556.

L. 10 mars 1913. Acte respectueux. R. E. 5723.

D. 23 déc. 1913. Relèvement des droits d'enregistrement et de transcription. R. E. 5888.

D. 2 juill. 1915. Tunisie. Actes et jugements. Usage. R. E. 6291.

D. 27 fév. 1916. Reçu. Timbre-quittance gradué. R. E. 6379.

D. 27 fév. 1916. Impôt sur le revenu. Prescription. R. E. 6379.

D. 2 avr. 1916. Assurances maritimes et contre l'incendie. Taxe d'enregistrement obligatoire. R. E. 6398.

D. 1er juin 1916. Dissimulation de prix. R. E. 6443.

D. 2 déc. 1916. Successions des victimes de la guerre. Délai (modifié, V. D. 20 avr. 1919). Successions en ligne directe et entre époux. R. E. 6514.

L. 26 avr. 1917. Sociétés anonymes à participation ouvrière. D. 31 oct. 1919. R. E. 6990.

D. 4 sept. 1917. Fonds de commerce. Société. Droit de transcription. Communication. Astreinte. R. E. 6717.

L. 6 nov. 1918. Expropriation. R. E. 6852.

D. 4 fév. 1919. Maroc. Imputation réciproque. R. E. 6871.

L. 21 mars 1919. Banque de la Guadeloupe. R. E. 6935.

D.20 avr.1919.Successions des victimes de la guerre Délai.R.E 6905.

D. 17 janv. 1920 Majoration du droit proportionnel déterminé par l'art. 92 § 8 O. 31 déc, 1828, R. E. 7062.

13. — *Guyane.*

D. 24 juill. 1911. Jugements et actes judiciaires. Nouveaux tarifs. R. E. 5349.

D. 2 juill. 1915. Tunisie. Actes et jugements. Usage. R. E. 6291.

D. 2 déc. 1916. Succession des victimes de la guerre. Délai. Suc cessions en ligne directe et entre époux. R. E. 6514.

D. 9 juin 1918. Avis de parents. Art. 767, C. civ. R. E. 6778.

D. 31 août 1918. Timbre proportionnel. Tarif modifié. R. E. 6791.

D. 6 sept. 1918. Chèques. R. E. 6792.

L. 21 mars 1919. Banque de la Guyane. R. E. 6935.

D. 4 juill. 1919. Maroc. Imputation réciproque. R. E. 6964.

D.11 août 1919.Succession.Rente sur l'Etat.Prescription.R.E.6965.

Asie.

14. — *Etablissements français de l'Inde.*

D. 5 avr. 1911. Taxe de transmission sur donations d'immeubles entre vifs. R. E. 5350.

D. 25 août 1911. Timbre des actes judiciaires. Oblitération. R. E. 5392.

D. 25 juin 1915. Tunisie. Imputation réciproque. R. E. 6291.

D. 9 juin 1918 Avis de parents. Art. 767, C. civ. R. E. 6778.

D. 22 juill. 1919. Maroc. Imputation réciproque. R. E. 6963.

15. — *Indo Chine.*

D. 7 avr. 1911. Assistance judiciaire. R. E. 5307.

D. 16 janv. 1914. Tunisie. Actes et jugements. Usage. R. E. 5916.

D. 18 fév. 1914. Contribution du timbre. R E. 6097.

D. 14 avr. 1915. Timbre. R. E. 6203.

D. 5 janv. 1917. Codification de la législation (enregistrement, timbre, hypothèques). R. E. 6585.

D. 9 juin 1918. Avis de parents. Art. 767, C. civ. R. E. 6778.

D. 1er mars 1919. Maroc. Imputation. R. E. 6871.

D. 21 août 1919. Timbre des colis postaux. R. E. 6997.

D. 26 oct. 1920. Mutation par décès.

16. — *Territoires des provinces de Battambang, Siem, Réap et Sisophon* (Cédés par le traité du 23 mars 1917).

D. 14 avr. 1915. Enregistrement et timbre. R. E. 6204.

17. — *Laos.*

D. 24 juill. 1918. Enregistrement et timbre. R. E. 6824.

Océanie.

18. — *Nouvelle-Calédonie.*

D 24 juin 1914. Bien de famille. R. E. 6099.

D. 2 juill. 1915 Tunisie. Actes et jugements. Usage. R. E. 6292.

D. 2 déc. 1916. Successions des victimes de la guerre. Délai. Succession en ligne directe et entre époux. R. E. 6514.

D. 23 août 1917. Modification des tarifs de droit d'enregistrement. R. E. 6994.

D. 9 juin 1918. Avis de parents. Art. 767, C. civ. R. E. 6778.

19. — *Etablissements français de l'Océanie.*

D. 9 juin 1918. Avis de parents. Art. 767, C. civ. R. E. 6778.

Dispositions diverses. — **20**. L'Administration admet que l'enregistrement est établi dans une colonie, dès l'instant que le service de l'enregistrement y est organisé, quels que soient la quotité des droits ou le mode de perception et quand bien même l'impôt n'atteindrait pas certains actes ou certaines mutations.

21. L'île de Madagascar où des droits fixes spéciaux ont été créés par un arrêté local du 31 décembre 1897 a été considérée dès avant l'intervention du D. 13 juillet 1912 (R. E 5601) comme une colonie où l'enregistrement est établi (Sol. 30 avr. 1912, I. 3362, § 13, R. E. 5769).

22. Le complément de droit exigible en France en cas d'usage d'un acte enregistré dans les colonies se liquide au tarif métropolitain en vigueur au jour de l'usage (Comp. Cass. civ., 24 mai 1911, I. 3335, § 3, R. E. 5328).

COMMAND. — **1**. La quotité du droit fixé est portée de 4.50 à 9 fr. sans décimes (L. 25 juin 1920, art. 28, I. 3626, R. E. 7125).

2. L'élection de command faite après les 24 heures de l'adjudication ou du contrat ou sans que la faculté d'élire command y ait été réservée, engendre le droit proportionnel, sans décimes, de 5 0/0 pour les meubles, et de 10 0/0 pour les immeubles (L. 25 juin 1920, art. 24 et 25, I. 3626, R. E. 7125).

COMMUNICATION. — **1**. Les sociétés de caution mutuelle et les banques populaires sont soumises au droit de communication dans les termes des lois des 23 août 1871 et 21 juin 1875 (L. 13 mars 1917, art 14. Déc. 31 janv. 1918, I. 3562, R. E. 6589 et 6966 ; L. 24 oct. 1919, I. 3615 ; Déc. 3 mars 1920 ; L. 7 août 1920, I. 3637), ainsi que les sociétés coopératives ouvrières de production et de crédit au travail (L. 18 déc. 1915, I. 3575, R. E. 6649).

2. La représentation de leur livre spécial était exigée des commerçants vendant au détail ou à la consommation et soumis à la taxe sur les paiements (L. 31 déc. 1917, art. 25, 27, I. 3532, R. E 6775).

3. Les redevables de l'impôt sur le chiffre d'affaires sont tenus de fournir, tant à leur principal établissement que dans leurs succursales ou agences, toutes justifications nécessaires à la fixation des bases de l'impôt (L. 25 juin 1920, art. 67, I. 3632, R. E. 7125, 7142, 7143 ; D. 24 juill. 1920, art. 5 et s., R. E. 7144) et ce, à peine de l'amende prévue à l'art. 68, L. 25 juin 1920 (V. *Impôt sur le chiffre d'affaires*). Tout refus de communication ou destruction dans le délai de 3 ans imparti pour la conservation du livre spécial ou de la comptabilité en tenant lieu, ainsi que des pièces justificatives, est puni d'une amende de 500 à 5.000 fr. majorée des décimes édictés à l'art. 110 (L. 25 juin 1920). Indépendamment de l'amende le redevable doit, en cas d'instance, être condamné à représenter les pièces ou documents non communiqués à peine d'une astreinte de 100 fr. au minimum par chaque jour de retard. L'astreinte n'est pas soumise aux décimes (L. 25 juin 1920, art. 69).

4. D'une manière générale, au surplus, pour permettre le contrôle des déclarations d'impôt et la recherche des omissions ou des fraudes qui auraient pu être commises dans le délai de la prescription, tout commerçant faisant un chiffre d'affaires supérieur à 50.000 fr. par an est tenu de représenter à toute réquisition des agents du Trésor ayant au moins le grade de contrôleur ou d'inspecteur adjoint, les livres dont la tenue est prescrite par le titre II C. com., ainsi que tous livres et documents annexés, pièces de recettes et de dépenses, etc. Le refus de communiquer les livres ou leur destruction avant le délai fixé art. 11 C. com., est constaté par un procès-verbal et soumis aux sanctions établies par l'art. 5 L. 17 avr. 1906 (L. 31 juill. 1920, art. 32, I. 3636, R. E. 7144).

5. L'Administration doit recevoir communication du résultat du contrôle de l'Inspection Générale du crédit et des associations agricoles subventionnées en matière d'acquisition de petites propriétés rurales par les pensionnés militaires et les victimes civiles de la guerre (L. 9 avril 1918, I. 3574, R. E. 6780 ; Déc. 3 déc. 1918, R. E. 6874).

6. Les agents de l'Enregistrement ont été investis d'un droit de communication : en matière d'opérations de Bourse de commerce (V. ce mot) et d'opérations de change (L. 1er août 1917, I. 3520, R. E. 6706 ; L. 3 avril 1918 et A. M. F. 4 avril 1918, R. E. 6782).

7... à l'occasion du 4e emprunt de la défense nationale (L. 19 sept. 1918, R. E. 6825).

8... dans toutes les banques et tous les établissements de crédit, même non constitués en sociétés par actions, pour le contrôle des dépôts de fonds et des avoirs en espèces qui peuvent être appréhendés par l'Etat (L. 25 juin 1920, art. 111, I. 3626, R. E. 7125).

9. Les receveurs sont, par ailleurs, tenus de fournir des renseignements : au service des contributions directes, pour l'assiette de l'impôt général sur le revenu (I. 3480, R. E. 6492), ou de la redevance des mines (I. 3330, R. E. 5549).

10... aux percepteurs des contributions directes, en vue des inscriptions de privilège ou de nantissement sur fonds de commerce (D. M. F. 7 avril 1911, I. 3322, § 22, R. E. 5401) ;

11... aux trésoriers payeurs généraux pour la recherche des décès des pensionnés de l'État (I. 3397) ;

12... aux préfets, pour le service des retraites ouvrières (I. 3474, R. E. 6492) ;

13... au gouvernement de l'Algérie, pour l'assiette de la taxe d'accroissement (I. 3345, § 27).

14. Les notaires dont les minutes ont été détruites au cours de la guerre sont autorisés à prendre communication, dans les bureaux d'enregistrement et d'hypothèques, de tous les actes concernant leur étude. Les copies ou extraits sont exempts de timbre et d'enregistrement ainsi que les actes constatant leur dépôt. Les conservateurs et les receveurs ont droit aux salaires et indemnités fixés par les lois en vigueur (D. M. F. et Just. 5 janv., 20 août 1915, R. E. 6374-II).

15. Les copies délivrées par les receveurs (art. 58, L. frim.) en vue de la justification par les intéressés de leur droit à l'indemnité prévue art. 29 et 30 L. 9 mars 1918, sont écrites sur papier non timbré (D. M. F. 14 fév. 1919, I. 3584).

16. En aucun cas, les administrations de l'État, des départements et des communes ainsi que les entreprises concédées ou contrôlées par l'État, les départements et les communes, ne peuvent opposer le secret professionnel aux agents de l'administration des finances ayant au moins le grade de contrôleur ou d'inspecteur adjoint qui, pour établir les impôts établis par les lois existantes, leur demandent communication des documents de service qu'elles détiennent. Dans le cas d'information ouverte par l'autorité judiciaire, celle ci doit donner connaissance à l'administration des finances de toute indication qu'elle peut recueillir au cours de la procédure et de nature à faire présumer une fraude commise en matière fiscale ou une manœuvre quelconque ayant eu pour objet ou ayant eu pour résultat de frauder ou de compromettre un impôt (L. 31 juill. 1920, art. 31, I. 3636, R E. 7144).

COMPENSATION. — Les droits qu'un redevable prétend avoir été indûment perçus sur un acte ne peuvent faire l'objet d'une compensation légale avec ceux dus sur un autre contrat, ni même avec les droits supplémentaires sur le même acte, dès lors que la prétendue créance pour indue perception n'est ni certaine dans son existence ni liquide (Cass. civ., 19 juin 1912, I. 3362 § 1, R. E. 5590).

CONCESSION. — Lorsque le prix d'abonnement aux eaux consiste en une redevance à déterminer suivant un tarif proportionnel, il y a lieu à déclaration estimative et l'impôt est immédiatement dû sur cette évaluation, sauf à compléter ultérieurement la perception si elle a été insuffisante (Sol. 6 janv. 1911, I. 3345, § 1°, R. E. 5645).

CONGRÉGATION. — **1**. Le taux de l'impôt sur le revenu a été porté de 4 à 5 0/0 à partir du 1er janv. 1917 (L. 30 déc. 1916, art. 11, I. 3493, R. E. 6535) et à 10 0/0 à partir de la promulgation de la loi du 25 juin 1920 (art. 50 de cette loi, R. E. 7125).

2. L'exigibilité des taxes d'accroissement et du revenu a été reconnue par : Cass. civ., 22 nov. 1910 (R. E 5172) ; 18 janv. 1911 (R. E. 5238) ; 11 juin 1912 (R. E. 5573) ; 1er juil. 1912 (R. E 5606) ; 8 juil. 1912 (R. E. 5607) ; 13 nov. 1912 (R. E. 5668) ; 31 déc. 1912 (R. E. 5669) ; 8 avr. 1913 (R. E 5724) ; 17 juil. 1913 (R. E. 5853) ; 9 mars 1914 (R. E. 5991) ; 3 déc. 1918 (R. E. 6885).

3. Au contraire, le caractère religieux à titre prédominant n'a pas été admis par : Cass. civ., 28 nov. 1911 (R. E. 5447) ; 31 déc. 1912 (R. E. 5670) ; 29 avr. 1913, 2 arrêts (R. E 5760 et 5761) ; 22 mai 1917 (R. E. 6679) ; 13 juin 1917 (R. E. 6680) ; 18 nov. 1919 (R E. 7039), 19 nov. 1919 (R. E. 7040) ; 30 déc. 1919 (J. E. 30918).

4. La déclaration estimative des biens soumis à la taxe d'accroissement constitue une formalité substantielle qui ne peut être remplacée par aucun équivalent (Cass. civ., 29 juil. 1912, R. E. 5620 ; 22 juil 1914, R. E. 6101).

5. La taxe simple n'est soumise qu'à la prescription trentenaire et les pénalités à la prescription biennale (Cass. civ., 21 avr. 1913, R. E. 5744 ; 10 déc. 1913, R. E. 5920).

6. L'association religieuse constituée sous la forme anonyme ne peut s'affranchir du service de l'abonnement au timbre qu'elle a souscrit pour ses actions, qu'à la condition de justifier de son improductivité (Cass. civ., 29 juil. 1912, R E. 5620).

7. En matière de société civile, on ne doit pas considérer comme constitutif de la clause de réversion, le fait que les statuts établissent au profit des associés, un simple droit de préemption purement facultatif à exercer, le cas échéant, moyennant un prix de cession qui n'est ni fictif, ni majoré (Cass. civ., 29 avril 1913, R. E. 5761).

8. La taxe d'accroissement à la charge d'une association religieuse ne peut s'imputer sur les droits de mutation par décès exigibles de l'héritier du copropriétaire des biens dépendant de la dite association (Cass. civ., 27 nov. 1912, R. E. 5651).

9. L'imputation, sur les taxes d'accroissement et du revenu, des droits de timbre par abonnement et de transmission n'est pas davantage permise (Cass. civ., 22 juil. 1914, R. E. 6101).

10. Le délai d'expertise en matière de taxe d'accroissement est porté à deux ans (L. 18 avr. 1918, I. 3547, R. E. 6784).

CONNAISSEMENT. — **1.** Le droit de timbre des connaissements n'a pas été modifié par la loi du 29 juin 1918 (I. 3554, § 7), ni par celle du 25 juin 1920.

2. Le connaissement devant être signé par le chargeur et nul ne pouvant se créer un titre à lui-même, le connaissement qui porte seulement la signature du transporteur est dépourvu de tout effet légal à l'égard du chargeur (Cass. civ., 20 oct. 1914, D.P. 1916.1.173).

CONSEIL D'ÉTAT. — **1.** Les recours pour excès de pouvoir doivent, à peine d'irrecevabilité, être soumis à la formalité de l'enregistrement en débet (C. d'État, 14 nov. 1913, R. E. 6306, IV.).

2. Il en est ainsi, même si le requérant réside dans une colonie et attaque un acte du gouverneur général de cette colonie (C. d'État, 21 fév. 1913, R. E. 6225).

3. Celui qui se désiste d'un recours pour excès de pouvoir, comme conséquence du retrait de l'acte attaqué, n'est pas tenu de supporter les droits d'enregistrement du recours et de l'arrêt (C d'État, 20 fév. 1914, R. E. 6366).

CONTRAT DE MARIAGE. — **1.** Le droit proportionnel sur les apports est élevé à 1 0/0 sans décimes (L. 29 juin 1918, art. 15, I. 3554, R. E. 6786). — V. *Dissimulation et Insuffisance.*

2. La stipulation que, pour la dot constituée à la femme, la célébration du mariage vaudra quittance, constitue une présomption de paiement à l'encontre du mari, sauf preuve contraire (Cass. civ., 2 mars 1914, R E. 6404).

3. Il n'y a lieu a prélèvement sur la communauté, qu'autant que le prix du propre y a été versé et la preuve du versement incombe au mari qui s'en prévaut (Cass. req., 10 nov. 1913, R. E. 6368).

4. Les biens dont la loi du 13 juillet 1917 autorise la reprise par la femme, en cas de renonciation à la communauté, ne comprennent pas les gains réalisés dans l'exercice d'une profession distincte de celle du mari antérieurement à la loi (Cass. req., 2 fév. 1914, R. E. 6367). En d'autres termes, le régime du libre salaire ne s'applique, avec ses conséquences, qu'aux produits du travail de la femme commerçante réalisés depuis la promulgation de la loi du 13 juillet 1917.

5. La valeur, au jour de la dissolution du mariage, d'une rente viagère devenant propre à l'un des époux, doit être calculée d'après le tarif des compagnies d'assurances en vigueur au jour de sa constitution (Cass. civ., 26 oct. 1910, R. E. 5423).

6. A l'égard du mari commun en biens acquêts, le remploi n'a lieu, aux termes de l'art. 1434 C. civ., que si, lors de l'acquisition, il a déclaré qu'elle était faite des deniers provenant de l'aliénation d'un bien qui lui était personnel et pour tenir lieu de remploi (Cass. civ., 2 mars 1914, R. E. 6404).

7. Lorsqu'une dot a été constituée par les père et mère conjointement et solidairement, en avancement d'hoirie, par imputation d'abord sur la succession du prémourant et subsidiairement, s'il y a lieu, sur celle du survivant, celui des deux époux qui décède le premier est réputé seul constituant, en telle sorte que le donataire est obligé au rapport, à sa succession, de l'intégralité de la dot, sous la réserve, toutefois, que si sa part héréditaire dans ladite succession est inférieure au montant du rapport, l'époux survivant doit lui tenir compte de la différence, sauf à la succession de ce dernier à faire rapporter, à son tour, les sommes déboursées de ce chef (Cass. civ., 28 nov. 1910, R. E. 5260 ; Cass. civ., 21 mars 1911, R. E. 5355 ; V. étude, R. E. 5552 et 5632, III, 6732, XI, 6817, VI).

8. La femme séparée judiciairement reprend la libre administration de ses biens : elle peut recevoir seule ses capitaux et en donner quittance. Le mari n'est donc point responsable de l'emploi des dits capitaux, même s'il a assisté à l'acte de quittance (Cass. civ., 31 janv. 1911, R. E. 5354).

9. Le régime des reprises de dot a été modifié pendant la durée de la guerre (L. 15 mars 1919, R. E. 6937).

10. Les dispositions de cette dernière loi s'appliquent à toutes les liquidations en cours au moment de leur promulgation ainsi qu'à celles qui seront établies dans les deux ans qui suivront l'acte prononçant la cessation des hostilités (L. 15 mars 1919, art. 3). La date de la cessation des hostilités est celle du 24 oct. 1919 (L. 23 oct. 1919, R. E. 7001).

CONTRE-LETTRE. — **1** Est nulle et de nul effet toute convention ayant pour but de dissimuler partie du prix d'une vente d'immeubles ou d'une cession de fonds de commerce ou de clientèle et tout ou partie d'une soulte d'échange ou d'un partage comprenant des biens immeubles, un fonds de commerce ou une clientèle (L. 27 fév. 1912, art. 7, I. 3339, R. E. 5504).

2. Est également nulle et de nul effet toute contre-lettre ayant pour objet une augmentation du prix stipulé dans le traité de cession d'un office ministériel (L. 27 fév. 1912, art. 6, I. 3339, R. E. 5504).

V. *Dissimulation.*

CONTRIBUTIONS DIRECTES. — **1.** Sont exempts de la formalité du timbre et de l'enregistrement les actes et pièces relatifs aux commandements, saisies et ventes ayant pour objet le recouvrement des contributions directes et des taxes assimilées (L. 18 juill. 1911, art. 20, I. 3340, R. E. 5542).

2. L'immunité est acquise aux actes ci-après : sommations avec frais ou à tiers détenteurs, commandements, saisie arrêt, saisie-brandon, saisie exécution, récolement, sur saisie antérieure, saisie interrompue, signification de vente, affiches, récolement avant la vente, procès verbal de vente.

3. L'exemption de la formalité du timbre est applicable aux copies signifiées des actes de poursuites.

4. En matière de vente de meubles, la copie de déclaration préalable n'est pas soumise au timbre (I. 3351, R. E. 5633).

5 Le texte de l'art. 20, L. 18 juill. 1911, ne vise que les actes en demande, ce qui exclut de son bénéfice les actes en défense, ces derniers restent, par conséquent, assujettis au timbre et doivent continuer à être enregistrés dans le délai de 4 jours soit gratis soit moyennant le droit fixe de 2 fr. (sans décimes) suivant que la cote litigieuse est inférieure ou supérieure à 100 fr.

6. Les actes de poursuites faits à la requête des communes et des établissements charitables en vertu soit d'états exécutoires dressés selon les prescriptions des art. 63, L. 18 juill. 1837, 13, L. 7 août 1851, ou 154, L. 5 avr. 1884 ; soit, pour les communes, de contrats ayant force exécutoire par eux-mêmes, bénéficient de la double exemption de la formalité du timbre et de l'enregistrement (L. 18 juill. 1911, art. 21, I. 3340, R. E. 5542).

7. Il n'est pas innové en ce qui concerne les actes signifiés en vue du recouvrement d'amendes et de condamnations pécuniaires (I. 3351, IV, R. E. 5633).

COPIE. — 1. Les copies et extraits d'enregistrement ou de formalités hypothécaires destinés a la reconstitution des minutes détruites au cours de la guerre sont exempts de timbre et d'enregistrement (D. M. F. 5 janv. 1915, R. E. 6374, § II)

2. La même immunité est accordée en ce qui concerne les copies prises, aux mêmes fins, d'actes ou de jugements conservés dans les greffes de toutes les juridictions (D. M. F. et Just. 20 août 1915, R. E. 6374, § II).

COURTIERS. — V. *Opérations de Bourse de commerce*.

CRÉDIT FONCIER. — Ni la loi, ni ses statuts, n'ont enlevé au Crédit foncier la faculté, qui appartient à tout créancier hypothécaire, de donner mainlevée pure et simple d'une inscription par acte distinct et indépendant de celui qui constate la libération du débiteur (Cass. req., 5 mars 1912, R. E. 5546).

Le conseil d'administration du Crédit foncier, qui a qualité pour autoriser une mainlevée hypothécaire sans paiement possède *a fortiori* la faculté de le faire après paiement.

Même si la délibération du Conseil autorisant la mainlevée était considérée comme un mandat donné au gouverneur, il ne serait pas nécessaire qu'elle fût constatée en forme authentique (C. Aix, 6 nov. 1913, R. E. 5970).

DÉCIMES. — **1**. Il est ajouté deux décimes et demi au principal de toutes les pénalités fiscales, y compris celles prononcées sans décimes par la loi du 25 juin 1920, qu'elles soient, ou non, soumises aux décimes par les lois en vigueur (L. 25 juin 1920, I. 3626, R. E. 7125).

2. Les pénalités encourues en matière de timbre sont soumises, comme celles d'enregistrement, — à moins d'une disposition expresse contraire, — à la surtaxe du double décime et demi (Cass. civ., 9 déc. 1912, R. E. 5667), ou, s'il y a lieu, des 5 décimes.

3. Le montant des amendes pénales prononcées par les cours et tribunaux doit être majoré de 20 décimes (L. 25 juin 1920, R. E. 7125).

DÉCLARATION ESTIMATIVE. — La déclaration estimative est inutile quand l'Administration puise dans l'acte même qui forme le titre de l'exigibilité des droits, l'indication de la valeur sur laquelle ces droits doivent être calculés (Cass. req., 15 janv. 1913, I. 3370-4, R. E. 5713).

DÉLÉGATION. — **1**. Le droit de 1 0/0 édicté par l'art. 69, § 3, n° 3, L. 22 frim. an VII, atteint directement la reconnaissance de dette que révèle le contrat ; aucune distinction ne doit être faite entre les délégations acceptées et celles qui ne le sont pas (Cass. req., 12 mai 1919, R. E. 7016).

2. Les actes constatant la cession ou la délégation d'indemnités pour dommages de guerre sont exempts de tous droits de timbre et d'enregistrement, à la condition que la cession ou délégation ait lieu dans les termes des art. 1689 et s. C. c. ; que le cessionnaire ou délégataire soit chargé du remploi ou réinvestissement ; que le tribunal civil ait autorisé la dite cession ou délégation (L. 17 avr. 1919, art. 49, I. 3625, R. E. 6967).

DÉLIVRANCE DE LEGS. — Le taux du droit proportionnel a été élevé à 1 0/0 sans décimes (L. 29 juin 1918, art. 15, I. 3554, R. E. 6786).

V. *Dissimulation et Insuffisance.*

DÉPOT. — Sont exempts de timbre et d'enregistrement les actes de dépôt, en l'étude sinistrée, des copies ou extraits pris dans les bureaux d'enregistrement et d'hypothèques ou dans les greffes en vue de la reconstitution des minutes détruites par suite de la guerre (D. M. F. et Just. 5 janv., 20 août 1915, R. E. 6374, II).

DETTE PUBLIQUE. — **1**. Les divers emprunts en rentes, de la défense nationale ont été déclarés exempts d'impôt (LL. 8 oct. 1915, R. E. 6377; 16 nov. 1915, R. E. 6293; 15 sept. 1916, R. E. 6494 ; 26 oct. 1917, R. E. 6744 ; 19 sept. 1918, R. E. 6825; 30 déc. 1919, R. E. 7020; 2 août 1920, R. E. 7144).

2. De même pour les obligations de la défense nationale (LL. 10 fév. 1915, 16 fév. 1917, R. E. 6590).

3. La dispense de l'enregistrement a été accordée aux actes sous signature privée rédigés pour constater les avances sur titres consenties par les personnes ou les établissements chargés de recevoir les souscriptions à l'emprunt autorisé par la loi du 19 sept. 1918, pourvu que le montant total de l'avance soit immédiatement employé par le débiteur à souscrire au dit emprunt entre les mains du prêteur (L. 19 sept. 1918, art. 5, I. 3646, R. E. 6825).

4. Le barrement et la domiciliation des bons de la défense nationale sont autorisés par la loi du 25 janv. 1919 (R. E. 6873).

5. Les rentes 3 1/2 0/0 amortissables émises en exécution de la loi du 20 juin 1914 (R. E. 6032) sont assujetties à la taxe sur le revenu.

V. *Impôt sur le revenu.*

DISSIMULATION

SOMMAIRE

§ 1. — Ventes et soultes d'échanges ou de partages.

1. La dissimulation tant du prix d'une vente d'immeubles ou d'une cession de fonds de commerce et de clientèle que de la soulte d'un échange ou d'un partage comprenant des biens immeubles, un fonds de commerce ou une clientèle, est punie d'une amende égale au quart de la somme dissimulée, conformément à l'art. 12 L. 23 août 1871 (L. 27 fév. 1912, art. 7, I. 3339, R. E. 5504). Cette amende est soumise aux 5 décimes.

2. Elle peut être établie suivant les prescriptions de l'art. 13, L. 23 août 1871 (même art.).

3. Le notaire qui reçoit un acte de vente, d'échange ou de partage est tenu de donner lecture aux parties de l'art. 7, L. 27 fév. 1912 et de l'art. 13, L. 23 août 1871, à peine d'une amende de 10 fr. (L. 27 fév. 1912, art. 7).

4. Il doit également, sous la même sanction, donner lecture des art. 7 et 8, L. 18 avril 1918 et de l'art. 366, C. pén. (L. 18 avr. 1918, art. 10, I. 3547, R. E. 6784).

5. Aux termes de l'art. 7, L. 18 avril 1918, dans tout acte ou déclaration ayant pour objet soit une vente d'immeubles, soit une cession de fonds de commerce, soit un échange ou un partage comprenant des biens immeubles ou un fonds de commerce, chacun des vendeurs, acquéreurs, échangistes, copartageants, leurs maris, tuteurs ou administrateurs légaux sont tenus de terminer l'acte ou la déclaration par une mention ainsi conçue : « La partie soussignée affirme, sous les peines édictées à l'art. 8 de la loi du 18 avril 1918, que le présent acte (ou la présente déclaration) exprime l'intégralité du prix ou de la soulte convenue. »

6. La mention qui précède doit être écrite de la main du déclarant ou de la partie à l'acte si cet acte est sous signature privée (L. 18 avril 1918, art. 7).

7. Si l'acte est passé en la forme notariée, la mention dont il s'agit est insérée par le notaire, à la fin du dit acte, avec les autres déclarations des co-contractants.

8. Si, au cas de déclaration de mutation verbale, le déclarant affirme ne savoir ou ne pouvoir signer, le receveur reproduit lui-même la mention prescrite, il en donne lecture au déclarant ainsi que de l'art. 8, L. 18 avril 1918 et de l'art. 366, C. pén. et il certifie que cette formalité a été accomplie.

9. Les mandataires constitués pour souscrire les déclarations de mutations verbales n'ont pas à formuler l'affirmation prévue par la loi du 18 avril 1918 (I. 3547).

10. Au contraire, dans les actes, le mandataire est tenu de souscrire l'affirmation prescrite ; mais sa responsabilité personnelle ne peut pas être mise en jeu, à moins qu'il ne soit prouvé qu'il a connu la dissimulation frauduleuse. Le mandant, de son côté, ne peut se soustraire aux sanctions pénales que si l'affirmation frauduleuse est due au fait personnel de son fondé de pouvoirs.

11. Celui qui formule frauduleusement les affirmations prescrites est puni des peines portées à l'art. 366 C. pén. (L. 18 avril 1918, art. 8 ; Rappr. L. 25 juin 1920, art. 112, I. 3626 § 21, R.E. 7147, p 590).

12. Pour que le délit soit caractérisé, il faut établir la mauvaise foi et cette preuve incombe au poursuivant.

13. Les sanctions de l'art. 366. C. pén. sont encourues même dans le cas où la déclaration est souscrite par un mandataire s'il est établi que les mandants ont eu connaissance de la fraude et s'ils n'ont pas complété la déclaration dans le délai de six mois (L. 18 avril 1918, art. 8).

14. Ce dernier délai court du jour où le mandant a eu connaissance de la fraude.

15. Les complices du délit d'affirmation frauduleuse peuvent être atteints dans les conditions prévues aux art. 59 et 60, C. pén.

16. Le tribunal peut accorder le bénéfice des circonstances atténuantes.

17. Les poursuites doivent être engagées à la requête de l'administration de l'enregistrement dans les trois ans qui suivent l'affirmation frauduleuse (L. 18 avril 1918, art. 9).

18. Elles sont portées devant le tribunal correctionnel, soit du domicile de l'auteur du délit, soit du lieu où le délit a été commis (L. 18 avril 1918, art. 9, § 2).

19. D'après l'art. 7, L. 27 février 1912, quiconque aura été convaincu de s'être, d'une façon quelconque, rendu complice de manœuvres destinées à éluder le paiement de l'impôt sera personnellement passible, indépendamment des sanctions disciplinaires s'il est officier public ou ministériel, d'une amende égale au double de la somme dont le Trésor aura été frustré, sans que cette amende puisse être inférieure à 1.000 fr. en principal (I. 3339, R. E. 5504).

20. On a voulu atteindre ainsi, non seulement les officiers publics ou ministériels qui se rendent complices de la fraude ; mais encore les agents d'affaires qui servent fréquemment d'intermédiaires (V. aussi L. 31 juillet 1920, art. 32. — V. *Communication*, 4).

21. Les sanctions à l'égard des officiers publics ou ministériels ont été aggravées par la loi du 18 avril 1918, laquelle dispose que : « en cas de récidive dans les dix ans d'une décision disciplinaire antérieure devenue définitive, l'officier public ou ministériel convaincu de s'être, d'une façon quelconque, rendu complice de manœuvres destinées à éluder le paiement de l'impôt, sera frappé de destitution sans préjudice des peines portées à l'art. 366, C. pén. en cas de complicité du délit porté en l'art. 8 de la présente loi » (art. 14, I. 3547, R. E. 6784).

22. La peine de la destitution est indépendante de celles qui sont édictées par l'art. 366, C. pén. et dont l'officier public serait passible en cas de complicité du délit d'affirmation frauduleuse.

V. *Contre-lettre.*

§ 2. — Cessions d'offices.

23. La dissimulation du prix d'une cession d'office peut être établie conformément à l'art. 13, L. 23 août 1871 (L. 27 fév. 1912, art. 6, I. 3339, R. E. 5504).

24. Toute dissimulation dans le prix d'une cession d'office est punie d'une amende égale au quart de la somme dissimulée, conformément à l'art 12, L. 23 août 1871 (art. 6, même loi). Cette amende doit être majorée des 5 décimes.

25. L'art. 11, L. 25 juin 1841 est abrogé en ce qu'il a de contraire aux nouvelles dispositions, lesquelles placent les dissimulations de prix de cessions à titre onéreux d'offices au point de vue tant de la preuve que des pénalités, sous le même régime que les dissimulations de prix en matière de transmissions immobilières.

26. L'officier public ou ministériel cessionnaire ou cédant convaincu d'avoir consenti ou stipulé à son profit un prix supérieur à celui exprimé dans l'acte de cession sera, en outre, frappé de la destitution (L. 27 fév. 1912, art. 6).

27. Le notaire qui reçoit un acte de cession d'office est tenu de donner lecture aux parties des dispositions de l'art. 6, L. 27 février 1912. Mention expresse de cette lecture est faite dans l'acte à peine d'une amende de 10 fr. (L. 27 fév. 1912, art. 6).

V. *Contre-lettre.*

§ 3. — Actes antérieurement soumis au droit gradué.

28. En cas de dissimulation établie dans les deux années à compter de l'enregistrement des sommes ou valeurs ayant servi de base à la perception du droit proportionnel, la peine est du double droit en sus de celui qui est dû pour les objets dissimulés sans pouvoir être inférieure à 50 fr. en principal (L. 27 févr. 1912, art. 4, I. 3339, R. E. 5504).

29. La dissimulation peut être établie par tous les modes de preuve admis pour constater les insuffisances ou omissions en matière de mutation par décès (L. 27 févr. 1912, art. 4).

30. Les dispositions nouvelles ne sont applicables qu'aux contraventions commises après la promulgation de la loi du 27 février 1912.

31. La simple *insuffisance* en cette matière, qui se caractérise par l'absence d'intention frauduleuse, ne donne lieu qu'à des suppléments de droits simples, sans droit en sus (L. 27 févr. 1912, art. 4).

DIVORCE. — **1**. Le § 3 de l'art. 244, C. civ. est rédigé ainsi qu'il suit : « L'action s'éteint également par le décès de l'un des époux survenu avant que le jugement ou l'arrêt prononçant le divorce soit devenu définitif » (L. 26 juin 1919, art. 1).

2. D'après l'art. 252, C. civ. nouveau, la transcription est faite au nom de la partie qui a obtenu le divorce et à la diligence de son avoué sous peine d'une amende de 100 fr. à la charge de ce dernier (L. 26 juin 1919, art. 2).

3. Le droit minimum de 150 fr. en principal, applicable aux arrêts de cour d'appel prononçant un divorce, est porté à 200 fr. décimes compris (L. 25 juin 1920, art. 28, I. 3626, R. E. 7125) ; le droit minimum de 75 fr. dû sur le jugement de première instance prononçant le divorce est porté à 150 fr. décimes compris (même loi).

DON MANUEL. — **1.** A l'égard des titres et valeurs dont l'auteur d'une succession a perçu les revenus moins de six mois avant son décès et dont les héritiers, donataires ou légataires, soit universels, soit à titre universels, sont ultérieurement reconnus être en possession, les dits héritiers, donataires ou légataires qui, pour écarter la présomption de propriété du *de cujus*, se prévalent d'un don manuel à eux consenti par ce dernier, doivent, pour s'affranchir du paiement de l'impôt de mutation par décès, acquitter sur le montant des dits titres et valeurs le droit de donation entre vifs d'après une déclaration passée au bureau du domicile du défunt (L. 18 avril 1918, art. 17, I. 3547, R. E. 6784).

2. Lorsque cette déclaration n'a pas été souscrite dans les délais fixés par l'art. 24 de la loi du 22 frimaire an VII, c'est-à-dire, en règle générale, dans les six mois du décès de l'auteur du don manuel, l'héritier donataire ou légataire peut encore acquitter le droit de donation entre vifs au plus tard dans les trois mois à partir d'une mise en demeure par lettre recommandée de l'Administration avec accusé de réception (L. 18 avril 1918, art. 17).

3. Mais, dans ce cas, le droit de donation doit être majoré des intérêts calculés au taux légal à compter de l'expiration du délai fixé pour le paiement des droits de mutation par décès (L. 18 avril 1918, art. 17).

4. La remise de dette consentie par un créancier à son débiteur ne présente les caractères d'un don manuel que si elle s'est accomplie au moyen de la tradition effective du titre de la créance dans une intention de libéralité par le premier au second et suivie de l'acceptation de ce dernier (Cass. civ., 12 juin 1914, R. E. 6044).

5. Les actes qui ne sont pas soumis à la formalité de l'enregistrement, tels que les conclusions d'avoué, ne tombent pas sous l'application de l'art. 6, L. 18 mai 1850 (Cass. civ., 18 nov. 1912, R. E. 5654).

6. Lorsque l'existence d'une libéralité entre vifs, — prétendue faite à titre de don manuel — est établie, la circonstance qu'elle est susceptible de motiver l'exercice d'une action en reprise ou d'un droit de retour ne saurait mettre obstacle à la perception de l'impôt de donation (Cass. req., 19 nov. 1912, I. 3362-5, R. E. 5653).

V. pour les tarifs *V° Donation*.

DONATION. — **1.** Les droits sur les donations ont été fixés aux quotités ci-après, sans addition d'aucun décime (L. 31 déc. 1917, art. 14, I. 3526, R. E. 6776 et L. 25 juin 1920, art. 32, I. 3626, R. E. 7125).

			TARIF %	
			L. 1917	L. 1920
En ligne directe (L. 1917). En ligne directe descendante (L. 1920)	donations-partages faites conformément aux art. 1075 et 1076 C. civ. par les père et mère et autres ascendants	entre plus de deux enfants vivants ou représentés	2 50	2 50
		entre deux enfants vivants ou représentés	4 50	4 50
		entre les descend[ts] d'un enfant unique	»	6 50
	donations par contrat de mariage à des descendants	plus de deux enfants vivants ou représentés	4 50	3 50
		deux enfants vivants ou représentés	5 50	4 50
		un enfant vivant ou représenté	6 50	5 50
	autres donations	plus de deux enfants vivants ou représentés	6 50	5 50
		deux enfants vivants ou représentés	8 50	7 50
		un enfant vivant ou représenté	10 50	9 50
En ligne directe ascendante (L. 1920)			»	9 50
Entre époux	par contrat de mariage		8 »	4 50
	hors contrat de mariage	plus de deux enfants vivants ou représentés issus du mariage	6 50	5 50
		deux enfants vivants ou représentés issus du mariage	10 »	7 50
		un enfant vivant ou représenté issu du mariage	13 50	9 50
		sans enfant vivant ou représenté issu du mariage	17 »	11 50
Entre frères et sœurs	par contrat de mariage aux futurs		13 »	15 »
	hors contrat de mariage		23 »	25 »
Entre oncles ou tantes et neveux ou nièces	par contrat de mariage aux futurs		15 »	20 »
	hors contrat de mariage		25 »	30 »
Entre grands-oncles ou grand'tantes et petits-neveux ou petites-nièces et entre cousins germains	par contrat de mariage aux futurs		17 »	25 »
	hors contrat de mariage		27 »	35 »
Entre parents au delà du 4e degré et entre personnes non parentes	par contrat de mariage aux futurs		21 »	30 »
	hors contrat de mariage		31 »	40 »

2. Les dons faits aux mutilés de guerre frappés d'une invalidité de 50 0/0 au minimum bénéficient, à concurrence des premiers 100.000 fr., du tarif réduit de 9 0/0 (L. 25 juin 1920, art. 33 ; V. I 3645). Le tarif n'est appliqué, bien entendu, que tout autant qu'à raison de la parenté avec le donateur, le mutilé de guerre donataire ne doit pas acquitter l'impôt à un taux moindre.

3. Il n'est pas innové, quant aux tarifs, aux dispositions des lois antérieures relativement aux dons faits aux départements, communes, établissements publics ou d'utilité publique (LL. 31 déc. 1917, art. 16 ; 25 juin 1920, art. 33).

4. Les dons consentis aux offices publics d'habitations à bon marché bénéficient du tarif de faveur de 9 0/0 sans décimes (L. 23 décembre 1912, art. 21, I. 3363, R. E. 5693).

5. Pour l'application du tarif (V. n° 1), il y a lieu d'ajouter au nombre des enfants vivants ou représentés du donateur : (a) tout enfant du donateur décédé après 16 ans révolus ; (b) tout enfant mort avant l'âge de 16 ans qui aura été tué par l'ennemi au cours des hostilités ou sera décédé des suites de faits de guerre soit durant les hostilités, soit dans l'année à compter de la cessation des hostilités (L. 25 juin 1920, art. 34. V. pour la période antérieure, L. 31 déc. 1917, art. 15).

6. Le bénéfice de cette dernière disposition est subordonné à la production : dans le premier cas (a) d'une expédition de l'acte de décès de l'enfant, et dans le second cas (b) d'un acte de notoriété délivré sans frais par le juge de paix du domicile de l'enfant et établissant les circonstances de la blessure et de la mort (L. 25 juin 1920, art. 34).

7. Tout transfert de propriété à titre gratuit effectué par les communes ou les départements au nom des offices publics d'habitations à bon marché n'est passible que du droit fixe de 6 fr. sans décimes (L. 23 déc. 1912 précitée, art. 21), quelles que soient la forme dans laquelle la transmission est réalisée et la nature des biens transmis.

8. L'indication inexacte, dans un acte de donation, du lien ou du degré de parenté entre le donateur et les donataires est passible, à titre d'amende, d'un double droit en sus de celui qui sera dû à titre supplémentaire (L. 18 avril 1918, art. 13, I. 3547, R. E. 6784).

9. Les tuteurs, curateurs ou administrateurs légaux supporteront personnellement la peine du double droit en sus lorsqu'ils auront passé une déclaration inexacte (L. 18 avril 1918, art. 13).

10. L'action en recouvrement des droits simples et en sus exigibles dans les hypothèses visées L. 18 avril 1918 peut s'exercer dans le délai de 20 ans fixé par la dite loi en matière d'omissions ou de successions non déclarées (L. 18 avril 1918, art. 13).

11. Pour la liquidation et le paiement des droits de donation, les

immeubles, quelle que soit leur nature, sont estimés d'après leur valeur vénale réelle à la date de la transmission, d'après la déclaration estimative des parties (L. 27 mai 1918, art. 1, I. 3563, R E. 6785).

12. Toutefois si, dans l'année qui a précédé ou suivi l'acte de donation, les immeubles transmis ont fait l'objet d'une adjudication publique, soit devant notaire commis, soit à la barre du tribunal, les étrangers admis avec la publicité prescrite par le Code de procédure civile, les droits doivent être calculés sur le prix de l'adjudication, à moins qu'il ne soit justifié d'une modification de la valeur de l'immeuble survenue entre la donation et l'adjudication (L. 27 mai 1918, art. 2).

13 Le prix de l'adjudication s'entend augmenté des charges (conf. L. 15 juillet 1914, art. 26, R E. 6033) et il n'y a pas à distinguer suivant que l'adjudicataire est, ou non, un codonataire (Conf. Sol. 9 mars 1916, I. 3494, § 7, R. E. 6599).

14. Les redevables dont les déclarations ne sont pas admises doivent en être avisés par lettre motivée et recommandée et ils ont la faculté de présenter des observations justificatives dans le mois à partir de la réception de la lettre d'avis qui leur aura été adressée L. 27 mai 1918, art. 3).

15. Si un accord n'intervient pas, les insuffisances sont constatées par voie d'expertise (V. *infrà*, *Insuffisance* et *Procédure*).

16. Le nouveau mode d'évaluation vise tous les immeubles quelle que soit leur nature, c'est-à-dire aussi bien les immeubles par nature, urbains ou ruraux, que les immeubles par destination ou par l'objet auxquels ils s'appliquent, y compris, par conséquent, les rentes et actions immobilisées.

17. L'évaluation en valeur vénale s'applique à toutes les mutations imposables d après les tarifs édictés par la loi du 31 décembre 1917 (L. 11 novembre 1918, I. 3567, R. E. 6826), sans qu'il y ait à examiner si la mutation remonte ou non avant la mise en vigueur de la loi du 27 mai 1918.

18. Toutefois, les perceptions régulièrement effectuées conformément aux lois en vigueur sur les biens compris dans les donations enregistrées dans les délais légaux antérieurement à la promulgation de la loi du 11 novembre 1918, ne peuvent pas être révisées au profit du Trésor (L. 11 novembre 1918).

19. Cette dernière disposition autorise les parties à provoquer dans les délais de prescription réglementaires, le point de départ de ces délais étant le jour de l'entrée en vigueur de la loi du 11 novembre 1918, sauf application des décrets moratoires, s'il y a lieu, la restitution de l'impôt acquitté en trop quand la valeur vénale qui sert de base à la perception est inférieure au revenu capitalisé des immeubles ayant fait l'objet d'une donation enregistrée sous l'empire de la loi du 27 mai 1918.

20. Elle ne met pas obstacle à ce que l'Administration, de son côté, rectifie les perceptions effectuées antérieurement à la mise à exécution de la loi du 11 novembre 1918 en s'appuyant sur les dispositions en vigueur avant le 27 mai 1918.

21. Dans le cas où l'acte de donation a été enregistré hors délai, les parties sont également admises à demander la révision de la perception à leur profit ; mais l'Administration est aussi fondée à soutenir que le revenu capitalisé qui a servi de base à la liquidation de l'impôt est inférieur à la valeur vénale réelle ou au prix de l'adjudication judiciaire et à réclamer le supplément exigible.

22. La déclaration de la valeur vénale souscrite par les parties en exécution de la loi du 11 novembre 1918 ne donne lieu qu'à un supplément de droit simple, soumis en principe à la prescription trentenaire.

23. Lorsque l'amortissement ou le rachat d'une rente ou pension constituée à titre gratuit est effectué moyennant l'abandon d'un capital supérieur à celui formé de 20 fois la rente perpétuelle et de 10 fois la rente viagère ou pension, un supplément de droit de donation est exigible sur la différence entre ce capital et la valeur imposée lors de la constitution (L. 18 avril 1918, I. 3547, R. E. 6784).

24. La constitution de dot à un futur d'une somme à prendre sur les plus clairs biens de la succession du constituant, productive d'intérêts se capitalisant, et exigibles de la même manière et à la même époque que le principal, avec réserve par la donatrice de faire emploi de la somme donnée sans la participation des donataires, présente les caractères non d'une donation entre vifs, mais d'une institution contractuelle (Cass. req., 13 juin 1914, R. E. 6043).

25. Révèle une libéralité déguisée l'acte portant vente d'immeubles non bâtis moyennant un prix immédiatement converti en une rente viagère dont l'importance n'est pas supérieure au revenu des biens (Cass. req., 25 avril 1914, R. E. 6042).

DROITS DE PLACE. — Concession, V. *Bail*, n° 1.

DROITS SUCCESSIFS. — **1.** La loi du 19 mars 1917 complétée par la loi du 18 mars 1918 a apporté une dérogation temporaire à l'art. 815 C. civ. ainsi qu'à diverses dispositions concernant la procédure pour la liquidation des successions (R. E. 6587, 6743).

2. Elle s'applique aux successions déjà ouvertes et non encore liquidées au jour de sa promulgation ainsi qu'à celles qui s'ouvriront jusqu'à l'expiration du délai de deux années à compter du jour fixé pour la reprise des délais de prescription et pour lesquelles sera intervenue dans le dit délai une demande en partage (L. 1917, art. 1er).

3. La cession totale ou partielle de droits successifs ou de droits indivis sur des biens certains et déterminés d'une succession visée par la loi de 1917 ne peut, pendant la durée de l'indivision forcée, être consentie soit à des cohéritiers, soit à des personnes étrangères à la succession que par acte passé en la forme authentique devant notaire (L. 1917, art. 6).

4. Toute majoration du prix réel de la cession sera punie d'une amende égale au quart de la majoration, à la charge du cessionnaire seul (art. 6), sans arrondissement de 20 fr. en 20 fr.

5. La majoration de prix peut être établie conformément à l'art. 13, L. 23 août 1871, c'est-à-dire par tous les modes de preuve admis par le droit commun à l'exclusion seulement du serment décisoire.

6. Le notaire rédacteur de l'acte de cession est tenu, à peine d'une amende de 10 fr. en principal, de donner lecture aux parties et de faire mention dans l'acte de cette lecture, tant de l'art. 6, L. 19 mars 1917 que de l'art. 13, L. 23 août 1871 (art. 6). Il doit, sous la même sanction, affirmer en outre qu'il n'est pas à sa connaissance que le prix de la cession ait été majoré dans l'acte (art. 6).

7. Les pénalités dont il vient d'être question se confondent avec celles prévues par la loi du 27 fév. 1912 (R. E. 5504) modifiée par la loi du 18 avril 1918 (R. E. 6784). — V. *suprà, Dissimulation.* — V. aussi *Insuffisance.*

ÉCHANGE. — 1. Les soultes ou retours d'échanges immobiliers donnent ouverture au droit de 10 0/0 sans décimes (L. 25 juin 1920, art. 25, I 3626, R. E. 7125).

2. Pour la liquidation et le paiement des droits sur les échanges, les immeubles, quelle que soit leur nature, sont estimés selon leur valeur vénale réelle au jour de la transmission, d'après la déclaration estimative des parties (L. 27 mai 1918, art. 1er, I. 3563, R. E. 6785).

3. Toutefois, si dans l'année qui a précédé ou suivi l'acte d'échange, les immeubles transmis ont fait l'objet d'une adjudication publique soit devant notaire commis, soit à la barre du tribunal, les étrangers admis avec la publicité prescrite par le Code de procédure civile, suivant qu'il est prévu à l'art. 26, L. 15 juillet 1914 (R. E. 6033), les droits sont calculés sur le prix de l'adjudication, à moins qu'il ne soit justifié d'une modification de la valeur de l'immeuble survenue entre l'échange et l'adjudication (L. 27 mai 1918, art. 2).

4. Le prix d'adjudication s'entend charges comprises (Rapp. L. 15 juillet 1914).

5. C'est aux redevables qu'il appartient d'établir la modification

de valeur qui est de nature à faire écarter les résultats de l'adjudication quand ces résultats sont supérieurs à leur évaluation.

6. Les redevables dont la déclaration de valeur vénale n'est pas admise doivent en être avisés par lettre motivée et recommandée. Ils ont la faculté de présenter des observations justificatives dans le délai d'un mois à partir de la réception de la lettre d'avis qui leur aura été adressée (L. 27 mai 1918, art. 3).

7. Si un accord n'intervient pas, les insuffisances dans les déclarations sont constatées par voie d'expertise (V. *Insuffisance* et *Procédure*. — V. aussi *Dissimulation*).

EFFETS NÉGOCIABLES ET NON NÉGOCIABLES. — 1. A partir du 2 avril 1918, le tarif du droit proportionnel de timbre établi par l'art. 1, L. 5 juin 1850 et applicable aux effets négociables ou de commerce autres que ceux tirés de l'étranger sur l'étranger et circulant en France ainsi qu'aux écrits visés par l'art. 4, L. 19 fév. 1874 est fixé à 0.20 par 100 fr. ou fraction de 100 fr. (L. 31 déc. 1917, art. 18, R. E. 6776).

2. La loi nouvelle n'a pas d'effet rétroactif, elle ne s'applique qu'aux effets ou écrits qu'elle vise, émis ou rédigés à compter du jour de sa mise à exécution (R. E. 6817) ; mais elle atteint aussi bien les effets négociables ou de commerce que les obligations et effets non négociables ne servant pas à procurer une remise de fonds de place à place (Sol. 6 sept. 1918, 23 juin 1919, R. E. 7091-1).

3. Le droit de timbre proportionnel est indépendant tant du droit de timbre de quittance gradué que de la taxe sur les paiements, soit de 0.20 par 100 fr., soit de 10 0/0 (R. E. 6931-VI) ou, actuellement, de l'impôt sur le chiffre d'affaires.

4. Les effets émis en France ou tirés sur toutes les colonies sont assujettis au plein tarif de 0.20 par 100 fr. (R. E. 6847-I).

5. Par contre, les traites émises en France sur tous les pays de protectorat sont assimilées aux effets tirés sur l'étranger et bénéficient à ce titre du tarif réduit de 0.05 par 100 fr. (R. E. 6847-I).

6. D'après le dernier al. de l'art. 18, L. 31 déc. 1917, en effet, les effets négociables ou de commerce souscrits en France, tirés sur l'étranger et payables hors de France restent soumis au droit de timbre d'après le tarif édicté L. 5 juin 1850.

7. Le renouvellement des lettres de change, billets à ordre et autres effets de commerce reste également soumis aux droits établis art. 1, L. 5 juin 1850 (L. 31 juillet 1920, art. 26, I. 3636, R. E 7144 et 7149 ; — V. aussi L. 31 déc. 1917, art. 20-3, abrogé par L. 25 juin 1920, art. 54, I. 3626, R. E. 7125),

8. L'ancien tarif joue en ce dernier cas, sous la seule condition qu'il s'agisse d'un renouvellement (R. E. 6931-VI) et alors même que

le nouvel effet n'aurait pour objet qu'une fraction de l'effet antérieur.

9. Le droit proportionnel de 0.15 par 100 fr. prévu au second al. art. 2, L. 5 juin 1850 est porté à 0.60 par 100 fr. ou fraction de 100 fr. (L. 31 déc 1917, art. 18).

10. Le défaut de dépôt de l'empreinte des griffes d'oblitération ne saurait, à lui seul, rendre un effet de commerce passible des amendes édictées art. 4, L. 5 juin 1850 (D. M. F. 14 nov. 1910, I. 3312, § 17, R. E. 5293).

V. *Warrant*.

ENREGISTREMENT. — **1**. Le principal des divers droits fixes d'enregistrement et des droits minima auxquels sont assujettis par les lois en vigueur les actes civils, administratifs, judiciaires ou extrajudiciaires, quels qu'ils soient, est porté au double, mais n'est plus soumis aux décimes. — Toutefois le droit minimum de 150 fr. en principal édicté par l'art. 17, n° 12, L. 26 janv. 1912 pour les arrêts des cours d'appel confirmant une adoption ou prononçant un divorce n'est porté qu'à 200 fr. décimes compris (L. 25 juin 1920, art. 28, I. 3626, R. E. 7125).

2. Le minimum du droit proportionnel à percevoir sur un acte ou une mutation se trouve être désormais de 0 fr. 50 sans décimes.

3. Les actes dont la date est antérieure à la mise en vigueur des art. 24, 25 et 26, L. 25 juin 1920 et qui contiennent des dispositions de la nature de celles visées dans ces articles ne peuvent bénéficier des tarifs édictés par les lois antérieures s'ils n'ont pas été présentés à la formalité de l'enregistrement dans les 10 jours à compter de l'entrée en vigueur de la loi du 31 juillet 1920 (L. 31 juil. 1920, art. 20, I. 3636).

4. Des dispenses soit de la formalité soit des droits ou l'enregistrement en débet ont été édictés par les textes dont la liste est ci-après présentée dans l'ordre chronologique de leur date avec mention sommaire de leur objet :

L. 18 fév. 1910. Société de crédit agricole. R. E 5032.

L. 8 mars 1910. Reconstitution des archives de la conservation des hypothèques d'Aix. R. E. 4996.

L. 18 mars 1910. Prêts aux victimes de sinistres. R. E. 4995.

L. 5 avr. 1910. D. 25 mars 1911. Retraites ouvrières et paysannes. I. 3324, R. E. 5390.

L. 8 avril 1910. Caisse de prévoyance des marins. Habitations à bon marché. I. 3330, R. E. 5031.

L. 6 août 1910. Conservation des hypothèques de Saint-Pierre. R. E. 5126.

L. 28 déc. 1910. Code du travail, louage d'ouvrage. R. E. 5481.

L. 13 juil. 1911. Habitations à bon marché, I. 3325, R. E. 5347.

L. 18 juil. 1911. Contributions directes. Procédure en recouvrement. I. 3340, R. E. 5542.

L. 27 fév. 1912, art. 83 Allocations aux veuves des ouvriers et employés des mines. I. 3370-19, R. E. 5931.

L. 10 avr. 1912. Expropriation. Rues de Paris. R. E. 5543.

L. 22 juill. 1912. Tribunaux pour enfants. I. 3396, R. E. 5908.

L. 23 déc. 1912. Habitations à bon marché. I. 3363, R. E. 5693.

L. 10 mars 1913. Acte respectueux. I. 3367, R. E. 5723.

L. 14 juil. 1913. Assistance aux familles nombreuses. I. 3392, R. E. 5827. et 5909.

L. 7 août 1913. Recrutement de l'armée. Soutiens de famille. I. 3379 et 3413 § 21, R. E. 5889 et 6075.

L. 17 déc. 1903. Crédit maritime mutuel. I. 3405, R. E. 6078.

L. 11 févr. 1914. Sociétés de crédit immobilier. I. 3399, R. E. 5910.

L. 25 févr. 1914 et D. 31 mars 1914 et 13 juillet 1914. Caisse autonome de retraites des ouvriers mineurs, I. 3418, R. E. 6076.

L. 25 mars 1914. Mariage d'indigents. Convention avec l'Italie. I. 3413 § 20, R. E. 6074.

L. 16 avr. 1914. Responsabilité des communes en cas de dommages résultant d'émeutes. I. 3408, R. E. 6009.

L. 21 avr. 1914. Expropriation pour cause d'utilité publique. R. E. 6038.

Déc. 5 juin 1914. Mariage d'indigents. Arrangement avec l'Italie. I. 3413 § 20, R. E. 6074.

L. 15 juil. 1914. Accidents du travail. Exploitations forestières. I. 3417, R. E. 6073.

L. 15 juil. 1914. Assistance aux femmes en couches. I. 3416, R. E. 6077.

L. 5 août 1914. Suppléance des officiers publics et ministériels. R. E. 6035.

D. 9 août 1914. Prorogation des échéances. I. 3419, R. E. 6034.

D. 24 août 1914. Coupons et remboursement d'obligations. I. 3421, R. E. 6034.

D. 1er sept. 1914. Prorogation de délai en matière de loyers. I. 3422. R. E. 6034.

D. 27 oct. 1914. Prorogation des échéances commerciales. Retraits de dépôts espèces. I. 3428, R. E. 6081.

D. 15 déc. 1914. Moratorium judiciaire. I. 3433, R. E. 6139.

L. 14 mars 1915. Pensions aux veuves et orphelins des fonctionnaires civils tués à l'ennemi. I. 3453, R. E. 6294.

L. 4 avril 1915. Mariage des militaires et marins, procurations. I. 3441, R. E. 6175.

L. 4 avr. 1915. Valeurs mobilières perdues ou détruites par suite de faits de guerre (V. D. 29 nov. 1919 et L. 28 mai 1920). I. 3442, R. E. 6201.

D. 11 mai 1915. Moratorium judiciaire. I. 3445, R. E. 6202.

L. 28 mai 1915. Expropriation pour cause d'utilité publique. R. E. 6219.

L. 19 août 1915. Mariage par procuration des prisonniers de guerre (V. D. 29 nov. 1919). I. 3455, R. E. 6255, 6319.

L. 8 oct. 1915. Emprunt aux Etats Unis. R. E. 6377.

L. 16 nov. 1915. Emprunt en rentes 5 0/0. I. 3459. R. E. 6293.

D. 15 déc. 1915. Suspension des prescriptions péremptions et délais. I. 3433.

L. 18 déc. 1915. Sociétés coopératives ouvrières de production et de crédit au travail. Banques populaires. I. 3575, R. E. 6649, 7012.

D. 23 déc. 1915. Prorogation des échéances. I. 3463, R. E. 6374.

L. 29 déc. 1915. Expropriation. Sépulture des soldats. I. 3465, R. E. 6312.

D. 22 janv. 1916. Guerre. Saisies conservatoires. I. 3420, R. E. 6444.

L. 16 mars 1916. Actes de l'état civil. Actes de notoriété les suppléant. I. 3471, R. E. 6396, applicable aux réfugiés belges. I. 3482.

D. 18 mars 1916. Prorogation des échéances, R. E. 6645.

L. 1er juin 1916. Reconstitution des registres de l'état civil. I. 3477, R. E. 6442.

L. 23 juill. 1916. Mariage des enfants dont les parents sont demeurés en pays envahis. I. 3486, R. E. 6508.

D. 28 juill. 1916. Sociétés coopératives ouvrières. Banques populaires. I. 3575, R. E. 6649 et 7012.

L. 29 juill. 1916. Marchés administratifs. Approvisionnement en vivres et moyens de chauffage (reste en vigueur jusqu'au 15 août 1922, LL. 23 oct. 1919 et 9 août 1920). I. 3485, R. E. 6516.

L. 15 sept. 1916. Emprunt en rentes 5 0/0. R. E. 6494.

L. 18 nov. 1916. Procurations. Mutilés de la guerre. I. 3489, R. E. 6536.

L. 16 fév. 1917. Titres de rentes perdus ou volés par suite de faits de guerre. I. 3498, R. E. 6586.

L. 13 mars 1917. Société de caution mutuelle et banques populaires (V. L. 7 août 1920). I. 3562, R. E. 6589.

L. 20 mars 1917. Avis de parents. Procurations. I. 3509, R. E. 6671.

L. 31 mars 1917, D. 18 avr. 1917 et LL. 9 avr. 1918, 29 déc. 1918. Pécule des militaires. I. 3576, R. E. 6676.

L. 7 avr. 1917. Légitimation d'enfants après mobilisation et décès du père, I. 3502, R. E. 6674.

D. 13 avr. 1917. Moratorium. Purge en matière d'expropriation. R. E. 6642.

L. 16 avr. 1917. Paiement de sommes et remise de valeurs dépendant des successions des militaires. Testaments des militaires, I. 3504, R. E. 6640.

L. 26 avr. 1917. Sociétés anonymes à participation ouvrière. I. 3508, R. E. 6672.

L. 18 juin 1917. Retrait de naturalisation. I. 3511, R. E. 6708.

L. 5 juill. 1917. Dommages de guerre. I. 3537, R. E. 6719.

L. 18 juill. 1917. Certificat de travail. I. 3515, R. E. 6672.

L. 27 juill. 1917. Pupilles de la nation. I. 3546, R. E. 6720.

L. 3 août 1917. Réquisitions civiles. I. 3570.

L. 3 août 1917. Reconstitution agricole des régions envahies. I. 3516, R. E. 6721.

L. 6 août 1917. Reconstitution industrielle, id. I. 3516, R. E. 6705.

L. 17 août 1917. Résiliation des baux ruraux. I. 3524, R. E 6707.

L. 26 oct. 1917. Emprunt en rente de 4 0/0. R. E. 6744.

L. 1er mars 1918. Plan de lotissement et procès-verbal de bornage. I. 3544, R. E. 6783.

L. 9 mars 1918. Baux à loyer. I. 3634, R. E. 6854.

L. 29 mars 1918. Location d'édifices provisoires pour les habitants des départements envahis. I. 3537, R. E. 6829.

L. 7 avr. 1918. Procuration, consentements à mariage, etc. I. 3541, R. E. 6832.

L. 9 avr. 1918. Pensionnés militaires et victimes civiles de la guerre. Acquisition de petites propriétés rurales. I. 3574, R. E. 6780 (V. L. 5 août 1920, I. 3630).

L. 9 avr. 1918. Succession. Objets, sommes et valeurs trouvés sur les corps des militaires et marins tués à l'ennemi. I. 3538, R. E. 6781.

L. 18 avr. 1918. Ouvertures de coffres-forts, procès-verbaux. I. 3547, R. E. 6784.

L. 19 avr. 1918. Logement provisoire de réfugiés et rapatriés (V. L. 17 oct. 1919) I. 3540, R. E. 6830.

L. 20 juin 1918. Office central des produits chimiques agricoles I. 3551, R. E. 6833.

L. 20 juill. 1918. Réquisitions militaires. I. 3572, R. E. 6878.

L. 19 sept. 1918. Emprunt en rentes 4 0/0. R. E. 6790.

L. 6 nov. 1918. Expropriation. I. 3571, R. E. 6852.

L. 14 nov. 1918. Mutation par décès. Paiement des droits en 5 ans. I. 3568, R. E. 6836.

L. 23 nov. 1918. Acquisitions relatives à la chaussure nationale. I. 3570.

L. 27 nov. 1918. Remembrement de la propriété rurale (V. L. 12 août 1919 et D. 5 juill. 1920). R. E. 6908.

D. 3 déc. 1918. Pensionnés militaires (V. L. 9 avr. 1918 ci-dessus). R. E. 6874.

L. 29 déc. 1918. Pécule militaire. I. 3576.

D. 6 fév. 1919. Pécule militaire. R. E. 6876.

L. 4 mars 1919. Remembrement de la propriété rurale. R. E. 6970.

L. 19 mars 1919. Réhabilitation des condamnés. I. 3585.

L. 31 mars 1919. Pensions militaires. I. 3586.

L. 17 avr. 1919. Dommages de guerre. I. 3625, R. E. 6967.

D. 23 juin 1919. Moratorium. Expropriation.

L. 24 juin 1919. Réparations à accorder aux victimes civiles de la guerre (art. 5). I. 3592, R. E. 7132.

L. 2 juill. 1919. Règlement transactionnel entre les commerçants et leurs créanciers. R. E. 6969.

L. 12 août 1919, art. 7. Remembrement de la propriété rurale (V. D. 5 juill. 1920). R. E. 6962.

L. 11 sept. 1919. Avances sur titres de fonds d'Etat ou valeurs émises par le Trésor français. I. 3646, R. E. 6972.

L. 25 sept. 1919. Sociétés civiles de mines en pays envahi. I. 3599, R. E. 7021.

L. 10 oct. 1919. Dommages de guerre. Réparation. Crédit national. R. E. 6999.

L. 17 oct. 1919. Logement et installation de réfugiés. I. 3601, R. E. 6830.

L. 23 oct. 1919. Ravitaillement national (V. L. 9 août 1920). I. 3603.

L. 25 oct. 1919. Accidents du travail. Maladies d'origine professionnelle. R. E. 6993.

L. 25 oct. 1919. Création et organisation de chambres d'agriculture. R. E. 6991.

L. 27 oct. 1919. Habitations à bon marché. Régions dévastées. R. E. 6992.

L. 31 oct. 1919. Ventes d'immeubles. Lotissement par les départements et les communes. R. E. 7005.

D. 29 nov. 1919. Mariage par procuration des militaires et marins sous les drapeaux. R. E. 7067.

L. 30 déc. 1919. Emprunt 5 0/0 1920. R. E. 7020.

L. 27 fév. 1920. Réquisition civile en cas d'interruption d'exploitation des voies ferrées. *J. off.*, 28 fév.

D. 15 mars 1920. Registre du commerce (L. 18 mars 1919). R. E. 7096.

L. 20 juin 1920. Actes de notoriété. Actes d'état civil détruits par faits de guerre. I. 3644, R. E. 7129.

D. 25 juin 1920. Prorogation des échéances. R. E. 7130.

D. 5 juill. 1920. Remembrement de la propriété rurale. R. E. 7144.

L. 7 août 1920. Crédit au petit et au moyen commerce, à la petite et à la moyenne industrie. I. 3637.

L. 9 août 1920. Ravitaillement national. I. 3638.

L. 15 août 1920. Sociétés coopératives de reconstruction. I. 3642, R. E. 7144.

D. 10 sept. 1920. Remembrement de la propriété rurale (L. 4 mars 1919).

D. 10 oct. 1920. Sociétés coopératives de reconstruction, I 3642.

5. Les pièces remises au Directeur de l'Enregistrement en vue d'obtenir l'indemnité prévue par les art. 29 et 30, L. 9 mars 1918 sur les loyers sont dispensées de la formalité du timbre et de l'enregistrement à la condition qu'elles n'aient été créées que dans le but unique de justifier la demande d'indemnité (D. M. F. 14 fév. 1919, I, 3584), sauf à mentionner leur destination si, par leur nature, elles sont assujetties à l'impôt en vertu des principes généraux de la loi fiscale.

6. Les jugements qui statuent, en matière de retraites ouvrières, sur les recours contre les décisions des juges de paix qui rejettent les demandes d'inscription sur la liste des assurés sont exempts des droits de timbre et d'enregistrement (Sol. 18 avril 1912, I. 3345, § 15, R. E. 5680).

7. Les polices d'adhésion à une caisse de retraites pour les opérations relatives aux versements des bénéficiaires et aux contributions patronales prévues L. 5 avril 1910 sont, en principe, dispensées des droits de timbre et d'enregistrement (Sol. 25 janv. 1912, I. 3345, § 16, R. E. 5681).

8. Les certificats, actes de notoriété et autres pièces relatives à l'exécution de la loi du 27 février 1912 qui prévoit des allocations au profit des veuves des ouvriers et employés des mines, sont dispensés de timbre et d'enregistrement (Sol. 16 avril 1913, I. 3370, § 19, R. E. 5931).

9. La procédure en cassation contre un jugement du tribunal civil qui a statué (L. 7 août 1913) en matière d'allocation journalière de soutien de famille, est exempte de tous droits d'enregistrement, de timbre et autres (Cass. req., 12 janvier 1915, R. E. 6260).

10. Sont soumis au droit de timbre et d'enregistrement au comptant, les actes de procédure faits à la requête de l'Etat intervenant dans les instances en responsabilité engagées contre les communes en vertu des articles 106 et 109, L. 5 avril 1884 modifiés par L. 16 avril 1914 (D. M. F. 21 avril 1915, I. 3449, § 12, R. E. 6344).

11 L'immunité d'impôts édictée par la loi du 4 avril 1915 lorsque des propriétaires de valeurs mobilières ont été dépossédés par suite de faits de guerre ne s'applique pas à la minute de l'attestation du juge de paix, mais seulement à l'expédition de cette attestation. Quant aux procédures de mainlevées d'opposition elles profitent de l'exemption à la condition qu'elles aient pour objet des valeurs appartenant à des propriétaires ayant leur domicile ou leur résidence dans les pays envahis ou pillés par l'ennemi (D. M. F. 13 juillet 1915, I. 3466, § 10, R. E. 6471).

12. Un décret du 15 décembre 1915 a supprimé des bureaux d'enregistrement et déterminé les conditions dans lesquelles les receveurs des postes doivent recevoir et transmettre, sur le territoire des bureaux supprimés, les actes, déclarations et documents quelconques présentés à la formalité (R. E. 6340. V. aussi Déc. 9 mars 1917, R. E. 6549).

13. Les droits et produits dont le recouvrement est effectué par les receveurs peuvent être acquittés au moyen de chèques (Arr. 28 juillet 1916, R. E. 6540; Circ. Compt. 9-16 mai 1917).

14. Les délais prévus par les lois fiscales pour toutes les déclarations à souscrire par des contribuables des régions qui ont subi l'occupation ennemie ont été prorogés jusqu'au 31 décembre 1920 (L. 29 juin 1920, R. E. 7126).

V. *Fraude*.

ÉTABLISSEMENT PUBLIC. — **1**. Constituent des établissements publics nationaux soumis comme tels, au même régime fiscal que l'Etat, bien qu'ils soient investis de la personnalité civile : l'office national de la navigation (L. 27 fév. 1912, art. 67; V. D.M.F. 4 fév. 1914, I. 3413, § 18, R.E.6084); — l'école centrale des arts et manufactures (L. 9 juill. 1915, R. E. 6515); — l'office national des mutilés et réformés de la guerre (L. 2 janv. 1918, R. E. 6827); — le musée Rodin (L. 29 juin 1918, art. 10); — l'office scientifique et technique des pêches de la marine (L. 31 déc. 1918, R. E. 6879); — l'office national du commerce extérieur (L. 25 août 1919, R. E. 6998); — l'office national du tourisme (L. 24 sept. 1919, R. E. 7064); — l'office national de la propriété industrielle (L. 24 oct. 1919).

2. L'hospice national des Quinze-Vingts est également un établissement national (C. comptes, 27 juill. 1914, R. E. 6618).

3. Les monts-de-piété sont des établissements publics (C. d'Etat, 20 juin 1919).

4. Les donations faites à un lycée de l'Etat ou à une unité militaire sont exemptes de droit de mutation (R. E. 6697-II).

ÉTRANGER. — **1**. Les actes translatifs de propriété, d'usufruit ou de jouissance d'immeubles situés à l'étranger sont soumis au droit proportionnel de 1 0/0 sans décimes (L. 29 juin 1918, art. 15, I. 3554, R. E. 6786 (V. *Dissimulation* et *Insuffisance*).

2. La succession mobilière d'un sujet français décédé en Russie est soumise, sur l'ensemble des valeurs tant françaises qu'étrangères qui la composent, au droit de mutation par décès en France (Cass. req., 2 déc. 1913, R. E. 5891, I. 3413, § 9), dès lors que les héritiers ont invoqué le bénéfice de leur vocation héréditaire suivant la loi française.

3. Lorsque des immeubles situés à l'étranger sont attribués à certains cohéritiers en retour de biens français abandonnés par eux, il y a soulte passible du droit de mutation (Cass. civ., 21 nov. 1911, I. 3335-6, R. E. 5448).

4. L'usage, en France, par un notaire, d'une décision d'un tribunal autrichien agissant, en vertu de la loi locale, comme autorité tutélaire supérieure, et approuvant un partage entre majeurs et mineurs, donne ouverture au droit de 0 fr. 25 0/0 pour homologation sur l'intégralité de l'actif héréditaire (Cass. civ., 22 oct. 1913, I. 3413-3, R. E. 5892).

EXPÉDITION. — 1. Les tarifs des droits de timbre ont été remaniés (LL. 29 juin 1918, art. 19, I. 3554, R. E. 6786 ; 25 juin 1920, art. 36, I. 3626, R. E. 7125).

2. Le prix des feuilles de moyen papier employées à la rédaction des expéditions des actes civils, administratifs, judiciaires et extrajudiciaires est fixé à 3 fr. (au lieu de 6 fr.) (L. 25 juin 1920, art. 36).

3. Les expéditions d'arrêtés individuels de permissions de voirie ne donnent lieu qu'à l'application du droit de timbre de 1 fr. 80 (aujourd'hui 3 fr.) lorsque leur texte ne comporte pas un nombre de lignes supérieur au maximum fixé pour les feuilles de moyen papier (D. M. F. 13 sept. 1912, I. 3390, § 23, R. E. 5967).

EXPLOIT. — 1. Les droits fixes des exploits sont doublés en principal, mais ne comportent plus l'addition de décimes (L. 25 juin 1920, art. 28, I. 3626, R. E. 7125).

2 Les exploits portant notification en France de jugements de tribunaux étrangers peuvent être rédigés sur papier non timbré et doivent être enregistrés gratis lorsque la notification est requise par un Etat étranger, en vertu de la convention de la Haye du 1er juil. 1905 (D. M. F. 22 nov. 1910, I. 3312, § 9, R. E. 5285).

3. Des lois spéciales ont édicté des immunités d'impôts pour les exploits signifiés en vue de leur exécution (V. *Enregistrement*).

4. Les droits fixes d'enregistrement des exploits de la procédure en cas de pourvoi en cassation contre les décisions rendues par les juges de paix sont réduits de moitié (L. 22 déc. 1915, I. 3442, R. E. 6364).

EXPROPRIATION. — 1. Le bénéfice de l'art. 58, L. du 3 mai 1841 est acquis aux actes de la procédure d'expropriation suivie en exécution des lois ci-après : L. 10 avril 1912 modifiant l'art. 2 du décret-loi du 26 mars 1852 relatif aux rues de Paris (R. E. 5543) (1) ; L. 21 avril 1914 (R. E. 6038) ; L. 28 mai 1915 tendant à

(1) *Ville de Paris.* Aux termes de la disposition finale de cette loi,

faciliter l'exécution des travaux publics pendant la durée des hostilités (R. E. 6219) ; L. 29 décembre 1915 concernant les lieux de sépulture à établir pour les soldats des armées françaises et alliées décédés pendant la durée de la guerre (I. 3463, R. E. 6342) ; L. 6 novembre 1918 portant modification à la loi du 3 mai 1841 (I. 3571, R. E. 6852).

2. Aux termes de l'art. 6, L. 27 mai 1918, concernant l'évaluation de la propriété immobilière transmise par voie de successions, donations et échanges en cas d'expropriation pour cause d'utilité publique, le jury devra prendre pour base de ses évaluations, notamment en ce qui concerne les immeubles, la valeur résultant des déclarations faites par les contribuables ou des évaluations administratives non contestées ou devenues définitives en vertu des lois fiscales (I. 3563, R. E. 6785).

FAILLITE. — 1. L'I. 3333 fixe le mode de recouvrement de la taxe de 0 fr. 25 0/0 sur les répartitions aux créanciers en matière de faillite ou liquidation judiciaire (R. E. 5452).

2. La loi du 2 juillet 1919 (R. E. 6969), dont les effets sont temporaires, institue un règlement transactionnel pour cause générale de guerre entre les commerçants et leurs créanciers. L'art. 21 dispose : « Sont affranchis de la formalité du timbre et de l'enregistrement les actes faits en exécution de la présente loi et dont l'énumération suit : requêtes initiales et pièces dont elles sont accompagnées, inventaires, bilans, affiches et certificats d'insertion, déclarations des créanciers portant production, contestations ou oppositions et leurs récépissés, listes d'obligataires, états des créances admises, actes de dépôt au greffe, procès-verbaux d'admission des créances, propositions de règlement, état des adhésions ou des refus, rapports et comptes des administrateurs et commissaires, requêtes au juge délégué et ordonnances de ce magistrat, règlements transactionnels, déclarations d'appel. Toutefois ces différents actes continueront à être soumis à la formalité du répertoire, en conformité de L. 22 frimaire an VII. Les quittances données par les créanciers restent soumises au droit de timbre spécial créé par l'art. 18, L. 23 août 1871, modifié par l'art. 28, L. 15 juillet 1914 et par les art. 19 et 23, L. 31 décembre 1917 (V. *Reçu*).

3. *Syndic et inventaire.* — Remplacer comme suit le 2e alinéa du n° 19, V° *Faillite*, T. A, 2e édition :

« Notons que l'inventaire dressé par un syndic est un acte judi-

l'art. 58, L. 3 mai 1841 est applicable à tous les actes et contrats relatifs aux terrains acquis pour la voie publique par simple mesure de voirie.

ciaire assujetti comme tel à la formalité dans le délai de 20 jours sans pénalité (Cass., 20 août 1834, I. 1743, § 2. — V. *Jugement*, 31).

4. *Clientèle cédée.* — V. *infrà*, V° *Fonds de commerce*, 8.

5. *Règlement transactionnel entre les commerçants et leurs créanciers pour cause générale de guerre*, V. L 2 juillet 1919, I. 3653, R. E. 6969.

FONDATION. — Le caractère de bienfaisance appartient au contrat par lequel un particulier s'engage à verser à un bureau de bienfaisance une somme dont une partie des arrérages doit être affectée à l'entretien de tombes et le surplus à des distributions de secours (Cass. req., 25 fév. 1913, I. 3370, § 3, R. E. 5711).

FONDS DE COMMERCE. — **1.** Les cessions de fonds de commerce et de clientèle sont soumises au tarif de 5 0/0 sans décimes (L. 25 juin 1920, art. 24, I. 3626, R. E. 7125).

2. La vente de marchandises neuves garnissant un fonds de commerce que la loi de 1872 tarifait à 0.50 0/0 donne lieu au droit de 1 25 0/0 sans décimes (L. 25 juin 1920, art. 24).

3. Les actes sous signatures privées contenant mutation de fonds de commerce ou de clientèles doivent être enregistrés dans les trois mois de leur date au bureau de l'enregistrement de la situation du fonds ou de la clientèle (L. 15 juillet 1914, art. 27, I. 3415, R. E. 6033. Conf. L. 29 juin 1918, art 13, I. 3554, R. E. 6786).

4. Les prescriptions de l'art. 27, L. 1914 doivent être observées, même si l'acte renferme une disposition indépendante de la cession (Sol. 16 mars 1916, I. 3494, § 2, R. E. 6593).

5. Il n'est rien innové quant aux actes dressés en la forme authentique et qui doivent être enregistrés au bureau de la résidence du notaire rédacteur. Même solution en cas de dépôt de l'acte sous seings privés de cession en l'étude d'un notaire (Conf. R. E. 6931-XV).

6. Les actes de cessions de fonds tombent sous le coup des dispositions des art. 7, L. 27 fév. 1912, I. 3339, R. E. 5504 ; 7 et s. L. 18 avril 1918, I. 3547, R. E. 6784. — V. *Dissimulation*.

7. Le droit de 5 0/0 s'applique à toutes les cessions de fonds de commerce sans exception, quelles que soient la forme et les conditions dans lesquelles elles sont effectuées (Cass. civ., 21 mai 1912, R. E. 5574). La Cour décide en conséquence que le droit dont il s'agit est dû sur le procès-verbal d'adjudication d'un fonds donné en nantissement et vendu pour réaliser le gage auquel il était affecté. Cette solution nous paraît soulever de sérieuses objections (R. E. 5574).

8. D'après l'Administration, le tarif réduit de 0.50 0/0 édicté par l'art. 12, L. 24 mai 1834 pour les meubles et marchandises vendus isolément après *faillite*, ne saurait être étendu soit aux éléments incorporels d'un fonds de commerce, soit à ce fonds lui-même s'il est vendu en bloc à la requête du syndic (R. E. 5691-III, I. 3345, § 8, p. 185. — V. *Insuffisance*).

FORÊTS. — Le procès-verbal de cantonnement des droits d'usage dans une forêt de l'Etat s'analyse en un échange. Il est enregistré gratis (Sol. 23 nov. 1910, I. 3312, § 7, R. E. 5283) et dispensé du timbre (L. 22 avril 1905, R. E. 3818).

FRAIS DE JUSTICE. — **1**. Certaines procédures particulières doivent être accomplies sans frais et comme telles, sont dispensées de toute consignation d'amende. V. not. L. 5 avril 1910, sur les retraites ouvrières (I. 3324, R. E. 5390) ; L. 7 août 1913 sur le recrutement de l'armée (I. 3379, R. E. 5889. V. aussi Cass. req., 12 janvier 1915, R. E. 6260) ; L. 14 juillet 1913 sur l'assistance aux familles nombreuses (I. 3392, R. E. 5827) ; L. 25 février 1914 relative à la caisse autonome de retraite des ouvriers mineurs (I. 3418, R. E. 6076) ; L. 15 juillet 1914 sur l'assistance aux femmes en couches (I. 3416, R. E. 6077) ; L. 17 août 1917 concernant la résiliation des baux ruraux (I. 3524, R. E. 6707) ; L. 9 mars 1918 relative aux modifications apportées aux baux à loyer par l'état de guerre (I. 3569, R. E. 6854) ; L. 29 déc. 1918 sur le pécule militaire, I. 3576 ; L. 19 mars 1919 concernant la réhabilitation en temps de guerre des condamnés ; L. 31 mars 1919 modifiant la législation des pensions militaires, I. 3586 ; L. 25 oct. 1919 créant et organisant des chambres d'agriculture (R. E. 6991).

2. Sont réduits de moitié l'amende et les divers droits fixes d'enregistrement en cas de pourvoi contre les jugements rendus par les juges de paix, le premier acte de recours ainsi que tous les actes de la procédure devant la Cour de cassation et les arrêts de cette Cour (L. 22 déc. 1915, I. 3462, R. E. 6364).

3. Les frais des instances en retrait de naturalisation sont taxés conformément au tarif du décret du 18 juin 1811 modifié D. 6 juillet 1920, et avancés par l'administration, qui est chargée de les recouvrer lorsque la déchéance étant prononcée, ils sont mis à la charge du naturalisé déchu (L. 18 juin 1917, I. 3511, R. E. 6708).

4. Au sujet des amendes de consignation en cas de pourvoi en cassation, V. Cass. civ., 7 déc. 1910 (R. E. 5210) ; 15 mai 1911 et 9 juillet 1912 (R. E. 6383) ; 24 mai, 21 oct. 1913 (R. E 6382) ; 20 oct. 1913 (R. E. 5983) ; Cass. crim., 18 fév. 1915 (R. E. 6406) ; 1er fév. 1917 (R. E. 6749).

5. Un décret du 6 juillet 1920 détermine les frais qui doivent être désormais compris sous la dénomination de frais de justice criminelle (L. 23 oct. 1919, *J. off*. 24).

FRAUDE. — **1**. Quiconque se sera frauduleusement soustrait, ou aura tenté de se soustraire frauduleusement au payement total ou partiel des impôts établis par les lois au profit du Trésor public sera puni d'une amende de 1.000 fr. au moins et de 5.000 fr. au plus sans préjudice des droits du Trésor (L. 25 juin 1920, art. 112, I. 3626, R. E. 7125).

2. En cas de récidive dans un délai de 5 ans, le contrevenant sera puni en outre d'un emprisonnement de un an au moins et de 5 ans au plus et pourra être privé en tout ou en partie pendant 5 ans au moins et 10 ans au plus des droits civiques énumérés par l'art. 42, C. pén. (même article).

3. Le tribunal pourra, de plus, ordonner que le jugement sera publié intégralement ou par extraits dans les journaux qu'il désignera et qu'il sera affiché dans les lieux qu'il indiquera, le tout aux frais du condamné, sans toutefois que les frais de la publication et de l'affichage puissent dépasser 5.000 fr. (même article).

4. Les dispositions des 6 derniers alinéas art. 7, L. 1er août 1905 sur la répression des fraudes dans les ventes de marchandises et des falsifications des denrées alimentaires et des produits agricoles seront applicables (même article).

5. L'art. 463, C. pén. pourra être appliqué (même article).

6. Les poursuites seront engagées à la requête de l'administration compétente et portées devant le Tribunal correctionnel dans le ressort duquel l'impôt aurait dû être acquitté (même article).

GREFFE. — **1**. Les greffiers sont tenus de déposer au bureau de l'enregistrement, au moment où ils soumettent la minute à la formalité, un extrait sommaire des actes judiciaires qui portent, à un titre quelconque, translation ou attribution d'immeubles (L. 20 mai 1915, I. 3447, R. E. 6218).

2. Un décret du 4 septembre 1918 relève, à partir du 1er août 1918, proportionnellement à l'augmentation du droit de timbre réalisée par l'art. 19, L. 29 juin 1918, les allocations attribuées aux greffiers à titre de remboursement de papier timbré (R. E. 6794).

3. Les greffiers n'ont pas à porter à leur répertoire les actes de dépôts, les inscriptions et les certificats faits ou délivrés en exécution LL. 17 mars et 1er août 1909 sur les ventes et nantissements de fonds de commerce (D. M. F. 25 janv. 1911, I. 3322, § 11, R. E. 5405).

4. Ils doivent inscrire au répertoire spécial des art. 19 et 20 L. 26 janvier 1892 les bulletins de casier judiciaire n° 3 qu'ils délivrent et qui sont dispensés de l'enregistrement (L. 31 juill. 1920, art. 24, I. 3636).

5. L'avertissement rédigé et délivré par le greffier, au nom du président du tribunal, en matière de marchés à livrer, est établi sur papier non timbré (L. 21 janv. 1918, I. 3550, R. E. 6831).

6. Les copies des inscriptions sur le registre de commerce tenu soit par le greffier du tribunal, soit par le directeur de l'office de la propriété industrielle sont établies sur timbre de dimension (L. 18 mars 1919, R. E. 6973).

7. Dans les affaires correctionnelles où il y a une partie civile en cause, le greffier est, vis-à-vis de l'Administration, débiteur direct des droits de timbre et d'enregistrement afférents à la déclaration du pourvoi en cassation (Circ. Justice, 20 sept. 1912, I. 3362, § 14, R. E. 5757), ainsi qu'à la déclaration d'appel (D. M. F. 24 janv., 22 mars 1913, I. 3370, § 21, R. E. 5932).

8. Le greffier du tribunal de commerce perçoit, sous sa responsabilité, lors des immatriculations au registre du commerce, la taxe établie art. 5, L. 26 juin 1920 (D. 27 juin 1920, art. 1er, R. E. 7131).

9. Cette taxe est versée périodiquement, au commencement de chaque mois, par le greffier au receveur de l'enregistrement. Toutefois au cas où les recettes atteindraient dans le courant du mois la somme de 50.000 fr., elles devaient faire l'objet d'un versement immédiat (même déc. art. 2).

10. Tout versement effectué doit être accompagné d'un bordereau récapitulatif des immatriculations signé du greffier et certifié par le président du tribunal de commerce ou le juge chargé de la surveillance du registre de commerce. Le bordereau mentionne sommairement les noms des commerçants ou les raisons sociales ou dénominations des sociétés avec le montant de leur capital social, ainsi que le droit fixe et, s'il y a lieu, la taxe proportionnelle afférente à chaque immatriculation (même Déc., art. 3.).

HABITATIONS A BON MARCHÉ. — **1**. La législation en matière d'habitations à bon marché a été modifiée ou complétée par les textes ci-après : L. 13 juill. 1911, art. 13, I. 3325, R. E. 5347 ; L. 26 fév. 1912, R. E. 5553 ; D. 17 août 1912, R. E. 5614 ; L. 23 déc. 1912, I. 3363 et 3411, R. E. 5693 ; L. 30 juill. 1913, art. 15, I. 3371, R. E. 5800 ; L. 11 fév. 1914, I. 3399, R. E. 5910 ; D. 17 juill. 1915, R. E. 6646 ; L. 19 mars 1917, I. 3505, R. E. 6587 ; L. 9 avr. 1918, I. 3574 R. E. 6780 ; D. 3 déc. 1918, I. 3574, R. E. 6874 ; L. 24 oct. 1919, R. E. 7004 ; L. 27 oct. 1919, R. E. 7004 ; L. 31 juill. 1920, R. E. 7144 et 7149.

2. Aux termes de l'art. 21, L. 23 déc. 1912, les dons et legs consentis aux offices publics d'habitations à bon marché sont soumis au tarif de 9 0/0 et tout transfert de propriété à titre gratuit effectué par les départements et les communes au nom des offices n'est passible que du droit fixe (R. E. 5693).

3. Les emprunts des mêmes offices publics sont exempts de l'impôt sur le revenu. Les obligations émises par eux sont affranchies du timbre (L. 30 juill. 1913, I. 3371, R. E. 5800). Les intérêts des prêts consentis ou des dépôts effectués par des sociétés, fondations et offices publics d'habitations à bon marché, les sociétés de crédit immobilier et les sociétés de bains de mers ou jardins ouvriers sont exempts de l'impôt sur le revenu des créances, dépôts et cautionnements (L. 31 déc. 1918, art. 17, I. 3579, R. E. 6877). Les mêmes sociétés sont exemptes de l'impôt sur le chiffre d'affaires (arg. L. 31 déc. 1918, art. 18).

4. Les inscriptions prises pour sûreté des prêts consentis en vertu de la L. 10 avril 1918 par les sociétés de crédit immobilier sont soumises au renouvellement décennal, mais elles sont exemptées de la taxe hypothécaire (L. 11 fév. 1914, art. 5, I. 3399, R. E 5910).

5. Par application de cette dernière disposition, la taxe n'est pas due sur les inscriptions hypothécaires originaires prises par lesdites sociétés (S. 20 août 1914, I. 3449, § 17, R. E. 6345).

6. Le procès-verbal d'homologation d'une déclaration de constitution d'un bien de famille dressé par le juge de paix est soumis au droit de 3 fr. sans décimes (L. 26 janv. 1912, I. 3345, § 11, R. E. 5646). V. D. M. F. 28 août 1912, R. E. 5709, qui indique les droits de timbre d'enregistrement exigibles sur les divers actes dont la rédaction est nécessaire pour la constitution d'un bien de famille, sauf à tenir compte des majorations de tarifs édictées depuis 1912.

7. Doit être rédigé sur timbre l'extrait de délibération du conseil d'administration d'une société d'habitations à bon marché désignant l'un de ses membres à l'effet de souscrire la déclaration prévue par le D. 17 juillet 1857 (D. M. F. 21 mars 1914, I. 3413, § 24, R. E. 6088).

8. L'immunité du timbre ne s'étend pas aux actes constatant la cession de parts d'intérêts ou d'actions dans les sociétés d'habitations à bon marché. Ces actes sont assujettis au timbre de dimension ; toutefois l'exemplaire qui en est remis à la société, pour tenir lieu de l'inscription sur ses registres, est dispensé de l'impôt (D. M. F. 20 déc. 1915, I. 3466, § 8, R E. 6472).

9. Les sociétés anonymes d'habitations à bon marché sont soumises au droit de communication (Boulogne, 31 mars 1911, R. E. 5494).

10. *Régions dévastées.* — Pour la reconstitution des régions dévastées les offices publics d'habitations à bon marché et les sociétés d'habitations à bon marché sont autorisés à racheter les immeubles endommagés par des faits de guerre, quelle qu'en soit la nature, en vue de la construction d'habitations à bon marché. Les actes constatant ces acquisitions sont exempts des droits de timbre et enregistrés gratis (L. 27 oct. 1919, R. E. 6992).

11. Attribution de l'actif net des sociétés d'habitations à bon marché à des sociétés similaires. Exemptions fiscales, V. Société, 47.

HUISSIER. — Les allocations attribuées aux huissiers à titre de remboursement du papier timbré ont été relevées proportionnellement à l'augmentation du droit de timbre réalisée art. 19, L. 29 juin 1918 (D. 4 sept. 1918, R. E. 6794).

HYPOTHÈQUES

SOMMAIRE

§ 1. — Suppression du registre des inscriptions.

1. La loi du 1er mars 1918 a supprimé le registre des inscriptions et modifié les art. 2148, 2150, 2152, 2153 et 2108 C. civ. (I. 3544, R. E. 6783).

2. En ce qui concerne le contenu des bordereaux, la loi nouvelle se borne à ajouter à l'ancien art. 2148-1, sur le point touchant la désignation, que, s'il s'agit d'une société, le bordereau doit indiquer la raison sociale et le siège.

3. Relativement à la désignation du débiteur, la loi nouvelle dispose que le bordereau doit indiquer tous les noms et prénoms du débiteur dans l'ordre de l'état civil, son domicile, la date et le lieu de naissance, sa profession, s'il en a une connue (art. 1er et 4). S'il s'agit d'une société, le bordereau mentionnera la raison sociale et le siège.

4. La règle qui précède comporte une exception pour les hypothèques judiciaires : l'indication des prénoms, de la date et du lieu de naissance du débiteur ne sont pas obligatoires.

5. Au sujet de la désignation du titre, il est précisé que le titre dont le Code prescrit de donner la date et la nature est celui qui a donné naissance au privilège ou à l'hypothèque (art. 2148, 3e al., 3o).

6. S'il s'agit d'hypothèques légales ou du privilège de séparation de patrimoines, le requérant n'est pas tenu de représenter le titre, mais la cause et la nature de la créance doivent être énoncées dans le bordereau (art. 2148, 3e al., no 3).

7. Les bordereaux doivent mentionner le capital des créances, leurs accessoires et l'époque d'exigibilité. Sauf dispense légale, ils doivent contenir une évaluation pour les rentes, prestations et droits indéterminés (art. 2148, 3e al., 4o).

8. Si les droits sont conditionnels ou indéterminés, l'événement ou les conditions dont dépend l'existence de la créance sont précisés (art. 2148, 3e al., 4o).

9. La dispense légale d'évaluation est maintenue pour l'hypothèque légale de l'Etat, des communes et des établissements publics ; celle des mineurs, des interdits et des femmes mariées. Dans ce cas, le bordereau indique « la nature des droits à conserver et le montant de la valeur quant aux objets déterminés, sans être tenu de le fixer quant à ceux qui sont conditionnels, éventuels ou indéterminés » (art. 2153).

10. En matière d'hypothèques conventionnelles et de privilèges, le bordereau contient obligatoirement, en outre de l'indication de l'espèce et de la situation des biens sur lesquels le requérant entend conserver son privilège ou son hypothèque : 1° l'indication des numéros et sections du cadastre ; 2° en cas de lotissement, partage ou licitation, la désignation des nouveaux numéros correspondant au plan de morcellement qui doit être annexé au contrat ou au cahier des charges (art. 2148, 3e al., 5°. — V. *Lotissement*).

11. Les prescriptions rappelées sous le n° qui précède ne sont pas applicables aux hypothèques légales et aux hypothèques judiciaires (art. 2148, avant-dernier al.).

12. Dans cette dernière hypothèse, à défaut de convention, une seule inscription pour les hypothèques dont il s'agit frappe tous les immeubles compris dans la circonscription du bureau (ainsi modifié : L. 31 mai 1918, I. 3549, R. E. 6783).

13. Les indications qui viennent d'être énumérées sont exclusivement celles que doivent contenir les bordereaux (art. 4, D. 29 mars 1918).

14. L'absence des mentions prévues par la loi n'entraîne la nullité de l'inscription que lorsqu'il en résultera un préjudice au détriment des tiers (art. 2148, dernier al.).

15. La nullité peut être demandée par ceux auxquels l'omission ou l'irrégularité porte préjudice.

16. Les tribunaux peuvent, selon l'étendue et la nature du préjudice, réduire l'effet de l'inscription, au lieu de l'annuler (art. 2148, dernier al.).

17. Les règles précédentes s'appliquent non seulement aux bordereaux, mais encore aux états fournis par les conservateurs et aux mentions que les conservateurs inscrivent en marge des bordereaux (V. Rapport de M. Viollette).

18. Matériellement, les bordereaux d'inscriptions doivent, à titre obligatoire, être rédigés sur des formules fournies par l'Administration et payées par les requérants (D. 29 mars 1918, art. 1er).

19. Au cas où l'inscrivant ne s'est pas servi du modèle type, le conservateur est néanmoins tenu de prendre l'inscription qui sera valable, sauf à l'inscrivant à régulariser sans retard la situation (art. 2148, 2e al., et D. art. 8).

20. A défaut de régularisation, le conservateur est tenu d'adresser à l'inscrivant dans la quinzaine au plus tard à compter de la date du dépôt un avis recommandé le mettant en demeure de se conformer à la loi (art. 2148, 2e al., et D. art. 8).

21. A peine d'une amende de 100 fr. au profit du Trésor, l'inscrivant doit satisfaire à l'injonction du conservateur dans la quinzaine de l'avis (art. 2148, 2e al.).

22. L'amende, soumise aux décimes, est recouvrée par le conservateur.

23. Les bordereaux irréguliers sont remplacés par les bordereaux réglementaires et la substitution est constatée par un enregistrement au registre des dépôts à la date courante (D. art. 8).

24. Les bordereaux doivent être, soit manuscrits, soit imprimés (art. 2148, 2e al.). L'encre employée doit être indélébile. On ne considère comme imprimés que les documents obtenus à l'aide des machines utilisant l'encre d'imprimerie (D. art. 5).

25. Les bordereaux sont obligatoirement signés par le requérant qui doit, en outre, indiquer ses nom, prénoms, profession et domicile (art. 2148, 2e al., et D. art. 6).

26. Les bordereaux doivent être écrits en toutes lettres, sans surcharges, grattages ou interlignes ; les blancs sont bâtonnés, les renvois numérotés, approuvés et inscrits à la suite du bordereau, les marges réservées à la reliure et aux annotations du conservateur devant rester libres (D. art. 5).

27. Le requérant ou son représentant doit collationner les bordereaux et y certifier l'exacte accomplissement de cette prescription (art. 2148, 2e al., et D. art. 6).

28. Le fait que les bordereaux ne sont ni manuscrits, ni imprimés ; qu'ils ne sont pas signés par le requérant ou son représentant ; ou encore ne sont pas certifiés exactement collationnés, en entraîne le rejet obligatoire. Il en est ainsi même si l'irrégularité n'affecte qu'un seul des deux bordereaux.

29. Pour le surplus, l'inobservation des prescriptions réglementaires ne comporte pas la sanction du rejet. Le conservateur doit seulement inviter l'inscrivant à réparer l'irrégularité et, au cas de refus de celui-ci, à constater, par une mention signée de lui, la nature de l'irrégularité et le refus qui lui a été opposé.

30. Toutefois, l'absence d'indication des nom, prénoms, profession et domicile du signataire du bordereau est susceptible d'entraîner le rejet lorsqu'il n'a pas été fait usage des formules réglementaires.

31. Les inscriptions d'office s'effectuent sur un bordereau de même nature que ceux indiqués à l'art. 2148 (art. 2108, C. civ.). En ce cas, un seul bordereau suffit.

32. La loi du 1er mars 1918 et le décret du 29 du même mois n'abrogent ni ne modifient la disposition contenue dans l'art. 11, D. 23 novembre 1900 en cas de conservations divisées. Toutefois, par suite de la suppression du registre des inscriptions, il n'y a que le conservateur saisi de la réquisition d'inscription qui reste détenteur du bordereau unique ; les autres conservateurs devront s'y reporter.

33. Pour opérer l'inscription, le créancier doit représenter au conservateur l'original du brevet ou une expédition authentique du jugement ou de l'acte qui donne naissance au privilège ou à l'hypothèque (art. 2148, 1er al.).

34. Par exception, peuvent être requises sans communication des titres : 1° les inscriptions de séparation de patrimoines établies par l'art. 2111 ; 2° les inscriptions d'hypothèques légales (art. 2148, 1er al.).

35. Les titres produits doivent être préalablement enregistrés.

Décisions diverses.

36. Conformément à une jurisprudence constante, la Cour de cassation a jugé que l'indication de la date du titre constitutif dans une inscription constitue une formalité substantielle (Cass. civ., 4 mars 1912, R. E. 6449).

37. Tant que le règlement des reprises de la femme n'est pas intervenu, il n'est pas nécessaire que le bordereau produit pour l'inscription de son hypothèque légale fixe le montant des reprises à conserver (Cass. civ., 5 nov. 1912, R. E. 5772. — V. n° 9 ci-dessus).

38. Le *droit de transcription* de 1 fr. 50 0/0 comportait l'addition de décimes (Cass civ., 14 déc. 1910, I. 3312, R. E. 5199).— Actuellement le taux de ce droit est de 2 0/0 sans décimes (L. 25 juin 1920, art. 25, I. 3626, R. E. 7125).

39. Le doublement du tarif des droits minima (L. 25 juin 1920, art. 28) n'est pas applicable en matière de taxe hypothécaire.

40. Le délai *d'action en expertise*, la matière de fonds de commerce exceptée, est porté à deux ans à compter de l'enregistrement de l'acte ou de la déclaration quel que soit l'objet de l'expertise (L. 18 avril 1918, art. 15, I. 3547, R. E. 6784).

41. Les inscriptions requises par les *sociétés de crédit immobilier* sont affranchies de la taxe hypothécaire (L. 11 fév. 1914, art. 5, R. E. 5910 ; Conf. Sol. 20 août 1914, I. 3449 § 17, R. E. 6345).

42. La *taxe de radiation* n'est pas due lorsqu'il s'agit de l'inscription prise en vertu de l'art. 490, C. com, au profit de la masse des créanciers d'une faillite, si cette inscription n'a pas été suivie de celle prévue par l'art. 517, C. com. (Sol. 21 août 1911, I. 3335 § 15 et 16, R. E. 5522).

43. Elle est exigible, au contraire, à l'occasion de la radiation d'une mention de subrogation en nantissement (R. E. 6285-III).

44. Du chef des *intérêts*, ce n'est que dans le cas où l'Administration est en mesure d'établir l'existence au moment de la radiation d'une créance réelle et distincte du capital, que la taxe de 0 fr. 10 0/0 peut être exigée (Sol. 22 août 1910, I. 3345 § 14, R. E. 5683).

45. Les *tarifs des salaires* des conservateurs ont été relevés (DD. 7 novembre 1918, I. 3619, R. E. 6857, et 31 mars 1920, I. 3619, R. E. 7102). — Toute la portion des salaires dépassant le maximum prévu par l'art. 18, L. 30 mai 1899 doit être versée au profit du Trésor (L. 27 fév. 1912, R. E. 5541). Le montant de l'allocation attribuée pour frais de gestion et indemnité de responsabilité aux conservateurs dont les salaires bruts dépassent le maximum est fixée D. 31 mars 1920, R. E. 7103.

46. Le nombre des syllabes par ligne du registre des transcriptions a été réduit de 24 à 18 (L. 25 juillet 1912, I. 3349, R. E. 5605).

47. Les conservateurs sont autorisés à percevoir, au taux déterminé par les tarifs en vigueur, les salaires des états et certificats réguliers délivrés aux administrations des Contributions indirectes, des Douanes ainsi qu'aux trésoriers-payeurs généraux (D. M. F. 17 juillet 1919, I. 3595, R. E. 6989).

48. *Moratorium*. — La suspension des prescriptions et péremptions s'applique aux inscriptions hypothécaires, à leur renouvellement, aux transcriptions (Déc. 10 août 1914, I. 3420, R. E. 6034).

49. D'après la loi du 4 juillet 1915 les effets de cette suspension sont limités aux prescriptions, péremptions ayant pris cours avant ou depuis le 2 août 1914, qui seront acquis ou prendront fin avant ou pendant le cours des 6 mois suivant le jour de la cessation des hostilités (art. 1er). Les prescriptions, péremptions et délais acquis dans les 6 mois suivant la date de la cessation des hostilités sont prolongés de 6 mois à compter du jour où leur accomplissement ou leur échéance eût dû normalement se produire (art. 3). Le même délai de 6 mois à compter du jour de la cessation des hostilités doit profiter au renouvellement des inscriptions de privilège, hypothèques, nantissements, etc., qui aurait dû être opéré pendant la durée de la mobilisation (art. 3) (I. 3451, R. E. 6254 et 6376).

50. La date de la cessation des hostilités est celle du 24 octobre 1919 (L. 23 oct. 1919, *J. off.*, 24) promulguée aux colonies par D. 28 octobre 1919 (*J. off.*, 29). Le délai de 6 mois prévu L. 4 juillet 1915, art. 4, a été prorogé jusqu'au 24 avril 1921 inclus (L. 19 avril 1920, R. E. 7094).

HYPOTHÈQUE FLUVIALE. — **1**. L'hypothèque fluviale est réglementée par la loi du 5 juillet 1917 (R. E. 6709).

2. Le droit d'enregistrement de l'acte constitutif d'hypothèque, authentique ou sous seings privés, est fixé à 1 p. 1000 du montant de la créance (L. art. 26).

3. Les consentements à mainlevées totales ou partielles sont soumis au droit de 0.20 p. 1000 en principal du montant des sommes faisant l'objet de la mainlevée (L. art. 26).

4. En cas de simple réduction de l'inscription, il n'est dû, pour les mainlevées partielles, qu'un droit fixe de 10 fr. sans décimes qui ne peut, toutefois, excéder le droit proportionnel exigible pour la mainlevée totale (L. art. 26).

HYPOTHÈQUE MARITIME. — **1.** Les majorations de tarifs édictées par la loi du 29 juin 1918 ne s'appliquent pas en matière de mainlevées d'hypothèques maritimes. Ces mainlevées restent assujetties au droit de 0.20 0/00 en principal (Comp. I. 3554, R. E. 6786, p. 463).

2. Les réquisitions de délivrance d'états d'inscriptions d'hypothèques maritimes adressées aux receveurs des douanes ne sont pas soumises au timbre de dimension (D. M. F. 2 mai 1911, I. 3322, § 17, R. E. 5404).

3. Au contraire, sont assujettis au timbre de dimension les états d'inscriptions délivrés par les receveurs des douanes (même décision).

4. Les quittances de salaires délivrées par les mêmes comptables, passibles de la taxe sur les paiements, sous le régime de la loi du 31 déc. 1917, sont actuellement soumises au timbre gradué de 0.25, 0.50 ou 1 fr. (L. 25 juin 1920, art. 56, I. 3626, R. E. 7125).

IMPOT SUR LE CHIFFRE D'AFFAIRES

SOMMAIRE

§ 1. — Opérations prévues par la loi.

1. Opérations imposables. — Sont imposables, sauf les exceptions limitativement déterminées, toutes les affaires faites en France par les personnes qui, habituellement ou occasionnellement, achètent pour revendre, ou accomplissent des actes relevant des professions assujetties à l'impôt cédulaire sur les bénéfices industriels et commerciaux ou à la redevance des mines (L. 25 juin 1920, art. 59, I. 3632, R. E. 7125, 7142 et 7143).

2. Une affaire est considérée comme réalisée en France dès qu'elle aboutit à une livraison de marchandises ou à une reddition de services dans un département français, y compris la Corse, ainsi que le Bas-Rhin, le Haut Rhin et la Moselle (L. 25 juin 1920, art. 114).

3. *Ventes publiques* d'objets appartenant à une personne redevable de l'impôt sur le chiffre d'affaires (V. ci-après, *Vente de meubles*, n° 9).

4. *Exportations fictives.* — Lorsqu'une personne résidant hors de France a acheté en France des marchandises ou objets qu'elle donne l'ordre de livrer en France à un tiers auquel elle les a revendus, la livraison, opérée en vertu de cet ordre, est assimilée à une importation et le vendeur qui l'effectue est, en conséquence, tenu d'acquitter, indépendamment de l'impôt applicable à l'affaire réalisée avec la dite personne, un second impôt de 1 ou 10 0/0 selon la qualité du tiers qui a reçu la livraison et la nature des marchandises ou objets livrés (L. 25 juin 1920, art. 72).

5. Opérations non imposables. — *Affaires faites en France.* — *Exceptions.* — Sont exemptées : les affaires consistant dans la vente du pain (art. 60, § 1).

6. L'exonération prévue par ce dernier texte est étendue, tant que durera le régime de la taxation actuellement en vigueur, savoir : d'une manière complète aux affaires faites par les meuniers (D. M. F. 20 oct. 1920) ; et partiellement aux affaires faites par les négociants ou intermédiaires en céréales panifiables et en produits et sous-produits de la meunerie, c'est à dire que, pour ces derniers, l'impôt n'est exigé que sur la différence entre les prix d'achat et de vente.

7. ... Les affaires ayant pour objet la vente de produits monopolisés par l'Etat, ainsi que des timbres et papiers débités par l'État (art. 60, § 2).

8. ... Les produits simplement taxés ne profitent pas de cette exemption. Il en est ainsi des ventes de charbon, de sucre, etc. (V. toutefois pour les organismes officiels de répartition, *infrà*, n° 76).

9. ... Les affaires effectuées par les exploitants de services publics concédés tenus d'appliquer des tarifs fixés ou homologués par l'autorité publique et soumises à ces tarifs (art. 60, § 3)

10. L'exemption ne bénéficie pas aux concessions de services non publics, notamment aux exploitations d'établissements dépendant du domaine privé de l'Etat, des départements, communes, etc. Elle est limitée, au regard des concessionnaires de services publics, aux affaires qui sont soumises aux tarifs réglementaires. Ainsi, les opérations réalisées par les buffets de gares de chemins de fer sont taxables.

11... les affaires effectuées par les agents de change, les courtiers maritimes, les courtiers d'assurances maritimes et autres personnes ou sociétés, mais exclusivement lorsqu'elles donnent lieu à des commissions ou courtages fixés par des lois ou des décrets (art. 60, § 4).

12. Il faut, mais il suffit pour l'application de ce dernier texte, que la rémunération, taxable en principe, soit tarifée par des lois ou des décrets. La fixation par des arrêtés ministériels ou par des décisions des autorités locales ne satisfait pas au vœu de la loi.

13... les affaires assujetties à l'impôt sur les opérations de Bourse, des valeurs édicté art. 28, L. 28 avril 1893 (art. 60, § 5).

14. L'exonération, ici, profite exclusivement au vendeur et à l'intermédiaire (agent de change, coulissier, trésorier-payeur général) qui a réalisé, pour le compte du donneur d'ordre, l'opération assujettie à l'impôt spécial, mais non aux autres intermédiaires qui ont concouru à la même opération.

15... les affaires assujetties à l'impôt sur les opérations de Bourse de commerce édicté art. 11, L. 13 juill. 1911 et 9, L. 27 fév. 1912, à l'exclusion de celles qui déterminent l'arrêt de la filière (art. 60, § 6).

16. Si une affaire, comprise dans une filière, a été effectuée par une personne non assujettie au répertoire prescrit par les dispositions des lois de 1911 et 1912 ci dessus, l'impôt sur le chiffre d'affaires applicable à cette opération est réduit, s'il y a lieu, à une somme égale à l'impôt sur les opérations de Bourse de commerce, soit 2 centimes par 5 quintaux métriques ou 5 hectolitres ou 1 centime, le cas échéant, suivant ce qui est prévu L. 27 fév. 1912, art. 9 (même art. 60, § 6).

17... les affaires effectuées par les fabricants ou importateurs et portant sur des produits pharmaceutiques et assimilés, sur lesquelles est perçu l'impôt de 10 0/0 institué art. 16, L. 30 déc. 1916 (art. 60, § 7).

18. Les produits susceptibles de motiver l'exonération ne comprennent pas les eaux minérales soumises à l'impôt par l'art. 15, L. 30 déc. 1916; mais, seulement, les spécialités pharmaceutiques taxées par l'art. 16 de la même loi, et seulement, à l'égard de ces dernières, les affaires y relatives, réalisées par les fabricants et importateurs, à l'exclusion des autres redevables.

19... les affaires effectuées par les sociétés de capitalisation et assujetties à l'impôt établi art. 38, L. 25 juin 1920 (art. 60, § 8).

20... les affaires effectuées par les sociétés ou compagnies d'assurances et tous autres assureurs, quelle que soit la nature des risques assurés et qui sont soumises aux taxes de timbre et d'enregistrement édictées art. 6, L. 23 août 1871 ; 8, L. 29 déc. 1884 ; 16, L. 13 avr. 1898 ; 16, 17, 18, 20 et 21, L. 29 juin 1918 ; 2, L. 14 juin 1919 et 39, L. 25 juin 1920 (art. 60, § 9).

21. L'exemption n'est accordée qu'aux compagnies et assureurs non aux intermédiaires qui réalisent des affaires d'assurances comme courtiers ou commissionnaires. Mais elle bénéficie aux affaires d'assurances sur la vie, bien que celles-ci soient exemptées de la surtaxe édictée art. 39, L. 25 juin 1920.

22... les affaires effectuées par des entrepreneurs de spectacles et autres attractions et divertissements assimilés et soumises à la taxe instituée art. 13, L. 31 déc. 1916 et modifiée art. 92 et s., L. 25 juin 1920 (art. 60, § 10).

23... les affaires effectuées par les entrepreneurs de voitures publiques de terre et d'eau ou les loueurs de voitures partant d'occasion ou à volonté et soumises aux taxes édictées art. 115 et s., L. 25 mars 1817 ; 8, L. 28 juin 1833 ; 1, 2 et 3, L. 11 juill. 1879 ; 98 et s.. L. 25 juin 1920 (art 60, § 11).

24. Par sa référence aux textes des L. de 1817 et autres subséquentes, la disposition qui précède exclut les affaires consistant dans le transport des marchandises autrement que par voitures automobiles.

25... les affaires effectuées par les entreprises de journaux dont le prix de vente ne dépasse pas 25 centimes par exemplaire, mais seulement en ce qui concerne le produit des abonnements ou de la vente au numéro (L. 31 juill. 1920, art. 13).

26. Les affaires de publicité, même effectuées par les journaux dont le prix de l'exemplaire ne dépasse pas 0,25, sont soumises au droit commun.

27. Le mot « entreprises de journaux » doit être entendu dans un sens large, et permet d'étendre l'exonération aux vendeurs, dépositaires ou colporteurs de journaux vendus 0 25 l'exemplaire et au-dessous.

28... les affaires qui, au cours du même mois, ont été résiliées ou annulées (D. 24 juill. 1920, art. 16). Ces affaires doivent être portées pour mémoire sur le relevé mensuel (V. en ce qui concerne les restitutions d'emballages dont le prix unitaire ne dépasse pas 5 fr., arr. 31 août 1920, R. E. 144).

29... les affaires faites par les sociétés de caution mutuelle et de banques populaires organisées conformément à la loi du 13 mars 1917. Ces collectivités, étant exonérées de l'impôt cédulaire sur les bénéfices industriels et commerciaux par la loi du 7 août 1920, sont par voie de conséquence exemptées de l'impôt sur le chiffre d'affaires.

30... les affaires autres que celles portant sur des objets de luxe d'après les tableaux A et B annexés au D. 26 juin 1920 et dont le paiement restait à effectuer au 1er juillet 1920 (D. 24 juill. 1920, art. 22, R. E. 7144).

31. L'Administration interprète cette dernière disposition en ce sens qu'elle n'exempte que les affaires pour lesquelles *seul* le paiement n'avait pas eu lieu au 30 juin 1920.

32.... les affaires de vente, de commission ou de courtage portant sur des objets ou marchandises autres que ceux énumérés au tableau C annexé D. 26 juin 1920 et exportés (art. 72).

33. Les conditions sous lesquelles la décharge de taxe est accordée pour les affaires d'exportation sont réglées art. 12 et s., A. M. F. 28 août 1920 (I. 3632, R. E. 7143 et 7144).

34. Aux termes de cet arrêté le redevable inscrit ses affaires d'exportation sur un livre spécial et les services compétents procèdent aux vérifications convenables au moyen du rapprochement des documents de la douane, des lettres de voiture, connaissements et autres pièces de nature à établir l'exportation.

35. Les expéditions faites pour l'avitaillement des navires pêcheurs et autres ainsi que les livraisons de sels pour la pêche maritime, bénéficient des exemptions accordées aux affaires à l'exportation (A. M. F. 28 août 1920, art. 14).

36. L'exemption en matière d'exportation vise exclusivement l'affaire de vente et celle de commission ou de courtage y relative ; elle ne couvre : ni les opérations de vente ou de commission antérieures, ni celles qui, tout en se rattachant à la vente, en sont indépendantes. A ce dernier égard, notamment, les affaires de transport ou de transit accomplies par des tiers sont soumises au droit commun sauf ce qui est dit *suprà*, 24, même si elles s'appliquent à des objets à exporter.

37. Eu égard à la nature du nouvel impôt, les acheteurs résidant à l'étranger qui prennent livraison en France d'objets ou marchandises ne peuvent plus, comme sous le régime de la loi du 31 déc. 1917, obtenir un remboursement de taxe à la frontière. Pour bénéficier de l'exonération, l'exportation doit, désormais, être faite soit par le vendeur, soit par le commissionnaire qui est intervenu pour la réalisation de la vente.

38 *Affaires faites à l'étranger.* — Ces affaires sont exemptes comme ne rentrant pas dans les prévisions de l'art. 59, L. 25 juin 1920. Il en est ainsi : des ventes réalisées à l'étranger par un commerçant établi en France et portant sur des marchandises de provenance étrangère non transitées en France et ce, alors même que le prix en serait encaissé dans notre pays ; ... des frets maritimes de port français à port étranger (l'Algérie, les colonies et pays de protectorat compris) ou réciproquement, l'exécution du contrat de transport ne s'effectuant pas, en ce cas, en France.

§ 2. — Assiette, liquidation et taux de l'impôt.

39. *Assiette et liquidation.* — Le chiffre d'affaires est constitué pour les personnes vendant des marchandises, denrées, fournitures ou objets quelconques, par le montant des ventes effectivement et définitivement réalisées ; pour les personnes faisant acte d'intermédiaires, mandataires, façonniers, loueurs de choses, entrepreneurs ou loueurs de services, banquiers, escompteurs, changeurs, par le montant des courtages, commissions, remises, salaires, prix de location, intérêts, escomptes, agios et autres profits définitivement acquis (L. 25 juin 1920, art. 62).

40. *Affaires de vente.* — Au regard de l'impôt, les ventes effectivement et définitivement réalisées sont celles qui ont donné lieu à un paiement, en telle sorte que, dans le principe, ce sont les sommes encaissées qui doivent être taxées.

41. Toutefois, l'Administration peut autoriser les redevables à retenir le montant de leurs débits pour l'assiette de l'impôt aux lieu et place du montant des paiements effectivement reçus (Déc. 24 juill. 1920, art. 9).

42. En fait, un arrêté ministériel du 31 août 1920, autorise les commerçants en gros à acquitter l'impôt sur les sommes inscrites sur leur livre spécial ou dans leur comptabilité à la date à laquelle ils débitent l'acheteur du montant de la facture.

43. Le commerçant qui a opté pour le mode de fixation de l'impôt d'après les livraisons effectuées doit continuer à suivre les mêmes errements jusqu'à ce que l'Administration l'ait autorisé à prendre pour base le montant des paiements effectivement reçus (Conf. A. M. F. 31 août 1920, R. E. 7144).

44. Le montant d'une vente consiste dans le prix qui a été convenu entre le vendeur et l'acquéreur, c'est-à-dire dans la somme *totale* que doit verser ce dernier, sans qu'il y ait lieu de distinguer entre les divers éléments du prix.

45. Ainsi, l'impôt est dû sur la fraction du prix représentative des frais d'emballage, de transport, etc., dont le vendeur a assumé forfaitairement la charge, ainsi que du montant des impôts et notamment de la taxe sur le chiffre d'affaires. La circonstance que ces divers éléments sont détaillés dans la facture ne peut réagir sur la dette d'impôt.

46. Toutefois, pour les emballages de moins de 5 fr. facturés aux clients, un A. M. 31 août 1920 autorise les redevables à ne pas les comprendre dans leur chiffre d'affaires imposable. La valeur totale des emballages repris est mentionnée sur l'état des affaires résiliées, annulées ou impayées à joindre au relevé mensuel, R. E. 7144.

47. Si le vendeur consent un escompte ou une réduction, c'est le prix *net* qui doit être retenu pour la détermination de l'impôt. Si la marchandise étant livrable chez lui, le vendeur assure le transport, les frais dont il fait l'avance de ce chef ne rentrent pas dans le chiffre d'affaires imposable.

48. Aucune déduction n'est admissible pour frais de vente et notamment pour salaires, commissions ou courtages alloués et payés par le vendeur à des intermédiaires. Si le vendeur prenait à sa charge des commissions dues aux mandataires de l'acquéreur, ces commissions viendraient en diminution du prix pour la détermination du chiffre d'affaires imposable.

49. *Affaires de courtage, commission, etc.*— La rémunération est définitivement acquise, dès lors qu'elle a été payée et c'est à ce moment seulement qu'elle est, en principe, imposable.

50. C'est le montant brut des profits qui doit être taxé.

51. Si, donc, un commissionnaire, courtier ou autre, recourt à des tiers pour l'exécution de son mandat, les allocations servies à ces derniers ne sont pas déductibles de son chiffre d'affaires constitué, pour l'opération envisagée, par tout ce qu'il reçoit de son mandant.

52. Mais la solution inverse doit être admise si l'intervention d'un tiers est imposée soit expressément, soit tacitement par le commettant. Tel est le cas où une personne donne à un banquier l'ordre de vendre un titre en Bourse : le courtage versé à l'agent de change par le banquier n'entre pas alors dans le chiffre d'affaires de celui-ci.

53. *Règles communes aux diverses catégories d'affaires.* — La liquidation de l'impôt s'effectue sur le montant total des ventes ou des produits définitivement réalisés pendant la période envisagée, en arrondissant ce montant de franc en franc.

54. *Taux de l'impôt.* — Le taux de l'impôt est fixé à 1.10 0/0 y compris un décime perçu pour les départements et communes (L. 25 juin 1920, art. 63).

55. Toutefois il est porté, savoir : à 3 0/0 sans décime, pour les affaires afférentes au logement et à la consommation sur place de boissons et denrées alimentaires quelconques effectuées dans des établissements classés comme étant de seconde catégorie (art. 63, § 2).

56... à 10 0/0 sans décime, pour les dépenses afférentes au logement et à la consommation sur place de boissons et denrées alimentaires quelconques effectuées dans des établissements classés comme étant de première catégorie (même art.).

57. Le classement des établissements de première et de seconde catégories est effectué par des commissions spéciales (L. 25 juin 1920, art. 64 et D. 29 juin 1920) dont le secrétariat appartient à l'administration des Contributions indirectes, cette administration demeurant seule chargée du recouvrement de l'impôt dû pour les hôtels, restaurants, villas, chambres et appartements meublés.

58... A 10 0/0 sans décimes, pour les ventes au détail ou à la consommation des marchandises, denrées, fournitures ou objets quelconques classés comme étant de luxe (L 25 juin 1920, art 63, § 2).

59. Le classement des marchandises, denrées, fournitures ou objets quelconques de luxe a été effectué D. 26 juin 1920 qui, conformément aux dispositions de l'art. 64, L. 25 juin 1920, doit être soumis à la ratification législative.

60. La vente au détail s'oppose à la vente en gros, laquelle est celle qui est consentie par un marchand à un autre marchand achetant pour revendre.

61. Les conditions d'exonération de la taxe de 10 0/0 pour les ventes d'objets de luxe sont fixées par D. 24 juillet 1920, art. 20, lorsque l'acheteur est un commerçant, et par l'A. M. 4 août 1920, lorsque l'opération est réalisée par un commissionnaire ou courtier. R. E. 7144.

62. En cas de vente publique, l'impôt est dû au taux de 10 0/0 même si l'acheteur est un commerçant (D. 24 juillet 1920, art. 20) (V. *infrà*, *Vente publique de meubles*).

§ 3. — Assujettis a l'impôt.

63. Les assujettis à l'impôt sont, d'après le texte, les personnes qui habituellement ou occasionnellement achètent pour revendre, ou accomplissent des actes relevant des professions assujetties à l'impôt sur les bénéfices industriels et commerciaux institué par le titre 1er de la loi du 31 juillet 1917, ainsi que les exploitants d'entreprises assujetties à la redevance proportionnelle prévue art. 33, L 21 avril 1810 (L. 25 juin 1920, art. 59).

64. Les personnes qui, habituellement, achètent pour revendre, se confondent avec celles qui accomplissent des actes relevant des professions assujetties à l'impôt cédulaire sur les bénéfices industriels et commerciaux Pour déterminer s'il y a exercice de profession, l'Administration s'en réfère à la jurisprudence du Conseil d'État en matière de patente ; ainsi n'est pas regardé comme exerçant une profession celui qui poursuit, en dehors d'esprit de lucre, une œuvre exclusivement ou principalement charitable.

65. Quant aux personnes qui, occasionnellement, achètent pour revendre, elles comprennent tous ceux qui se livrent, d'une manière apparente ou occulte, à des opérations accidentelles d'achat en vue de la revente.

66. L'opération occasionnelle de vente ne tombe donc sous le coup de la loi que si elle porte sur des marchandises ou objets achetés par le vendeur en vue de ladite vente.

67. D'autre part, en s'en référant au titre 1er, L. 31 juillet 1917, l'art. 59, L. 25 juin 1920, assujettit à l'impôt sur le chiffre d'affaires tous, mais exclusivement, ceux qui sont soumis à l'impôt cédulaire sur les bénéfices industriels et commerciaux.

68. Par suite, sont redevables de l'impôt sur le chiffre d'affaires, outre les industriels et les commerçants : .... les ouvriers travaillant chez eux ou chez les particuliers sans compagnons ni apprentis, soit qu'ils travaillent à façon, soit qu'ils travaillent pour leur compte avec des matières à eux appartenant, qu'ils aient ou non une enseigne ou une boutique (L. 31 juillet 1917, art. 13).

69... Les ouvriers travaillant en chambre avec un apprenti de moins de seize ans (même art.).

70... les pêcheurs, lors même que la barque qu'ils montent leur appartient (même art.).

71. Par contre, n'y sont pas soumis parce qu'affranchis de l'impôt cédulaire sur les bénéfices industriels ou commerciaux : .... les syndicats et les sociétés coopératives de consommation qui se bornent à grouper les commandes de leurs adhérents et à distribuer dans leurs magasins de dépôt, les denrées, produits ou marchandises qui ont fait l'objet de ces commandes ou lorsque, ne vendant qu'à leurs sociétaires, ils distribuent leurs bonis annuels aux dits sociétaires ou à des œuvres d'intérêt général, ou lorsqu'ils consacrent ces bonis à des réserves qui ne sont pas réparties entre les porteurs d'actions (L. 31 juillet 1917, art. 15).

72... les sociétés d'habitations à bon marché (arg. L. 31 déc. 1918, art. 18) les sociétés de caution mutuelle et les banques populaires organisées conformément à la L. 13 mars 1917 (L. 7 août 1920, art. 4).

73. De même, échappent à l'impôt sur le chiffre d'affaires... les agriculteurs qui se bornent à vendre les produits de leur culture ou de leur élevage, alors même que ces produits auraient été l'objet de certaines transformations ou manipulations qu'il est d'usage courant de leur faire subir avant la vente.

74... les personnes exerçant des professions libérales et qui, bien qu'assujetties à la contribution des patentes, sont cotisables non à l'impôt cédulaire sur les bénéfices industriels et commerciaux, mais à l'impôt cédulaire sur les bénéfices des professions non commerciales. médecins, dentistes, maîtres de pension autres que ceux qui font donner l'instruction par des professeurs ; avocats, etc).

75.. les personnes qui engagent leurs services d'une manière générale en se plaçant sous la dépendance d'un patron, telles que commis et préposés, quelles que soient d'ailleurs les modalités de leur rémunération, et qui, à ce titre, sont redevables de l'impôt cédulaire sur les traitements et salaires.

76... les départements et les communes ainsi que leurs préposés ou autres organismes officiels chargés de procéder moyennant rémunération à la répartition des denrées du ravitaillement.

§ 4. — Obligations des assujettis.

77. *Déclaration d'existence.* — Toute personne redevable de l'impôt et qui n'est pas inscrite au rôle de l'impôt sur les bénéfices industriels et commerciaux a dû, dans le mois de la promulgation de la loi, ou doit dans les 15 jours du commencement de ses opérations ou de l'ouverture de son établissement industriel ou commercial, souscrire au bureau compétent une déclaration dont la forme et le contenu sont déterminés D. 24 juillet 1920 (L. 25 juin 1920, art. 61).

78. Les redevables sont répartis entre les trois administrations des Contributions indirectes, des Douanes et de l'Enregistrement.

79. Aux Contributions indirectes sont dévolues : *a*) les personnes ou sociétés exerçant, à titre principal, dans une commune quelconque, une profession ou un commerce les rendant redevables de droits ou taxes perçus par cette administration ; *b*) les personnes, à l'exclusion des sociétés par actions, autres que celles visées à la lettre *a*, exerçant leur profession ou leur commerce dans une commune dont la population, d'après le dernier recensement, ne dépasse pas 5 000 habitants.

80. Aux Douanes sont dévolus les transitaires ou commissionnaires en douane (Cette administration perçoit, en outre, l'impôt à l'importation, V. *infrà*, 128 et s.).

81. A l'enregistrement sont dévolues toutes personnes autres que celles visées ci-dessus.

82. Lorsque le redevable possède, en même temps que son établissement principal, une ou plusieurs succursales ou agences, il doit souscrire pour chacune d'elles une déclaration spéciale au bureau de celle des administrations qui a qualité pour recevoir la déclaration relative à l'établissement principal. Ce bureau est celui dans le ressort duquel se trouve ladite succursale ou agence (D. 24 juillet 1920, art. 2).

83. *Tenue d'une comptabilité ou d'un livre spécial.* — Toute personne redevable de l'impôt doit, si elle ne tient pas habituellement une comptabilité permettant de déterminer son chiffre d'affaires tel qu'il est défini à l'art. 62 (V. *suprà*, 39), avoir un livre, aux pages numérotées, sur lequel elle inscrit jour par jour, sans blanc ni rature :... si elle vend des marchandises, denrées, fournitures ou objets, chacune des ventes qu'elle a effectuées (L. 25 juin 1920, art. 66).

84. .. Si elle rend des services, chacun des courtages, commissions, remises, salaires, prix de location, intérêts, escomptes, agios et autres profits constituant la rémunération de ces services (même art.).

85. Chaque inscription doit indiquer la date, la désignation sommaire des objets vendus ou du service rendu, ainsi que le prix de la vente ou le montant des courtages, commissions, remises, salaires, prix de location, intérêts, escomptes, agios ou autres produits (même art., 2e al.).

86. Toutefois, les opérations au comptant pour des valeurs inférieures à 100 fr. et ne s'appliquant pas à des objets classés comme étant de luxe peuvent être inscrites globalement à la fin de chaque journée (même art. et al.).

87. Lorsque la vente a été conclue avec un autre commerçant et que le prix dépasse 500 fr., le livre porte, en outre, le nom et l'adresse de ce commerçant (art. 66, 3e al.).

88. Le montant des opérations inscrites sur le livre est totalisé à la fin de chaque mois (art. 66, 4e al.).

89. Le livre prescrit, ou la comptabilité en tenant lieu, ainsi que les pièces justificatives des opérations effectuées par les redevables, notamment les factures d'achat, doivent être conservées pendant 3 ans à compter du 1er janvier de l'année durant laquelle le livre a été commencé ou les pièces établies (art. 66, 5e al.).

90. *Déclarations mensuelles.* — En principe, tout redevable doit remettre, chaque mois, au bureau compétent, un relevé indiquant le montant total de son chiffre d'affaires pendant le mois précédent, en distinguant les affaires soumises à chacun des taux prévus par la loi et pour les affaires passibles de l'impôt à 1.10 0/0, celles qui s'appliquent à des ventes et celles qui portent sur d'autres opérations (L. 25 juin 1920, art. 67 ; D. 24 juill. 1920, art. 9 et 10).

91. Si le payement de l'impôt est effectué par traite, le relevé est adressé ou remis à l'agent désigné pour émettre la traite (D. 24 juill 1920, art. 10).

92. S'il n'a été effectué aucune opération au cours d'un mois, il doit être adressé ou remis un certificat négatif (D., même art.).

93. Des arrêtés ministériels peuvent, exceptionnellement, déroger à l'obligation de remettre mensuellement le relevé du chiffre d'affaires pour les commerces ou industries qui comportent une comptabilité arrêtée par période spéciale (D. 24 juill. 1920, art. 11).

94. En application de cette disposition des arrêtés sont intervenus aux dates ci-après : 31 août 1920 (pour les banquiers) ; 17 sept. 1920 (pour les entrepreneurs de transports de marchandises, les éditeurs d'ouvrages ou publications qui ne vendent pas exclusivement au comptant, les commissionnaires effectuant des opérations d'exportation ou d'importation). R. E. 7144 ; 30 octobre 1920 (pour les négociants ambulants).

95. Des facilités spéciales sont également accordées aux redevables qui ont constitué un organisme commun chargé de la vente de leurs produits (A. M. F. 17 sept. 1920, R. E. 7144).

96. *Forfait annuel.* — Conformément à l'art. 67, L. 25 juin 1920, le D. 24 juill. 1920 dispose que les redevables dont le chiffre d'affaires mensuel n'a pas excédé en moyenne, pendant l'année précédente, 4.000 fr., s'il s'agit de redevables dont le commerce principal est de vendre des marchandises, denrées, fournitures ou objets à emporter ou à consommer sur place et de fournir le logement ; ou 1.000 fr., s'il s'agit d'autres redevables, peuvent être affranchis des obligations édictées art. 9 à 14 du dit décret, moyennant le versement d'un forfait annuel déterminé d'après leur chiffre d'affaires de l'année précédente (art. 19).

97. La dispense de déposer le relevé est accordée par le directeur départemental sur l'indication par le redevable du chiffre d'affaires atteint l'année précédente (même art.).

98. Les redevables admis au bénéfice de cette dispense doivent adresser tous les ans, avant le 31 janvier, à l'agent compétent, un relevé conforme aux prescriptions de l'art. 9 du décret, mais indiquant simplement le chiffre total des affaires qu'ils ont effectuées l'année précédente (même art.). Les indications prévues sont, bien entendu, fournies par distinction entre les diverses natures d'opérations effectuées.

99. Le forfait est acquitté par fractions égales et trimestrielles aux dates indiquées par l'administration (même art.).

100. En cas de cessation d'affaires au cours de l'année pour laquelle a été fixé le forfait, le redevable ne doit acquitter que la fraction de ce forfait correspondant aux mois pendant lesquels il a fait des actes le rendant passible de la taxe (même art.).

101. *Affaires conclues avant le 1er juillet* 1920. — Elles doivent être portées sur un état spécial joint au relevé du mois au cours duquel les paiements exempts de l'impôt ont été effectués (D. 24 juill. 1920, art. 22). Le redevable doit fournir toutes les justifications réclamées par l'Administration (même art.).

102. *Paiement de l'impôt.*— L'impôt est à la charge personnelle du redevable (L. 25 juin 1920, art. 65).

103. Pour tous les marchés ou contrats conclus avant la mise en vigueur de la loi et portant sur la livraison au détail ou à la consommation d'objets de luxe, l'impôt de 10 0/0 est à la charge de l'acheteur aux lieu et place de la taxe de même quotité qui aurait été à sa charge en vertu art. 27, L. 31 décembre 1917 (même art., 3e al.).

104. Le redevable peut se libérer soit en numéraire, soit au moyen d'un chèque postal, d'un mandat poste ou mandat-carte émis au profit du receveur de l'Administration compétente, soit par virement à son compte de chèques postaux (D. 24 juill. 1920, art. 15, 2e al.).

105. Si le versement à effectuer excède 100 francs, le redevable peut également remettre en payement, dans les mêmes conditions et délai, un chèque barré émis à l'ordre du receveur et portant « Banque de France » entre les deux barres (même art., 3e al.).

106. Les redevables peuvent encore demander que l'impôt soit recouvré au moyen d'une traite. Un arrêté ministériel du 14 septembre 1920 autorise les administrations compétentes à présenter les quittances ou traites par la poste. R. E. 7144.

107. *Communications.* — Les redevables sont tenus de fournir aux agents des contributions directes, ainsi qu'à ceux du service financier chargé du recouvrement de l'impôt dont ils relèvent, tant à leur principal établissement que dans leurs succursales et agences, toutes les justifications nécessaires à la fixation de leur chiffre d'affaires (L. 25 juin 1920, art. 67 ; Déc. 24 juillet 1920, art. 5, 6 et 7).

108. Indépendamment de cette obligation imposée spécialement, L. 25 juin 1920, les redevables sont soumis, le cas échéant, à la disposition art. 32, L. 31 juillet 1920 d'après laquelle tout commerçant faisant un chiffre d'affaires supérieur à 50.000 francs par an est tenu de représenter, à toute réquisition des agents du Trésor ayant au moins le grade de contrôleur ou d'inspecteur adjoint, les livres dont la tenue est prescrite par le titre II, C. com., ainsi que tous livres et documents annexes, pièces de recettes et de dépenses.

§ 5. — Contraventions.

109. Toute contravention est punie : 1° si elle n'a privé le Trésor d'aucune fraction de l'impôt à la charge du contrevenant, d'une amende fiscale de 1.000 francs, outre les 2 décimes et demi édictés art. 110, L. 25 juin 1920 (L. 25 juin 1920, art. 68).

110.... Si elle a entraîné le défaut de payement dans le délai légal de la totalité ou d'une partie de l'impôt, d'une amende fiscale égale, pour chaque mois ou fraction de mois de retard, au montant de l'impôt non payé dans le délai légal, avec minimum de 1.000 francs plus 2 décimes et demi (même art.).

111. *Récidive.* — Si un contrevenant, ayant encouru depuis moins de 3 ans une des amendes fiscales ci-dessus édictées, commet intentionnellement une nouvelle infraction, il peut être traduit devant le tribunal correctionnel à la requête de l'Administration compétente et puni d'un emprisonnement de 8 jours à 3 mois. Le tribunal correctionnel peut ordonner, à la demande de l'Administration, que le jugement soit publié intégralement ou par extraits dans les journaux qu'il désigne, et affiché dans les lieux qu'il indique, le tout aux frais du condamné. Toutes les dispositions de l'art. 7, L. 1er août 1905 (I. 3632, p. 47) sont applicables dans ce cas (même art., al. 2).

112. L'art. 463 C. pén. est applicable même en cas de récidive, aux délits prévus par l'art. 68 (même art., 3e al.).

113. *Refus de communication.* — Tout refus, par un redevable, des communications prescrites par art. 66 et 67, L. 25 juin 1920 est puni d'une amende de 500 à 5.000 francs (L. 25 juin 1920, art. 69), outre les 2 décimes et demi édictés art. 110, même loi.

114. La pénalité qui précède s'applique au cas d'inobservation, par le redevable, de la prescription art. 66 qui lui impose de conserver pendant 3 ans le livre spécial ou la comptabilité en tenant lieu, ainsi que les pièces justificatives de ses opérations.

115. Indépendamment de l'amende, le redevable doit, en cas d'instance, être condamné à représenter les pièces et documents non communiqués sous une astreinte de 100 francs au minimum par chaque jour de retard (L. 25 juin 1920, art. 69, 2e al.).

116. Cette astreinte, commence à courir de la date de la signature par la partie, ou de la notification du procès-verbal dressé pour constater le refus d'exécuter le jugement régulièrement signifié. Elle ne cesse que du jour où il est constaté, au moyen d'une mention inscrite par un agent de contrôle, sur un des livres du redevable, que l'Administration a été mise à même d'obtenir la communication (même art., 3e al.).

117. Le refus des communications prévues à l'art. 32, L. 31 juillet 1920 (V. *suprà*, n° 113) ou la destruction des livres avant le délai fixé art. 11, C. com., est soumis aux sanctions établies par l'art. 5, L. 17 avril 1905 (V. *T. A.*, Communication).

118. *Preuve des contraventions*. — Les infractions aux prescriptions de la loi relatives à l'impôt sur le chiffre d'affaires peuvent être établies par tous les modes de preuve de droit commun ou constatées au moyen de procès-verbaux dressés par les officiers de police judiciaire et par les agents de l'enregistrement, des contributions indirectes, des douanes et de la répression des fraudes (L. 25 juin 1920, art. 70, 1er al.).

119. *Attributions aux agents*. — Un dixième des amendes recouvrées est versé à un fonds commun qui doit être réparti au personnel chargé de l'application de l'impôt (même art., 2e al.).

§ 6. — Imputations et restitutions.

120. L'impôt perçu à l'occasion de ventes ou de services qui sont, par la suite, résiliés, annulés, ou qui restent impayés, est imputé sur l'impôt dû pour les affaires faites ultérieurement ; il est restitué si la personne qui l'a acquitté a cessé d'y être assujettie.

121. *Imputations*. — Lorsqu'une affaire, à raison de laquelle l'impôt a été acquitté, est ultérieurement résiliée ou annulée, l'intéressé, pour obtenir l'imputation, joint à l'un des plus prochains relevés mensuels à produire après la date de la résiliation ou de l'annulation un état spécial indiquant : 1° la nature de l'opération initiale ainsi que le nom et l'adresse de la personne avec qui l'affaire a été conclue ; 2° la date de cette opération ; 3° la page du livre spécial sur lequel elle a été inscrite ou du registre de comptabilité tenant lieu du registre spécial ; 4° le montant de la somme remboursée ou impayée. — Le montant de la somme à déduire à la suite des rectifications effectuées est imputé sur les sommes portées sur les premiers relevés produits après le dépôt de la réclamation (Déc. 24 juill. 1920, art. 16.

V. pour les reprises d'emballages dont le prix unitaire ne dépasse pas 5 fr., A. M. 31 août 1920, R. E. 7144).

122. *Restitution.* — La restitution de l'impôt, quand elle ne peut être effectuée par voie d'imputation, doit faire l'objet d'une demande spéciale dûment établie sur papier timbré, et appuyée de toutes les justifications indiquées pour le cas d'imputation (Déc. 24 juill. 1920, art. 17).

§ 7. — Prescription.

123. *Action de l'Administration.* — Elle se prescrit par 3 ans à compter de l'infraction (L. 25 juin 1920, art. 70, 3e al.).

124. *Action des redevables.* — Elle se prescrit par 2 ans à compter du paiement (même art., 6e al).

125. Il n'est pas nécessaire que la demande, signifiée dans les 2 ans de la perception, soit enregistrée avant l'expiration de ce délai.

§ 8. — Procédure.

126. Les poursuites contre les redevables ont lieu par voie de contraintes décernées par les agents des services financiers chargés du recouvrement de l'impôt. Les contraintes sont visées par le juge de paix de l'endroit où l'impôt doit être acquitté. Elles sont signifiées aux redevables L'exécution des contraintes ne peut être interrompue que par une opposition formée par le redevable et motivée avec assignation devant le conseil de préfecture (L. 25 juin 1920, art. 70, 4e al.).

127. Sous la réserve spécifiée au n° précédent, les instances sont introduites, instruites et jugées par les conseils de préfecture, sauf appel devant le Conseil d'Etat suivant les formes fixées L. 22 juill. 1889 (même art., 5e al.).

§ 9. — Importations.

128. Les importations d'objets ou de marchandises sont soumises quel que soit l'importateur à l'impôt de 1.10 0/0 qui est liquidé sur la valeur des dits objets ou marchandises, droits de douane et de consommation ou de circulation compris, ou s'il s'agit de marchandises, denrées, fournitures ou objets destinés à un non commerçant et classés comme étant de luxe, à l'impôt de 10 0/0 édicté art. 63, L. 25 juin 1920 (L. 25 juin 1920, art. 72).

129. L'impôt sur les importations est majoré d'un pourcentage égal à la taxe sur le chiffre d'affaires lorsque le vendeur, français ou étranger, n'a pas le siège de son commerce en France et par suite, ne paye pas la taxe sur le chiffre d'affaires. Toutefois, la majoration ne s'applique pas aux produits facturés quand le vendeur est établi au pays d'origine (L. 31 juill. 1920, art. 12).

130. L'application de l'impôt sur les importations, réglementé par A. M. F. 28 août 1920, est assurée par le service des douanes.

IMPOT SUR LE REVENU DES CRÉANCES, DÉPOTS ET CAUTIONNEMENTS. — **1.** Notre nouveau système d'impôts directs comprend, d'une part, un impôt général atteignant l'ensemble des ressources des contribuables. (L. 15 juill. 1914, art. 5 et suivants, R. E. 6362), et, d'autre part, une série d'impôts portant séparément sur chaque sorte de revenus (L. 31 juill. 1917).

2. Parmi ces nouveaux impôts, seul l'impôt cédulaire sur le revenu des valeurs et capitaux mobiliers est confié à l'administration de l'Enregistrement, le recouvrement des autres impôts étant assuré par l'administration des Contributions directes.

3. L'impôt cédulaire sur le revenu des valeurs et capitaux mobiliers a été établi par deux lois : 1° celle du 29 mars 1914 qui étend la taxe du revenu instituée par la loi du 29 juin 1872 aux effets publics des colonies françaises, ainsi qu'aux titres des sociétés étrangères non abonnées et aux fonds d'Etat étrangers, et qui est analysée au présent supplément sous les mots *Impôt sur le revenu des valeurs mobilières* et *Valeurs mobilières étrangères* ; — 2° la loi du 31 juill. 1917, qui sera seule examinée ci-après.

4. L'art. 38 de la loi du 31 juill. 1917, dont les dispositions sont applicables à partir du 1er janv. 1918, étend l'impôt sur le revenu établi par les art. 31 et suivants de la loi du 29 mars 1914 aux intérêts, arrérages et tous autres produits : 1° des créances hypothécaires, privilégiées et chirographaires, à l'exclusion de toute opération commerciale ne présentant pas le caractère juridique d'un prêt ; 2° des dépôts de sommes d'argent à vue ou à échéance fixe, quel que soit le dépositaire et quelle que soit l'affectation du dépôt ; 3° des cautionnements en numéraire (I. 3525, R. E. 6715 et 6818).

Le tarif de 5 0/0 institué par la loi du 30 déc. 1916 est actuellement de 10 0/0 (L. 25 juin 1920, art. 5, I. 3626, R. E. 7125).

Le champ d'application des lois des 29 juin 1872 et 29 mars 1914 n'est pas restreint par la loi du 31 juill. 1917. Ces lois restent applicables dans leurs sphères respectives, mais l'impôt créé par l'une d'elles ne pourrait être perçu cumulativement avec l'impôt établi par une autre sur la même matière imposable. C'est ainsi qu'un emprunt contracté par une société et qui donne ouverture à la taxe en vertu de la loi du 29 mars 1914 ne saurait, en outre, être frappé de l'impôt établi par la loi du 31 juill. 1917.

5. Les *opérations commerciales* ne présentant pas le caractère juridique d'un prêt échappent à l'impôt : tels sont les effets de commerce causés valeur en marchandises ou en compte, et les comptes courants véritables tels que les définit la jurisprudence, c'est-à-dire avec réciprocité de remises.

6. L'impôt est dû sur le montant *brut* des produits sans déduction des frais ou charges qui peuvent les grever. Il est à la charge exclusive du créancier, nonobstant toute clause contraire, mais le débiteur et le créancier en sont tenus solidairement.

7. Le fait générateur est le paiement des intérêts ou leur inscription au débit ou au crédit d'un compte. La taxe est due, par suite, sur tous les intérêts payés postérieurement au 1er janv. 1918, quelle que soit la période à laquelle ils s'appliquent. Cependant par une interprétation bienveillante de la loi, l'Administration décide que l'impôt ne sera pas exigé sur les intérêts *échus* avant le 1er janv. 1918, et *payés* seulement après cette date (R. E. 6752).

8. L'impôt est dû par le seul fait soit du paiement des intérêts de quelque manière qu'il soit effectué, soit de leur inscription au débit ou au crédit d'un compte dès lors que le créancier a son domicile ou sa résidence habituelle en France ou y possède un établissement industriel ou commercial dont dépend la créance, le dépôt ou le cautionnement (L. 25 juin 1920, art. 52).

9. Lorsque le *paiement* des intérêts ou leur inscription au débit ou au crédit d'un compte est effectué *en France*, l'impôt est acquitté par l'apposition de timbres mobiles soit sur la quittance, soit sur le compte où l'inscription est opérée (L. 25 juin 1920, art. 52).

10. Les timbres sont oblitérés par l'apposition, à l'encre noire, en travers du timbre, de la signature de la personne de qui émane l'écrit ainsi que de la date de l'oblitération. La signature peut être remplacée par une griffe à encre grasse.

11. Un règlement d'administration publique du 3 sept. 1920 autorise la perception de la taxe autrement que par l'apposition de timbres mobiles (I. 3639, R. E. 7144).

12. Les banquiers et sociétés de crédit qui désirent bénéficier de cette dernière réglementation doivent déposer au bureau de l'enregistrement du siège de leur établissement, une déclaration qui fait connaître leur intention et la date à laquelle il ne sera plus fait usage de timbres mobiles (D. art. 1er).

13. Tout banquier ou société de crédit qui fait la déclaration prévue à l'art. 1er doit tenir un registre spécial sur lequel sont inscrits : 1° le nom du titulaire de tout compte à intérêt passible de l'impôt et, s'il y a lieu, le numéro ou matricule du compte ; 2° le montant des intérêts ; 3° la date de leur inscription au compte.

Les intérêts crédités et les intérêts débités figurent dans des colonnes distinctes, le déclarant restant tenu du paiement de l'impôt afférent aux uns et aux autres.

Le montant de l'impôt que doit payer le redevable dispensé de l'apposition de timbres mobiles est établi mensuellement d'après les énonciations portées au registre spécial (art. 2).

14. Dans les 10 premiers jours de chaque mois, l'auteur de la déclaration verse au receveur de l'enregistrement du siège de l'établissement, à titre d'acompte, une somme égale aux quatre cinquièmes de l'impôt payé pendant le mois correspondant du dernier semestre. Pour chaque mois, et dans les 3 mois qui suivent celui où l'opération a été effectuée, le redevable dépose, entre les mains du même receveur, un bordereau certifié faisant connaître le total des sommes à raison desquelles l'impôt est dû ainsi que le montant de l'impôt exigible. S'il résulte des énonciations du bordereau mensuel qu'il est dû une somme supérieure à celle payée dans les conditions prévues ci-dessus, le complément est immédiatement acquitté. Si le versement effectué dépasse la somme due, l'excédent est imputé sur les sommes dont le redevable sera ultérieurement reconnu débiteur, ou remboursé si celui-ci cesse son commerce (art. 3).

15. Les agents de l'Enregistrement, sans préjudice des droits qu'ils tiennent de la législation en vigueur, ont toujours la faculté de se faire communiquer sur place et de prendre copie tant du registre spécial prévu art. 2 du décret que de tous les comptes à intérêts ouverts par l'établissement financier (art. 4).

16. Lorsqu'un banquier ou une société de crédit possède, indépendamment de son établissement principal, des agences ou succursales autonomes, il doit, s'il entend bénéficier des dispositions du décret, en faire la déclaration au bureau de l'enregistrement dans le ressort duquel se trouve l'agence ou la succursale. C'est au même bureau que doit être effectué le versement de l'impôt (art. 5).

17. Tout commerçant qui ouvre des comptes pour dépôts ou prêts de fonds à intérêts peut, sur sa demande, être autorisé à bénéficier du décret, à charge de se conformer à toutes les prescriptions qui y sont contenues. La demande d'autorisation est adressée au directeur départemental qui statue (art. 6).

18. Lorsque le *paiement* des intérêts ou leur *inscription au débit ou au crédit* d'un compte est effectué *hors de France* ou que le paiement des intérêts a lieu *en France sans création d'un écrit* pour le constater, le créancier doit souscrire au bureau de l'enregistrement la déclaration du montant de ces intérêts et acquitter le taux sur ce montant dans les 3 mois de l'année suivante (L. 25 juin 1920, art. 52).

19. La déclaration dont il vient d'être question peut être souscrite dans n'importe quel bureau. A Paris, elle sera reçue dans un bureau spécialement désigné et dans les villes où le service est divisé, le bureau compétent est celui qui reçoit les déclarations prévues L. 29 mars 1914, art. 37, et D. 21 juin 1914. Les déclarants sont tenus de faire connaître leurs noms, prénoms et domicile, de fournir les détails nécessaires pour identifier les créances, dépôts et cautionnements productifs des intérêts et de signer la déclaration eux-mêmes ou par un mandataire muni d'un pouvoir régulier.

20. Les infractions à la loi du 31 juill. 1917, au règlement du 20 déc. 1917, à la loi du 25 juin 1920 et au D. du 3 sept. 1920, sont punies d'une amende de 50 fr. en principal à la charge de chaque contrevenant et, en outre, d'une amende contre le créancier, égale au quintuple des droits dont le Trésor a été frustré pour chacune des années antérieures à la découverte de la contravention, sans toutefois que le droit de répétition puisse s'étendre au delà de 10 années (LL. 31 juill. 1917, art. 40 ; 25 juin 1920, art. 53).

21. Les instances sont introduites et jugées comme en matière d'enregistrement.

22. L'impôt est prescriptible par cinq ans.

23. Le payement de la taxe sur les intérêts d'une créance hypothécaire donne au propriétaire de l'immeuble grevé le droit d'obtenir de l'administration des Contributions directes un dégrèvement proportionnel de l'impôt foncier.

De même, lorsque des valeurs mobilières ont été constituées en gage ou nantissement de créances, le débiteur peut obtenir le remboursement de l'impôt sur le revenu des dites valeurs, jusqu'à concurrence de l'impôt perçu sur les intérêts de sa dette.

24. Sont affranchis de l'impôt, par l'art. 39 de la loi, les intérêts des sommes inscrites sur les *livrets des caisses d'épargne* et les intérêts des créances en représentation desquelles les sociétés autorisées par le Gouvernement à faire des opérations de *crédit foncier* ont émis des obligations, titres ou valeurs soumis eux-mêmes à l'impôt sur le revenu. De même les intérêts des prêts consentis par les caisses d'épargne à des particuliers conformément à l'art. 16, L. 12 avril 1906 (L. 31 déc. 1918, art. 17, R. E. 6877).

25. La taxe établie par l'art. 38 de la loi du 31 juill. 1917 n'est pas, malgré son mode de perception, un impôt de consommation : c'est un droit perçu au moyen de timbres, mais non un droit de timbre. Aussi peut-il être restitué quand il a été indûment perçu.

26. Sociétés de banques françaises de banque ou de crédit empruntant pour prêter à des commerçants ou industriels français. Exemption de la taxe sur les revenus de ces derniers prêts (V. *Impôt sur le revenu des valeurs mobilières*).

27. Groupement de sinistrés dans les régions dévastées (V. *Impôt sur le revenu des valeurs mobilières*, L. 31 juill. 1920, art. 157, I. 3625).

28. Les dispositions du titre V. L. 31 juill. 1917 ne sont pas applicables aux emprunts et obligations des sociétés de crédit mutuel et coopératives agricoles. La même dispense est étendue aux sociétés d'intérêt collectif agricole ayant bénéficié d'avances de l'Etat (L. 5 août 1920, art. 31, R. E 7144) De même sont exemptés les intérêts de prêts consentis ou des dépôts effectués par les sociétés d'habitations à bon marché (L. 31 déc. 1918, art. 17, I. 3579, R. E. 6877).

29. Les intérêts échus depuis le 1er janv. 1918 du prix des réquisitions militaires et des indemnités pour dommages de guerre n'ont pas à supporter l'impôt (D. M. F. 3 mai 1920).

30. Sont exempts les intérêts des sommes déposées par les lycées à la Caisse des dépôts et consignations (D. M. F. 11 mars 1920).

IMPOT SUR LE REVENU DES VALEURS MOBILIÈRES. — **1.** *Tarif.* — La loi du 30 déc. 1916 a porté de 4 à 5 0/0 le taux de l'impôt sur le revenu et de 8 à 10 0/0 le taux de la taxe sur les lots, à compter du 1er janv. 1917 (I. 3493, R. E 6535-II). Postérieurement la loi du 25 juin 1920 a élevé les taux de 5 et 10 0/0 ci-dessus, respectivement à 10 et 20 0/0 (art. 5, I. 3626, R. E. 7125), ces derniers tarifs sont entrés en vigueur un jour franc après l'arrivée du *J. off.* au chef-lieu d'arrondissement. Les principes admis pour l'application de la précédente surtaxe établie par l'art. 4 de la loi du 26 déc. 1890 (T. A., 2e éd., Vo *Impôt sur le revenu,* 6 à 8) doivent être suivis en ce qui concerne les nouveaux tarifs institués par LL. 1917 et 1920.

2. *Actions et parts d'intérêts.* — Doivent être considérés comme des parts d'intérêt les titres dont la cession est soumise à des conditions équivalentes à l'agrément de tous les associés, bien qu'ils soient qualifiés *actions* dans le pacte social (Cass. req., 23 juin 1913, R. E. 5830, D. P. 1913.1.513).

3. *Gérants de commandites par actions.* — Les bénéfices alloués à ces gérants ne sont pas assujettis à la taxe s'ils constituent la rémunération du travail des attributaires (Cass., 13 avril 1910, R. E. 5065), mais ils doivent y être soumis s'ils sont attribués pour une cause autre que la rémunération d'un travail (Cass, 23 fév. 1909, R. E. 4771), telle que l'apport d'une clientèle (Cass. req., 15 juin 1915, R. E. 6261, I. 3449, § 4).

4. *Coopératives entre ouvriers et artisans.* — Ne peut bénéficier de l'exemption d'impôt édictée par l'art. 21 de la loi du 30 déc. 1903, la société coopérative comprenant des patrons parmi ses membres (Cass. civ., 14 janv. 1913, R. E. 5698 I, I. 3370, § 11).

5. *Coopératives.* — Sont passibles de la taxe les bénéfices répartis entre les coopérateurs et provenant de versements faits par des clients étrangers à la société (Cass. civ., 14 janv. 1913, R. E. 5698-III, I. 3370 § 11).

6. *Coopératives agricoles.* — Sont exemptes de la taxe sur le revenu les parts d'intérêt des sociétés coopératives de production, de transformation, de conservation et de vente des produits agricoles constituées suivant les dispositions de la loi du 29 déc. 1906 (L. fin., 8 avril 1910, art. 25, R. E. 5031-IX. V. *infrà*, n° 9).

7. *Habitations à bon marché.* — Les dispositions des art. 11, 12, 13 et 16 de la loi du 12 avril 1906 accordant certaines immunités d'impôts aux sociétés de construction et de crédit d'habitations à bon marché sont étendues aux sociétés de bains-douches, aux sociétés de jardins ouvriers et aux sociétés fonctionnant pour l'application de l'art. 1er de la loi du 10 avril 1908, relative à la petite propriété et aux maisons à bon marché, pourvu que ces dernières justifient de l'application de ladite loi par tous les acquéreurs de jardins ou champs (L. 23 déc. 1912, art. 7 ; I. 3363, R. E. 5693).

8. *Sociétés de crédit maritime.* — Ces sociétés sont dispensées de la déclaration d'existence prévue par l'art. 1er du décret du 17 juill. 1857 lorsqu'elles sont constituées par actions, et exemptées de la taxe sur le revenu des parts formant leur capital lorsque le capital n'est pas divisé en actions (L. 4 déc. 1913, R. E. 6078, I. 3405).

9. *Sociétés de crédit mutuel et de coopération agricoles.* — L'impôt sur le revenu n'est applicable ni aux parts d'intérêts ni aux emprunts ou obligations des sociétés de crédit mutuel et des sociétés coopératives agricoles. La même dispense est étendue aux sociétés d'intérêt collectif agricole ayant bénéficié d'avances de l'Etat (L. 5 août 1920, art. 31, R. E. 7144).

10. *Sociétés de caution mutuelle.* — Elles sont exemptes ainsi que les banques populaires, mais restent soumises au droit de communication (L. 13 mars 1917, R. E. 6589).

11. *Sociétés anonymes à participation ouvrière.* — Les sociétés anonymes à participation ouvrière constituées suivant les prescriptions de la loi et dans lesquelles le nombre des actions de travail est égal au moins au quart du nombre des actions de capital, sont exonérées, pour leurs actions de travail, de la taxe sur le revenu (L. 26 avril 1917, R. E. 6650).

12. *Retraites ouvrières.* — Les prêts consentis, en vue de l'exécution de la loi du 5 avril 1910, sur les retraites ouvrières, par les caisses patronales ou syndicales à des sociétés ou collectivités affiliées à la caisse, sont exonérés de la taxe sur le revenu (L. 5 avril 1910, D. 25 mars 1911, R. E. 5390).

13. *Intérêts statutaires.* — Sont passibles de la taxe les intérêts servis, en vertu des statuts, aux actions d'une société, même en l'absence de bénéfices (Cass. req., 27 déc. 1909, R. E. 4957-I ; 3302 § V).

14. *Augmentation de capital.* — Sont passibles de la taxe sur le revenu les bénéfices employés à l'augmentation du capital de la société, soit qu'ils aient été inscrits au crédit du compte de chaque action-

naire (Cass. req., 20 juill. 1911, R. E. 5365-I), soit qu'ils aient donné lieu à l'attribution d'actions nouvelles (Cass req., 3 avril 1911, R. E. 5309).

15. *Obligations créées à l'aide des réserves.* — Constituent des bénéfices passibles de la taxe les obligations négociables et productives d'intérêts remises aux associés en représentation de réserves provenant de bénéfices accumulés (Cass. civ., 19 janv. 1913, R. E. 5698-II).

16. *Parts de fondateur ; rachat.* — Lorsque des parts de fondateur évaluées, pour la perception de la taxe d'abonnement au timbre, à 500 fr., sont ensuite rachetées par la société moyennant 6.000 fr. chacune et annulées, la distribution aux porteurs de parts de l'excédent du prix de rachat sur la valeur initiale des titres n'est pas passible de la taxe sur le revenu dès lors que les fonds affectés à ce rachat proviennent de l'émission d'actions nouvelles (Cass. civ., 7 nov. 1910, R. E. 5173 ; — et sur renvoi, Melun, 11 juill. 1913, R. E. 6166-I ; Cass. req., 17 mai 1920).

Il en est de même si le prix du rachat est prélevé sur les fonds de roulement, mais la taxe devient exigible si l'amortissement de ce prix est ultérieurement effectué sur les bénéfices (Lyon, 15 juin 1915, R. E. 6498).

Le rachat effectué au moyen de primes versées par les nouveaux actionnaires est passible de la taxe sur la portion du prix excédant la valeur initiale des parts (Lisieux, 22 fév. 1917, R. E. 6710 et Cass. req., 21 janv. 1920, R. E. 7082).

Si le rachat des parts de fondateur est effectué non pas à l'aide de prélèvements sur les bénéfices, mais au moyen de fonds provenant d'une augmentation du capital social, il doit, sous peine de nullité de l'opération, être régulièrement voté par l'assemblée générale des actionnaires et publié dans les formes prescrites par les art. 55 et suivants de la loi du 24 juill. 1867 (Cass. civ., 20 juin 1917, R. E. 6767-I).

17. *Pièces à déposer.* — Les sociétés par actions sont tenues de déposer au bureau non seulement les extraits des délibérations des assemblées générales, mais encore les copies *in extenso* des comptes rendus des conseils d'administration présentés à ces assemblées (Cass. req., 24 juill. 1911, R. E. 5365-II).

18. *Sociétés à parts d'intérêt.* — Sont soumises à la taxe sur les bénéfices réellement distribués et non sur le forfait, les sociétés à parts d'intérêts dont les statuts confèrent à l'assemblée générale des intéressés le pouvoir de fixer les dividendes (Cass. req., 21 avril 1913, R. E. 5762).

19. *Forfait.* — Doivent entrer en ligne de compte pour la détermination du capital sur lequel se calcule le forfait, les sommes qu'une société prétend constituer de simples avances non productives d'intérêts, s'il résulte des faits et circonstances que ces sommes font, en réalité, partie du capital social (Cass. req., 2 fév. 1915, R. E. 6206).

20. *Tantièmes d'administrateurs.* — Sous l'empire de la loi du 29 juin 1872, les bénéfices alloués aux membres des conseils d'administration des sociétés n'étaient assujettis à la taxe que s'ils étaient attribués en représentation d'un apport d'industrie caractérisé, mais ils y échappaient s'ils pouvaient être considérés comme la rémunération du travail particulier fourni par les bénéficiaires (Voir T. A., V° *Impôt sur le revenu*, n°s 28 et 143).

Cette distinction ne doit plus être suivie depuis la loi du 13 juill. 1911 dont l'art. 12 assujettit à l'impôt sur le revenu les bénéfices qui, par suite de dispositions statutaires, sont distribués aux membres des conseils d'administration des sociétés (R. E. 5347-VI, I. 3325).

Trois conditions sont nécessaires pour que ce texte soit applicable. Il faut :

1° Qu'il s'agisse de bénéfices, ce qui exclut les traitements, jetons de présence et autres participations prélevées sur les frais généraux ;

2° Que l'allocation soit faite en vertu de dispositions statutaires ; il est nécessaire, d'ailleurs, que les statuts fixent le principe et la quotité des tantièmes et la taxe ne serait pas due si les allocations étaient faites par l'assemblée générale, même en vertu d'une faculté que lui en laisseraient les statuts (Beaune, 2 mai 1918, R. E. 6810) ;

3° Que les bénéfices soient alloués à des membres du conseil d'administration ; si, d'ailleurs, un administrateur remplissait, en outre, les fonctions d'administrateur délégué ou de directeur, l'opinion actuelle de l'administration est que les bénéfices qui lui seraient alloués par les statuts en ces dernières qualités seraient assujettis à l'impôt dès lors qu'ils seraient attribués à un membre du conseil d'administration (*Contrà*, R. E. 5643 et 6667).

Les dispositions de la loi du 29 juin 1872 sont applicables sous deux seules dérogations : la taxe est payée en une seule fois, sur le montant intégral des bénéfices distribués aux membres du conseil d'administration, dans les vingt jours de la mise en distribution ; — et, à l'appui du paiement, les sociétés sont tenues de déposer un état certifié indiquant le montant des bénéfices distribués (D. 22 août 1912, R. E. 5643, I. 3353).

21. *Sociétés civiles de mines dont l'exploitation est située dans les régions envahies ou dévastées par l'ennemi et qui désirent se transformer en sociétés anonymes.* — L'augmentation de capital réalisée en dehors de toute prorogation de durée de la société et exclusivement au moyen de valeurs prélevées sur le fonds social existant au moment de la transformation ne doit pas donner ouverture, à raison de ce prélèvement, à la taxe du revenu (L. 25 sept. 1919, art. unique, I. 3599, R. E. 7021).

22. L'immunité d'impôt n'est que provisoire : son exigibilité est simplement reportée à la date où les valeurs qui font l'objet du prélèvement seront distribuées aux ayants droit (I. 3599).

23. *Société française par actions possédant des titres nominatifs d'une autre société française et payant la taxe du revenu. Exonération.* — Lorsqu'une société française a reçu, en représentation de versements ou d'apports en nature ou en numéraire par elle faits à une autre société par actions, des actions, des obligations ou des parts bénéficiaires nominatives de cette dernière société, les dividendes distribués par la première société sont, pour chaque exercice, exonérés de la taxe du revenu dans la mesure des produits de ces parts, obligations ou actions, touchés par elle au cours de l'exercice, à la condition que ces parts, obligations ou actions soient restées inscrites au nom de la société (L. 31 juill. 1920, art. 27, I. 3636, R. E. 7144).

24. L'application de ce dernier texte est refusée quand les sociétés, mère et filiale, sont en nom collectif, en commandite simple, ou civiles à parts d'intérêts. Elle ne joue que tout autant que les deux sociétés sont françaises ; — que les titres attribués (actions, parts bénéficiaires ou obligations) sont nominatifs, ce qui exclut le cas des titres au porteur, mais non des titres mixtes ; — que l'attribution à la maison mère procède de versements ou d'apports faits à la filiale, ce qui exclut les titres achetés en Bourse, ceux acquis contre espèces en emploi de fonds disponibles ou dans un simple but de spéculation. Enfin, une dernière condition est nécessaire : c'est que les titres reçus par la société mère de sa filiale ne soient pas nets d'impôts, du moins quand il s'agit d'obligations (I. 3636).

25. L'exonération ne s'applique qu'aux produits distribués aux actionnaires de la société mère dans la mesure des revenus provenant des titres de la société filiale et touchés au cours même de l'exercice qui motive la distribution.

26. *Sociétés françaises de gestion de titres étrangers.* — Lorsqu'une société française réunit en vue d'assurer les droits des porteurs français, les actions ou obligations d'une ou plusieurs sociétés étrangères et qu'elle délivre, en représentation de ces actions ou obligations, des titres spéciaux émis par elle-même comportant l'indication précise des titres que chacun d'eux a pour but de remplacer, les produits de ces titres sont, pour chaque exercice, exonérés de la taxe sur le revenu dans la mesure où il est justifié qu'ils correspondent aux dividendes et intérêts distribués par la ou les sociétés étrangères pour le même exercice et que ces revenus ont acquitté l'impôt prévu par les art. 31, 33, 42 L. 29 mars 1914, 11 L. 30 déc. 1916, et 50 L. 25 juin 1920 (L. 31 juill. 1920, art. 30, I. 3636, R. E. 7144).

27. Le terme société est pris dans son sens large, il comprend les syndicats de gestion ; d'autre part, l'identification des titres étrangers représentés est une condition indispensable ; enfin, il doit être justifié que les distributions faites aux détenteurs de certificats par la société française proviennent bien des produits des valeurs des collectivités étrangères dont elle a assumé la gestion. Quant aux titres étrangers, ils ne bénéficient d'aucune exemption.

28. *Emprunts des colonies*. — L'art. 31, L. 29 mars 1914 assujettit à la taxe sur le revenu les dividendes, intérêts, arrérages et tous autres produits des rentes, obligations et autres effets publics des colonies françaises (R. E. 6032, I. 3410 et 3412).

Les rentes et autres effets publics des colonies françaises sont ainsi assimilés aux valeurs françaises et la perception de la taxe doit être effectuée sur les mêmes bases et dans les mêmes conditions que pour les titres des sociétés françaises. Il s'agit, d'ailleurs, d'un impôt métropolitain payable en France et la loi du 29 mars 1914 n'est pas applicable dans les colonies. Pour la perception, les colonies adressent, avant le 1er mars de chaque année, l'état de leurs emprunts et le montant de la taxe, qui est payable dans les 20 premiers jours de chaque trimestre, est encaissé par les trésoriers-payeurs coloniaux et transmis, au moyen d'un mandat sur le Trésor, au bureau de la taxe sur le revenu, à Paris, chargé de l'encaisser.

La loi ne visant, d'ailleurs, que les *colonies françaises*, la taxe n'est pas due sur les emprunts des villes coloniales (D. M. F. 7 juin 1915, R. E. 6346, I. 3449, § 13).

29. *Rentes sur l'Etat*. — Les emprunts émis par l'Etat pendant la guerre sont exempts de la taxe sur le revenu (LL. 16 nov. 1915, art. 1er, R. E. 6293 ; — 15 sept. 1916, R. E. 6494 ; — 26 oct. 1917, R. E. 6744 ; — 19 sept. 1918, R. E. 6790 ; — 30 déc. 1919, R. E. 7020 ; — 2 août 1920, R. E. 7144), ainsi que les obligations de la Défense Nationale (LL. 10 fév. 1915 et 16 fév. 1917, D. 13 fév. 1915 et 9 fév. 1917, R. E. 6590).

30. *Emprunts à l'étranger... par les départements et les communes*. — Sont exempts d'impôt sur le revenu (LL. 28 sept. 1916, 29 sept. 1919, I. 3652, R. E. 7037).

31... *par les chemins de fer d'intérêt général et les chemins de fer de l'Etat*. — Les séries spéciales d'obligations émises en représentation de ces emprunts sont soumises au régime fiscal applicable aux titres émis par les sociétés étrangères qui n'acquittent pas, par abonnement, les taxes de timbre, de transmission et du revenu (L. 27 mars 1920, R. E. 7095). Les justifications à fournir à l'Administration par les compagnies émettrices sont réglées par A. M. 11 sept. 1920, R. E. 7144.

32. *Sociétés françaises de banque et de crédit empruntant pour prêter à des commerçants ou industriels français*. — Les arrérages, intérêts et autres produits des prêts consentis sous une forme quelconque à des commerçants ou industriels français ou résidant en France, par des sociétés françaises de banque ou de crédit constituées par actions qui émettent, en représentation de ces prêts, des obligations ou autres titres d'emprunt soumis eux-mêmes à la taxe du revenu, sont exempts d'impôt. Les prêts exonérés ne peuvent jamais excéder le montant des obligations et titres émis et il doit être justifié, par la société de banque et de crédit, de la qualité de ces emprunteurs (L. 31 juil. 1920, art. 29, I. 3636, R. E. 7144).

33. Les emprunts des sociétés prêteuses peuvent avoir lieu par voie d'émission d'obligations ou autrement ; ce qui importe, c'est que les titres soient soumis à l'impôt sur le revenu ; d'un autre côté, les prêts appelés à bénéficier de l'exemption comprennent non seulement ceux qui donnent lieu à la création de titres négociables, mais encore ceux qui sont réalisés de toute autre manière, par exemple sous forme d'ouvertures de crédit, de billets simples, etc...

34. *Groupement de sinistrés dans les régions dévastées*. — Sont exempts de la taxe sur le revenu, les intérêts compris dans les annuités dues par l'Etat, ainsi que les intérêts des emprunts contractés par les sinistrés des régions dévastées et groupements de sinistrés (L. 31 juill. 1920, art. 157, I. 3625, R. E. 7144).

35. *Remboursement d'impôt au profit des titulaires de certaines obligations et dont le revenu net n'excède pas 6.000 fr.* — Les titulaires de titres nominatifs d'obligations émis par les villes ou départements français, le Crédit foncier de France et les sociétés ou compagnies concessionnaires de chemins de fer français ou coloniaux ont droit au remboursement de la *moitié* de l'impôt sur le revenu des capitaux mobiliers payé par eux par voie de retenue sur le montant des arrérages ou intérêts de leurs titres par application des art. 1 nº 2 L. 29 juin 1872 et 31 L. 29 mars 1914, à la condition : *a*) qu'ils justifient avoir une résidence habituelle en France au 1er janvier de l'année pendant laquelle ils ont touché les dits arrérages ou intérêts ; *b*) qu'ils certifient que le montant du revenu global net dont ils ont disposé durant cette année, calculé de la manière prescrite par les lois en vigueur pour l'établissement de l'impôt général sur le revenu, n'a pas dépassé 6 000 fr. Ce remboursement ne pourra être demandé que pendant l'année qui suivra celle de la perception des arrérages ou intérêts. Toute déclaration inexacte est punie d'une amende égale au quintuple des taxes dont le remboursement aura été obtenu sans que cette amende puisse être inférieure à 500 fr. majorés des 2 décimes et demi édictés art. 110, L. 25 juin 1920. Un règlement d'administration publique doit déterminer les conditions d'application des dispositions qui précèdent (L. 25 juin 1920, art. 51).

INDIGENTS. — **1**. Les actes ou expéditions nécessaires à un indigent pour contracter mariage, sont visés pour timbre et enregistrés gratis au vu d'un certificat constatant l'indigence de celui des futurs qu'ils concernent (D. M. F. 26 nov. 1912, I. 3370 § 23, R. E. 5956).

2. Les dispositions L. 18 mai 1850 sont applicables aux mariages contractés en France par les Italiens tant que les Français jouiront en Italie des mêmes avantages (D. 5 juin 1914, I. 3413 § 20, R. E. 6074).

3. Les pièces relatives aux mariages entre Italiens et Belges ou entre Italiens et Espagnols, en France, bénéficient de la gratuité en cas d'indigence des intéressés (R. E. 6773-IV).

INSUFFISANCE. — **1.** En matière de mutations à titre gratuit et d'échanges, les immeubles sont évalués d'après leur valeur vénale réelle à la date de la transmission (L. 27 mai 1918, art. 1er, I. 3563, R. E. 6785).

2. Cette valeur est déterminée d'après la déclaration estimative des parties (même art.).

3. Toutefois, si dans l'année qui a précédé ou suivi soit l'acte de donation ou d'échange, soit le point de départ des délais de déclaration de succession, les immeubles transmis ont fait l'objet d'une adjudication publique dans les conditions définies à l'art. 26, L. 15 juill. 1914, les droits sont calculés sur le prix de l'adjudication, à moins qu'il ne soit justifié d'une modification de la valeur de l'immeuble survenue entre l'adjudication et le fait qui aura donné lieu à la perception des droits (L. 27 mai 1918, art. 2).

4. Même s'il n'y a pas eu transformation de l'immeuble dans sa consistance, les parties peuvent en produisant les justifications nécessaires demander que l'impôt soit perçu sur leur déclaration estimative.

5. De son côté, l'Administration est autorisée à prendre pour base de la liquidation des droits une déclaration estimative à souscrire par les parties, toutes les fois qu'elle est en mesure de justifier que, par suite d'une dépréciation de l'immeuble, le prix de l'adjudication est inférieur à la valeur réelle au jour de la mutation.

6. Sur ce point, la loi de 1918 modifie la loi du 15 juill. 1914, qui prescrivait, pour l'assiette du droit de succession, de prendre pour base le prix, augmenté des charges, des immeubles héréditaires vendus par adjudication publique avant l'expiration des délais fixés par les déclarations ou dans les six mois suivant l'expiration de ces délais, soit devant notaire commis, soit à la barre du tribunal, les étrangers admis avec la publicité prescrite par le Code de procédure civile (L. 15 juill. 1914, art. 26, I. 3415, R. E. 6033).

7. En dehors du cas où l'impôt est perçu sur le prix de l'adjudication judiciaire, les droits sont liquidés d'après la déclaration estimative quelle que soit la nature des immeubles. Une déclaration en revenu capitalisé ne satisferait donc pas au vœu de la loi.

8. Les redevables dont la déclaration n'est pas admise en sont avisés par lettre motivée et recommandée : ils ont la faculté de présenter des observations justificatives dans le délai d'un mois à partir de la réception de la lettre d'avis qui leur a été adressée (L. 27 mai 1918, art. 3).

9. L'Administration prescrit d'envoyer des lettres recommandées à tous les débiteurs solidaires de l'impôt, étant observé que cet envoi n'interrompt pas la prescription.

10. Si la partie reconnaît l'insuffisance, elle souscrit une soumission dans les formes habituelles avec engagement de payer les droits simples et, le cas échéant, les pénalités exigibles.

11. L'insuffisance reconnue par un accord intervenu en exécution de l'art. 3, L. 1918 ne comporte pas de pénalité, à moins qu'elle ne présente le caractère de dissimulation frauduleuse, auquel cas le double droit en sus est encouru (ainsi complété L. 29 juin 1918).

12 Si un accord n'intervient pas, — porte l'art. 4 modifié par l'art. 11, L. 29 juin 1918, — l'insuffisance est constatée par voie d'expertise dans les formes prescrites par l'art. 5, L. 27 fév. 1912, et par les dispositions non contraires des lois antérieures (V. *Procédure*).

13. L'insuffisance constatée — à défaut d'accord amiable dans le mois — donne lieu à une amende toutes les fois que les frais d'expertise tombent à la charge du redevable (LL. 27 mai 1918, art. 4, et 27 ventôse an IX, art. 5), c'est-à-dire lorsque l'insuffisance est égale ou inférieure à un dixième de la valeur déclarée.

14. L'amende est de un quart du droit en sus si l'insuffisance, supérieure à un dixième, est inférieure à un cinquième, de un demi-droit en sus si l'insuffisance, égale ou supérieure à un cinquième, est inférieure à un quart ; d'un droit en sus, si l'insuffisance est égale ou supérieure à un quart (art. 5, L. 27 mai 1918, modifié par l'art. 11, L. 29 juin 1918).

15. Toutefois, — mais sans préjudice du paiement des frais à la charge des contrevenants, — il est fait remise du quart de l'amende encourue si l'insuffisance est reconnue avant le dépôt du rapport des experts (art. 5, L. 27 mai 1918, maintenu par l'art. 11, L 29 juin 1918).

16. La loi du 11 nov. 1918 a étendu les règles nouvelles d'évaluation des immeubles aux immeubles compris dans les successions ou les donations soumises au tarif édicté L. 31 déc. 1917, sous la réserve toutefois que les perceptions régulièrement effectuées conformément aux lois en vigueur sur les biens compris dans les déclarations et les donations enregistrées dans les délais légaux ne seront pas révisées au profit du Trésor (I. 3567, R. E. 6826).

17. Si donc l'enregistrement de l'acte de donation ou de la déclaration de mutation par décès n'a pas été effectué dans le délai légal, la perception peut être révisée à la demande de l'Administration comme à celle des parties.

18. Mais il ne peut être exigé, dans ce cas, qu'un supplément de droit simple sans pénalité.

19. Sous l'empire de la législation qui prescrivait l'évaluation en revenu, il a été jugé : que quand le revenu des biens à taxer est fixé par équivalence dans l'acte, il n'y a lieu, ni à déclaration estimative, ni à expertise ; pas plus qu'on ne peut se prévaloir d'un bail à colonat partiaire qui ne stipule aucun prix (Cass. req., 25 avril 1914, I. 3434-2, R. E, 6042).

20... que l'art. 7, L. 26 déc. 1908 s'applique limitativement aux immeubles bâtis non loués autres que les usines à l'exclusion des immeubles loués même par location verbale (Cass. civ., 28 juill. 1914, I. 3434, R. E. 6082) ;

21... que lorsqu'un immeuble bâti n'est loué qu'en partie, le revenu de la partie louée est déterminé par le prix exprimé dans les baux et celui de la partie non louée par la valeur locative — à ventiler — servant d'assiette à l'impôt foncier (Cass. civ., 28 juill. 1914, R. E. 6083 ; Comp. Sol. 9 janv. 1915, I. 3449, § 8, R. E. 0329) ;

22... que l'insuffisance du revenu peut être établie, sans qu'il y ait lieu de recourir à l'expertise, par un acte émanant des parties fixant la valeur vénale des biens, le revenu pouvant, à l'aide de cet acte, être déterminé au vingtième de la dite valeur (Cass. civ., 24 janv. 1912, I. 3345-5, R. E. 5487).

23. L'insuffisance d'évaluation d'un fonds de commerce transmis par décès ne peut être établie par voie d'expertise que si celle-ci est requise dans les trois mois de la déclaration de succession (Cass. civ., 21 fév. 1912, R. E. 5547).

24. Le délai d'expertise des fonds de commerce et de clientèle a été maintenu à 3 mois à partir soit de l'enregistrement de l'acte ou de la déclaration de mutation, soit de la déclaration de succession (L. 18 avril 1918, I. 3547, R. E. 6784).

25. Dans tous les autres cas où l'Administration est autorisée par les lois en vigueur à requérir une expertise, son action est prescrite par deux ans à compter de l'enregistrement de l'acte ou de la déclaration quel que soit l'objet de l'expertise (L. 18 avril 1918).

26. Par suite, les insuffisances de prix de vente de biens immeubles peuvent être réprimées dans un délai double que précédemment.

27. En matière d'actes soumis à l'ancien droit gradué, si, dans le délai de deux ans à partir de l'enregistrement, l'évaluation des sommes ou valeurs ayant servi de base à la perception du droit proportionel est reconnue insuffisante, il est perçu des droits simples supplémentaires (L. 27 fév. 1912, art. 4, I. 3339, R. E. 5504).

28. L'insuffisance se distingue de la dissimulation qui comporte la peine du double droit en sus au minimum de 50 fr.

29. La dissimulation et l'insuffisance peuvent être établies par tous les modes de preuve admis pour constater les insuffisances ou omissions en matière de mutations par décès (L. 27 fév. 1912, art. 4).

INTÉRÊT. — **1**. Le taux de l'intérêt légal est porté à 5 0/0 en matière civile et à 6 0/0 en matière commerciale (L. 18 avril 1918, art. 2, I. 3542, R. E. 6789).

2. En Algérie, le taux de l'intérêt légal en matière civile ou commerciale est fixé à 6 0/0 (même loi, art. 3).

3. La limitation du taux conventionnel, en matière civile, est suspendue pendant une période qui ne pourra être inférieure à 5 ans à partir de la cessation des hostilités, soit du 24 oct. 1919 (même loi, art. 1).

INVENTAIRE.— **1**. Les procès-verbaux d'ouverture des coffres-forts tenus en location, des plis cachetés et des cassettes fermées remis en dépôt, qui sont dressés en exécution des dispositions de la loi du 18 avril 1918 concernant les mesures contre les fraudes fiscales, sont exempts de timbre et enregistrés gratis (L. 18 avril 1918, art. 1, § 4, et art. 6, I. 3547, R. E. 6784).

2. Toutefois, il ne pourra pas en être délivré expédition et il ne pourra pas en être fait usage en justice par acte public ou devant toute autorité constituée, sans que les droits de timbre et d'enregistrement aient été acquittés (même loi, art. 1, § 4, et art. 6).

3. La délivrance d'expédition et l'usage, sans paiement préalable des droits, comportent les mêmes sanctions que soit la délivrance des expéditions ou copies, soit l'usage d'actes non timbrés et non enregistrés, en général.

4. En ce qui concerne les titres ou pièces trouvés dans le coffre, le pli ou la cassette et énumérés au procès-verbal, il y a lieu d'appliquer les principes admis en matière d'inventaire.

5. L'énonciation, dans le procès-verbal, de titres étrangers non abonnés au timbre rentre dans les prévisions de l'art. 7, L. 31 déc. 1907.

6. L'inventaire descriptif et estimatif des objets mobiliers garnissant les locaux réquisitionnés pour l'installation ou le logement provisoire des réfugiés et rapatriés est exempt des formalités de timbre et d'enregistrement (L. 19 avril 1918, I. 3540, R. E. 6830).

JUGEMENT.— **1**. Les droits fixes et minimas sont doublés en principal, mais ne comportent plus l'addition de décimes. Toutefois le droit minimum de 150 fr. applicable aux arrêts de Cour d'appel confirmant une adoption ou prononçant un divorce n'est porté qu'à 200 fr. décimes compris (L. 25 juin 1920, art. 28, I. 3626, R. E. 7125).

2. Le jugement qui admet un membre d'une congrégation religieuse à l'exercice du droit de retour basé sur l'existence des libéralités antérieurement faites par le demandeur, constitue le titre du lien de droit originaire formé entre le donataire et la donatrice et se trouve soumis, comme tel, au droit de donation en vertu de la disposition finale de l'art. 69, § 2 n° 9, L. 22 frim. an VII relative aux conventions non constatées par un titre enregistré reconnues en justice (Cass. req., 19 nov. 1912, I. 3362-5, R. E. 5653).

3 Le droit de donation perçu en vertu de l'art. 6, L. 18 mai 1850 sur une décision judiciaire contenant la reconnaissance d'un don manuel fait partie intégrante des droits exigibles sur cette décision et doit être compris dans les dépens (Cass. civ., 14 janv. 1914, R. E. 6162).

4. Lorsqu'un jugement prononce la résiliation d'un bail, cette disposition est désormais exempte du droit proportionnel de mutation par application L. 18 janv. 1912 (Sol. 8 avril 1915, I. 3466-2, R. E. 6479).

5. Le droit de condamnation est dû sur le jugement qui ordonne au conseil judiciaire d'un prodigue de restituer à ce dernier des valeurs mobilières lui appartenant (Cass. civ., 19 nov. 1913, I. 3413-5, R. E. 5921).

6. La perception du droit de liquidation est subordonnée à la seule condition que la liquidation s'applique à des sommes et valeurs mobilières jusqu'alors indéterminées et incertaines dans leur quotité, qu'il y ait ou non contestation sur le fond du droit. Elle doit être effectuée notamment lorsque le juge qui ordonne le partage d'une succession en détermine, par avance, les bases précises, en évaluant la consistance incertaine des biens héréditaires et le rapport dû par l'un des cohéritiers (Cass. civ., 12 janv. 1914, I. 3413 6, R. E. 5943).

7 La taxe d'homologation est due sur l'intégralité de l'actif d'une succession partagée entre majeurs et mineurs par une décision d'un tribunal étranger agissant, en vertu de la loi locale, comme autorité tutélaire supérieure (Cass. civ., 22 oct. 1913, I. 3413-3, R. E. 5892).

8. Le double droit, pour le cas d'enregistrement hors délai d'un jugement, n'est pas applicable au droit de titre dû à l'occasion de conventions antérieures dont le jugement se borne à constater l'existence. Il en est autrement en ce qui concerne le droit exigible sur une opération qui ne procède pas d'une convention antérieure, mais résulte du jugement lui-même, telle qu'une libération par compensation (Cass. civ., 9 déc. 1912, R. E. 5667).

9. Le défendeur à une action en responsabilité qui se trouve déchargé de toute condamnation comme conséquence du débouté du demandeur profite du jugement et, comme tel, est redevable des droits simples et en sus exigibles sur ce jugement et sur les décisions d'avant faire droit qui l'ont précédé (Cass. req., 3 nov. 1919, R. E. 7041).

10. La loi du 17 avril 1919 sur la réparation des dommages causés par faits de guerre dispose que les décisions, ainsi que les extraits

ou copies, grosses ou expéditions qui en seront délivrés et spécialement tous les actes de procédure auxquels donne lieu son application devant les commissions cantonales et devant le tribunal des dommages de guerre, sont exempts du timbre et de l'enregistrement (art. 35, I. 3625, R. E. 6967) : l'immunité s'applique aux formalités elles-mêmes.

LIVRET. — **1.** L'exemption de timbre et d'enregistrement des certificats de travail des ouvriers, employés ou serviteurs a été confirmée par la loi du 28 déc. 1910 (R. E. 5481).

2. Elle est acquise même si le certificat renferme d'autres indications que celles touchant la date de l'entrée de la personne qui a engagé ses services, la date de sa sortie et l'espèce de travail auquel elle a été employée, sous la seule condition que ces indications ne contiennent ni obligation, ni quittance, ni aucune autre convention donnant lieu au droit proportionnel (L. 18 juill. 1917, I. 3515, R. E. 6672).

LOI. — **1.** *Promulgation.* — Les moyens exceptionnels édictés par l'art. 4 de l'ordonnance du 27 nov. 1816 et l'art. 1er de l'ordonnance additionnelle du 18 janv. 1917 pour assurer et hâter la promulgation, la publication et la mise en vigueur effective des lois, restent à la disposition du gouvernement, aucune abrogation des textes précités ne résultant de l'art. 2, § 2, D. 5 nov. 1870 (Cass. crim., 8 nov. 1918, R. E. 6859).

2. *Application.* — Dans les parties d'arrondissement envahies par l'ennemi, alors que le chef-lieu ne l'a pas été, les lois et décrets ne deviennent obligatoires qu'après la disparition de la force majeure faisant obstacle aux communications (R. E. 7140-IX).

LOTISSEMENT. — **1.** Lorsque des immeubles compris sous un même numéro cadastral feront l'objet d'un lotissement ou d'un partage ou licitation amiable ou judiciaire, il doit être annexé au contrat ou cahier des charges un plan de morcellement à l'échelle du plan cadastral certifié par les parties ainsi que, le cas échéant, le procès-verbal de bornage, ces pièces étant dans tous les cas affranchies des droits de timbre et dispensées d'enregistrement (L. 1er mars 1918, I. 3544, R. E. 6783).

2. Ces prescriptions sont générales. Elles sont obligatoires pour tous les immeubles et visent tous les actes translatifs de propriété.

3. En cas de ventes judiciaires, ce sont les avoués, mandataires, qui certifient les pièces à annexer.

MAINLEVÉE. — **1.** Le taux du droit proportionnel a été porté de 0.20 0/0 en principal à 0.50 0/0 sans décimes (L. 29 juin 1918, art. 15, I. 3554, R. E. 6786).

2. Il n'est pas innové en ce qui concerne les mainlevées partielles d'hypothèques qui, en cas de simple réduction de l'inscription, restent soumises au droit fixe maximum porté à 10 fr. sans décimes.

3. De même, les mainlevées d'hypothèques maritimes sont toujours passibles du droit de 0.20 0/00 en principal. S'il y a seulement réduction de l'inscription, le droit ne peut dépasser le droit fixe de 10 fr.

4. Les mainlevées totales ou partielles d'hypothèques fluviales sont également assujetties au droit de 0.20 0/00 ; quand il y a seulement réduction le droit fixe maximum de 10 fr. est seul dû (L. 5 juill. 1917, R. E. 6709).

5. En matière de faillite, si l'inscription après homologation du concordat, prévue par l'art. 517 C. com., n'a pas été requise, la mainlevée de l'inscription prise en vertu de l'art. 490, C. com. n'est passible que du droit fixe de 5 fr. (Sol. 21 août 1911, I. 3335, § 16, R. E. 5522).

6. L'Administration n'est pas fondée à réclamer le droit de quittance sur l'acte de mainlevée pure et simple consenti par le gouverneur du Crédit foncier de France, autorisé par le conseil d'administration, d'une inscription prise contre un débiteur hypothécaire qui s'est libéré des causes de cette inscription (Cass. req., 5 mars 1912, R. E. 5546). — V. *Dissimulation* et *Insuffisance*.

MAINMORTE. — 1. Le taux de la taxe de mainmorte a été élevé à 170 centimes par franc du principal de la contribution foncière des propriétés bâties et à 105 centimes par franc du principal de la contribution foncière des propriétés non bâties, sauf pour les biens des départements, communes et établissements publics d'assistance et de bienfaisance à l'égard desquels le montant des centimes restait respectivement fixé à 112. 5 et 70 en principal (L. 30 juill. 1913, R. E. 5800). Ces taux comportaient l'addition du double décime et demi.

2. A partir du 1er janv. 1918, la taxe a été portée à 260 centimes par franc du principal de la contribution foncière des propriétés bâties et non bâties. Toutefois, ce taux est réduit à 170 centimes par franc pour les biens appartenant aux départements, communes, établissements publics d'assistance et de bienfaisance, sociétés, fondations et offices d'habitations à bon marché, et établissements d'utilité publique dont les ressources sont exclusivement affectées à des œuvres d'assistance et de bienfaisance (L. 29 juin 1918, art. 6, R. E. 6786). Ces taux ne sont pas à majorer de décimes.

3. A partir du 1er janv. 1920, la même taxe est calculée à raison de 130 centimes par franc du principal de la contribution foncière des propriétés bâties et non bâties. Toutefois, ce taux est réduit à 85 centimes par franc en ce qui concerne : 1° les biens appartenant aux départements, communes et établissements publics d'assistance

et de bienfaisance visés art. 2, L. 30 juill. 1913, ainsi qu'aux sociétés, fondations et offices d'habitations à bon marché constitués conformément LL. 12 avr. 1906, 10 avr. 1908, 23 déc. 1912 ; 2° les biens appartenant à des établissements d'utilité publique dont les ressources sont exclusivement affectées à des œuvres d'assistance et de bienfaisance et en tant seulement que ces biens ont été affectés et continuent d'être affectés réellement à ces œuvres (L. 31 juill. 1920, art. 5, R. E. 7144).

MANDAT. — **1.** Les avocats, devant toutes les juridictions, et les avoués, devant les tribunaux de commerce de leur ressort, sont dispensés de présenter une procuration (L. 13 juill 1911, art. 96, 97, R. E. 5347).

2. Le pouvoir donné, pour le représenter, par un membre d'un conseil de famille, est dispensé des droits de timbre et d'enregistrement (L. 20 mars 1917, I. 3509, R. E. 6671.

3. Cette immunité d'impôts s'applique quel que soit l'objet des délibérations, même quand le conseil est réuni pour statuer sur une autorisation de vente d'immeubles (R. E. 6817-I).

MARCHÉ. — **1.** Le taux du droit proportionnel des adjudications et marchés pour constructions, réparations, entretien, approvisionnements et fournitures dont le prix doit être payé directement par le Trésor, est porté à 1 0/0 sans décimes (L. 29 juin 1918, art 15, I. 3554, R. E. 6786).

2. Le même droit frappe désormais les cautionnements relatifs aux adjudications et marchés dont il s'agit (même loi).

3. Les adjudications et marchés passés en France, par une autorité administrative, pour le compte des colonies ou des pays de protectorat et dont le prix doit être payé par les budgets locaux, ainsi que les cautionnements y relatifs, restent passibles du droit de 0 20 0/0 en principal (L. 13 mars 1903).

4. Sont exemptes du droit proportionnel et assujetties seulement au droit fixe, les conventions relatives aux transports à exécuter pour le compte de l'Etat ou des colonies (L. 30 déc. 1911, R. E. 5554).

5. La dispense de timbre et d'enregistrement a été accordée : aux marchés administratifs ayant pour objet l'approvisionnement de la population civile en vivres et en moyens de chauffage pendant la guerre (LL. 29 juill. 1916, I. 3485, R. E. 6516 ; 23 oct. 1919, I. 3603).

6... aux marchés relatifs à la reconstitution agricole des départements victimes de l'invasion (L. 3 août 1917, I. 3516, R. E 6721) ;

7... aux marchés relatifs à la reconstitution industrielle des mêmes départements (L. 6 août 1917, I. 3516, R. E. 6705) ;

8... aux marchés passés pour les besoins des ordinaires de la troupe (D. 1er mai 1920, R. E. 7113).

9. Elle s'applique aux marchés passés par les sociétés coopératives de reconstruction constituées entre personnes ayant droit à des indemnités pour dommages de guerre immobiliers (L. 15 août 1920, R. E. 7144 ; D. 9 oct. 1920, I. 3642), ainsi qu'aux marchés passés par les unions de ces mêmes sociétés.

10. Les marchés passés hors de France, pour le compte de la métropole, par les fonctionnaires de la guerre et de la marine, ne sont assujettis à la formalité de l'enregistrement qu'en cas d'usage (D. M. F. 17 fév. 1911, I. 3322, § 8, R. E. 5395).

11. La déclaration estimative imposée par l'art. 16, L. frim. n'a qu'un caractère provisoire lorsque l'évaluation faite par les parties peut varier selon les événements ultérieurs. Si ces événements font ressortir un dépassement, les droits simples supplémentaires exigibles ne sont soumis qu'à la prescription trentenaire (Cass. civ., 19 juin 1912, I. 3362-1, R. E. 5590). — V. *Prescription*.

12. Le caractère de marché appartient au traité par lequel une ville cède l'entreprise des services extérieurs des pompes funèbres à un particulier qui s'engage à faire, pour la ville, un travail déterminé et reste soumis au contrôle de l'autorité municipale (Cass. req., 23 oct. 1918, R. E. 6860).

MARINE MARCHANDE. — 1. Les engagements de matelots et gens de l'équipage sont exempts d'enregistrement (L. 28 déc. 1910, R. E. 5481).

2. Le taux du droit à percevoir sur les actes ou procès-verbaux de vente de marchandises avariées par suite d'événements de mer ou de débris de navires naufragés est porté à 1 0/0 sans décimes (L. 29 juin 1918, art. 151, I. 3554, R. E. 6786). — V. *Dissimulation*, *Insuffisance*.

3. Sont soumises au droit proportionnel de 5 0/0 sans décimes, les mutations à titre onéreux de propriété ou d'usufruit, soit totales, soit partielles, de navires et bateaux de toute nature servant à la navigation maritime ou à la navigation intérieure dont la jauge nette est supérieure à 100 tonnes (L. 25 juin 1920, art. 24, I. 3626, R. E. 7125, abrogeant quant au tarif L. 30 déc. 1916, art. 10, I. 3493, R. E. 6535).

4. Le droit est perçu soit sur l'acte ou le procès-verbal de vente, soit sur la déclaration faite pour obtenir la francisation ou l'immatricule au nom du nouveau possesseur (L. 30 déc. 1916).

5. Les mutations à titre gratuit de navires, soit entre vifs, soit par décès restent soumises aux droits ordinaires édictés pour cette catégorie de transmissions.

6. L'enregistrement au droit fixe demeure acquis non seulement aux mutations à titre onéreux de navires ou bateaux ne dépassant

pas 100 tonnes ; mais encore aux marchés de construction de navires destinés à la navigation maritime.

7. Les actes d'acquisition de navires par l'Etat doivent être enregistrés gratuitement : ils sont soumis au timbre de dimension (I. 3535, R. E. 6822).

8. Quant aux marchés de construction de navires passés par l'Etat, ils sont passibles du droit fixe (D. M. F. 21 juillet 1911, I. 3345, § 9, R. E. 5684), à moins qu'il ne s'agisse de bateaux servant à la navigation intérieure, auquel cas l'impôt serait dû au tarif proportionnel de 0.20 0/0 (L. 28 avril 1893, art. 19) porté à 1 0/0, sans décimes, par l'art. 15, L. 29 juin 1918 (I. 3535, R. E. 6822).

MAROC. — **1.** Les actes et jugements passés ou rendus au Maroc, dont il est fait usage en France soit par acte public soit devant une autorité constituée, sont assimilés à ceux passés ou rendus dans une colonie où l'enregistrement et le timbre sont établis (L. 29 sept. 1917, art. 4, I. 3523, R. E. 6737).

2. Un dahir chérifien du 14 janv. 1917 admet la réciprocité (I. 3523).

3. Le régime d'imputation réciproque des droits de timbre et d'enregistrement résulte des textes ci-après : pour l'Algérie (D. 13 nov. 1918, R. E. 6849) ; le Sénégal (D. 9 avril 1919, R. E. 6907) ; l'Afrique équatoriale (D. 6 fév. 1919, R. E. 6870) ; la Martinique (D. 4 fév. 1919, R. E. 6871) ; la Guadeloupe (D. 4 fév. 1919, R. E. 6871) ; la Guyane française (D. 4 juill. 1919, R. E. 6964) ; l'Indo-Chine (D. 1er mars 1919, R. E. 6871) ; les Etablissements français de l'Inde (D. 22 juill. 1919, R. E. 6963) ; la Tunisie (D. 9 déc. 1919, R. E. 7023).

MARQUE DE FABRIQUE. — V. *Propriété industrielle.*

MINES. — **1.** La loi du 21 avril 1810 a été modifiée en ce qui concerne la durée des concessions et la participation de l'Etat aux bénéfices (L. 9 sept. 1919, R. E. 6971).

2. Aux termes de l'art. 5 de la loi nouvelle, l'exploitation des mines est considérée comme un acte de commerce. Cette disposition s'applique aux sociétés civiles existantes, sans qu'il y ait lieu pour cela de modifier leurs statuts.

3. Jugé, entre parties, que la transaction portant sur le droit de pratiquer des recherches de mines dans un périmètre déterminé et d'obtenir la rétrocession de la concession après qu'elle aura été accordée, n'a pour objet que l'exercice d'un droit mobilier (Cass. req., 17 juill. 1911, R. E. 5512).

4. La valeur des travaux et installations nécessaires à l'exploitation d'une carrière de marbre et à l'extraction du gisement que le concessionnaire est tenu d'exécuter à ses frais, en sus de la redevance qui lui est imposée, constitue un supplément de prix qui doit être ajouté au montant cumulé des redevances pour la perception du droit actuel de 5 0/0 (Cass. req., 2 fév. 1914, R. E. 5941).

V. *Impôt sur le revenu.*

MONT-DE-PIÉTÉ. — **1**. Les monts-de-piété, qui sont autorisés, sauf avis préalable du conseil municipal, à prendre le titre de Caisse de crédit municipal suivi du nom de la ville où ils sont établis (D. 24 oct. 1918), constituent des établissements publics (C. d'Etat, 20 juin 1919, R. E. 7013).

2. Les intérêts des prêts sur gages consentis par les monts-de-piété sont affranchis de la taxe sur le revenu des créances, dépôts et cautionnements ; les intérêts des emprunts des mêmes établissements sont, pour une période de 15 ans, commencée le 1er janv. 1919, affranchis de l'impôt sur le revenu (L. 16 oct. 1919, I. 3602, R. E. 7002).

MUTATION SECRÈTE D'IMMEUBLES. — **1**. Les actes sous seings privés portant transmission de propriété, d'usufruit ou de jouissance de biens immeubles doivent être enregistrés au bureau de la situation de ces biens (L. 29 juin 1918, art. 13, I. 3554, R. E. 6786).

2. Cette disposition est applicable, depuis le 1er juill. 1918, tous les actes de la catégorie ci-dessus, quelle que soit leur date.

3. En cas de transmission par un seul et même acte de biens immobiliers situés dans le ressort de plusieurs bureaux, la formalité peut être requise indifféremment à l'un quelconque de ces bureaux (R. E. 6931-XV).

4. Si l'acte sous seings privés est déposé en l'étude d'un notaire, son enregistrement a lieu en même temps que l'acte de dépôt quelle que soit la situation des biens (R. E. 6931-XV).

5. Les prescriptions de la loi du 29 juin 1918 ne s'appliquent pas aux déclarations de mutations verbales de propriété, d'usufruit ou de jouissance d'immeubles. Ces déclarations peuvent dès lors être effectuées à un bureau quelconque.

6. Le jugement qui constate qu'un acquéreur d'immeubles n'a été que le prête-nom d'une congrégation dissoute depuis, et maintient ces immeubles dans la masse à liquider, n'engendre pas le droit proportionnel de mutation (Cass., 24 juil. 1918).

7. Est légale la perception du droit de vente effectuée au moment de l'enregistrement d'actes qui contiennent la preuve d'une mutation secrète et qui sont régulièrement parvenus à la connaissance de l'Administration (Cass. req., 15 janv. 1913, I. 3370-4, R. E. 5713).

V. *Acte sous seing privé*, 18.

NANTISSEMENT. — **1.** La loi du 31 juill. 1913 modifie la loi du 17 mars 1909 relative à la vente et au nantissement des fonds de commerce, mais n'apporte aucun changement au régime fiscal (R. E. 5802).

2. Les éléments immobilisés ne peuvent être compris dans le nantissement d'un fonds de commerce (Cass. req., 20 janv. 1913, R. E. 5993).

3. Les actes de dépôt, les inscriptions et les certificats faits ou délivrés par les greffiers en vertu LL. 17 mars et 1er août 1909 n'ont pas à être inscrits au répertoire (D. M. F. 25 janv. 1911, I. 3322 § 11, R. E. 5405).

4. Les extraits ou expéditions d'actes de l'état civil produits au greffier en vue de l'accomplissement d'une formalité prévue par L. 1909 peuvent être établis sur papier non timbré, à condition de faire mention de leur destination (D. M. F. 8 août 1914, I. 3434, § 15, R. E. 6268).

5. Lorsqu'un fonds de commerce est remis à titre de nantissement d'une ouverture de crédit, la taxe de 0,05 0/0 n'est pas due lors de l'enregistrement de cet acte, du moins tant que le crédit n'est pas réalisé (*Contrà*, D. M. F. 4 juill. 1914, I. 3434, § 11, R. E. 6264).

6. Les héritiers, donataires ou légataires peuvent remettre en garantie des droits de succession différés des titres de rente sur l'Etat ou des obligations de la Défense nationale. La constitution, la réalisation et la restitution de ce gage sont dispensées de tous droits de timbre et d'enregistrement (L. 14 nov. 1918, I. 3568, R. E. 6836).

V. *Banques coloniales*, *Dette publique* et *Prêt sur dépôt*.

OBLIGATION. — **1.** Le droit de 1 0/0 est applicable à l'acte notarié par lequel une société coopérative agricole se reconnait débitrice d'avances que l'Etat lui a consenties (Sol. 26 juill. 1911 ; I. 3335, § 17, R. E. 5524).

2. Le droit fixe est seul applicable à l'acte notarié constatant la *prorogation du délai* de remboursement d'un emprunt hypothécaire, représenté par des obligations négociables abonnées au timbre.

Si, au contraire, les titres avaient été timbrés au comptant à l'origine, l'exemption du droit de 0,20 0/0 (actuellement 1 0/0) sur l'acte de prorogation serait subordonnée au paiement d'un nouveau droit de timbre (solution analysée R. E. 5799-III).

OFFICE. — **1.** Les transmissions d'offices ministériels sont assujetties à un tarif progressif et par tranches fixé comme il suit : jusqu'à 2 000 fr. : 2 0/0 ; — de 2.000 à 5.000 fr. : 3 0/0 ; — de 5 000 à 50.000 fr. : 4 0/0 ; — de 50.000 à 100.000 fr. : 5 0/0 ; — au-dessus de

100.000 fr. : 6 0/0 ; le tout sans décimes (L. 30 juill. 1913, art. 10, I. 3371, R. E. 5800).

2. Il n'est pas innové quant aux règles de perception afférentes aux transmissions à titre gratuit, mais le tarif progressif est substitué au droit de 2 0/0 dans tous les cas où ce dernier droit servait à fixer le montant de l'impôt à percevoir.

3. La loi du 30 juill. 1913 élève, par ailleurs, la quotité du cautionnement qui doit déterminer le minimum du droit d'enregistrement exigible.

Ce droit ne peut être en aucun cas inférieur à 10 0/0, 12 0/0, 15 0/0, 18 0/0, 20 0/0 du cautionnement attaché à la fonction ou à l'emploi, suivant que le prix de la cession, augmenté des charges, ou la valeur de l'office, ne dépasse pas respectivement 2.000 fr., 5.000 fr., 50.000 fr., 100.000 fr. ou excède ce dernier chiffre (même art. 10).

4. En cas de créations nouvelles de charges, ou en cas de nomination de nouveaux titulaires sans présentation par suite de destitution ou tout autre motif, le droit à percevoir sur les décrets qui y pourvoient est fixé à 20 0/0, 24 0/0, 30 0/0, 36 0/0, 40 0/0 du cautionnement attaché à la fonction ou à l'emploi suivant que la valeur de l'office ne dépasse pas respectivement 2 000 fr, 5.000 fr., 50.000 fr., 100.000 fr. ou excède ce dernier chiffre (art. 10).

5. Le classement de l'office dans l'une des cinq catégories est déterminé pour la perception et sous les sanctions prévues par l'art. 11 L. 25 juin 1841, par la déclaration que le nouveau titulaire est tenu de souscrire sur l'ampliation du décret de nomination.

6. Si, comme condition de leur nomination, les nouveaux titulaires sont soumis à payer une somme déterminée pour la valeur de l'office, le droit est exigible conformément à l'art. 12, L. 25 juin 1841 sur cette indemnité, d'après les tarifs fixés au n° 1 qui précède, sauf l'application des minima de 10, 12, 15, 18 et 20 0/0 du cautionnement.

7. Lorsqu'un notaire cède à plusieurs de ses confrères, par acte sous seing privé, son office dont la suppression est projetée, moyennant un prix que les cessionnaires doivent payer dans des proportions déterminées, le tarif progressif est applicable sur la part contributive de chacun de ces derniers et non sur le prix global.

V. *Contre-lettre* et *Dissimulation*.

OPÉRATIONS DE BOURSE. — 1. Le taux de la taxe porté à 0,15 par 1.000 fr. ou fraction de 1.000 fr. du montant de la négociation pour les achats et les ventes de valeurs de toute nature au comptant et à terme ; et à 0,0375 par 1.000 fr. pour les opérations de reports (L. 15 juill. 1914, art. 31, I. 3415, R. E. 6033), a été élevé respectivement à 0,30 et à 0,10 par 1000 fr. (L. 25 juin 1920, art. 46, I. 3626, R. E. 7125).

2. Il n'est pas innové en ce qui concerne les opérations relatives aux rentes sur l'État français.

3. La loi du 28 avril 1893 ne vise que les opérations de Bourse proprement dites qui se traitent entre acheteur et vendeur par l'entremise d'un agent de change s'il s'agit de valeurs cotées, ou de tous autres intermédiaires s'il s'agit de valeurs non cotées. Elle est étrangère au cas où une banque place dans le public, et à des conditions déterminées, des titres d'emprunt de collectivités quelconques et cela sans distinguer si la banque agit pour son compte ou comme simple mandataire (Cass. civ., 25 fév. 1918, R. E. 6804).

4. Les bordereaux rédigés conformément à l'art. 28 L. 28 avril 1893 doivent faire ressortir distinctement le montant de l'impôt payé au Trésor et le montant des courtages ou commissions revenant au rédacteur du bordereau (L. 25 juin 1920, art. 47).

5. Sous la dénomination de bordereau il faut comprendre non seulement les bordereaux délivrés par les agents de change, mais également les documents analogues remis aux intéressés par les assujettis autres que les agents de change.

6. Les contraventions à l'art 47, L. 25 juin 1920 sont punies de l'amende de 100 à 5.000 fr. édictée art. 32, L. 28 avr. 1893 (I. 3626).

OPÉRATIONS DE BOURSE DE COMMERCE. — 1. Toute opération d'achat ou de vente de marchandises à terme ou à livrer traitée aux conditions des règlements établis dans les Bourses de commerce est assujettie à un droit fixe de 2 centimes par 5 quintaux ou 5 hectolitres de marchandises ou denrées faisant l'objet de l'opération suivant que l'unité marchande est exprimée en poids ou en volume (L. 27 fév. 1912, art. 9, I. 3339, R. E. 5504).

2. Ce droit est réduit à 1 centime pour les marchandises et denrées dont la moyenne des cours pendant les cinq dernières années est inférieure à 40 fr. par quintal ou hectolitre (même art.) (V. la nomenclature I. 3393).

3. Le droit est dû pour chaque achat et pour chaque vente. Il n'est pas soumis aux décimes (même art.).

4. Les courtiers, commissionnaires et toutes autres personnes faisant commerce habituel de recueillir des offres et des demandes relatives aux marchés à terme ou à livrer de marchandises et denrées dont le trafic à livrer est réglementé dans les Bourses de commerce, doivent tenir un répertoire où sont consignées les opérations d'achat ou de vente à livrer ou à terme traitées aux conditions intégrales des règlements établis dans lesdites Bourses (L. 13 juill. 1911,

art. 10 § 1, I. 3325 § 4, R. E. 5347, modifiée par L. 27 fév. 1912, art. 8, R E. 5504).

5. Le répertoire doit être coté et paraphé par le président du tribunal de commerce. Les énonciations qu'il doit contenir sont spécifiées par le D. 21 juin 1913 (I. 3377, R. E. 5828).

6. Les extraits du répertoire sont déposés au bureau de l'enregistrement entre le 10 et le 15, entre le 25 et le dernier jour de chaque mois, avec les droits exigibles (D. 21 juin 1913, art. 7).

7. A défaut d'opérations, l'extrait porte la mention « néant » (D. 21 juin 1913, art. 8).

8. Les courtiers, commissionnaires et toutes autres personnes astreintes à la tenue du répertoire doivent faire une déclaration préalable au bureau désigné par l'Administration et acquitter personnellement les droits, à moins qu'ils ne justifient du paiement de ces droits par l'autre partie, sauf leur recours contre celle-ci, si elle n'est pas assujettie à la déclaration prescrite, et dans tous les cas contre le donneur d'ordre (LL. 27 fév. 1912, art. 10 ; — 21 juin 1913, art. 3).

9. La déclaration est reçue dans la forme prévue au D. précité.

10. Les courtiers, commissionnaires et toutes autres personnes visées ci dessus sont tenues de communiquer leur répertoire à toute réquisition aux agents de l'Administration (L. 27 fév. 1912, art. 10, § 3).

11. L'Administration a, en outre, le droit d'exiger la communication des filières pendant un délai de 3 ans à partir de la date à laquelle elles auront été arrêtées (L. 27 fév. 1912, art. 10 § 4).

12. Toute inexactitude ou omission soit au répertoire, soit à l'extrait du répertoire est punie d'une amende égale au vingtième du montant des opérations sur lesquelles a porté l'inexactitude ou l'omission, sans que cette amende puisse être inférieure à 3.000 fr. (L. 27 fév. 1912, art. 11 § 1).

13. Toute autre infraction aux dispositions de la loi et du règlement d'administration publique est punie d'une amende de 100 fr. à 5.000 fr. (même art., § 2).

14. L'action de l'Administration pour le recouvrement des droits et amendes est prescrite par un délai de 3 ans à compter du jour de la négociation ou de l'infraction commise (même art., § 3).

ORDRE DE VIREMENT. — V. *Reçu*, § 4.

PARTAGE. — **1.** Le taux du droit proportionnel de partage a été porté de 0,20 0/0 en principal à 0,50 0/0 sans décimes (L. 29 juin 1918, art. 15, I. 3554, R. E. 6786).

2. Les parts et portions acquises par licitation, ainsi que les retours et soultes de partages donnent ouverture au droit de 5 0/0 sans décimes s'il s'agit de meubles (L. 25 juin 1920, art. 24) et de 8 0/0 sans décimes s'il s'agit d'immeubles (L. 25 juin 1920, art. 25, I. 3626, R. E. 7125).

3. Le tarif du droit de transcription est porté à 2 0/0 sans décimes (L. 25 juin 1920, art. 25).

4. La licitation, restrictive d'indivision, indépendante de tout partage, donne ouverture au droit actuel de 10 0/0 (Cass. civ., 2 fév. 1915, I. 3419-1, R. E. 6160). L'exactitude de cette décision prête à discussion, et nous estimons que l'impôt à percevoir doit se liquider aux taux actuels de 8 0/0 plus 2 0/0 pour droit de transcription (R. E. 6160 obs.).

5. Lors, au contraire, que la licitation, restrictive, se rattache à un partage — qu'elle constitue un acte préparatoire de celui-ci, ou qu'elle en forme une opération complémentaire — le droit de transcription n'est pas exigible et il n'est dû que le droit actuel de 8 0/0 (Cass. civ., 3 déc. 1913, R. E. 5870. Conf. entre parties, Cass. req., 8 nov. 1910, R. E. 5871).

6. La licitation des biens de mineurs réalisée sans l'accomplissement des formalités prescrites en pareille matière n'est pas, de ce seul fait, passible du droit de transcription, attendu que, nonobstant l'état de minorité du ou des colicitants acquéreurs, ceux-ci se trouvent dans l'impossibilité d'assurer aux créanciers une propriété incommutable et, partant, ne peuvent purger (Lille, 10 juill. 1909, R. E. 6160).

7. Quand la veuve, ou tout autre légataire de la quotité disponible, est en concours avec des héritiers réservataires, l'adjudication tranchée à son profit est passible du droit de transcription (Cass. civ., 14 déc. 1910, R. E. 5199).

8. Mais ce dernier droit n'est pas dû quand un héritier du sang, en même temps légataire conjoint, se rend adjudicataire d'immeubles dépendant de l'hérédité, attendu qu'en sa première qualité non répudiée il est tenu *ultra vires* et ne peut, par suite, purger (Cass. civ., 14 mai 1919, R. E. 7015).

9. Depuis la loi du 18 janv. 1912, et sauf l'effet de la prescription, on ne peut considérer comme définitivement acquis au Trésor les droits perçus sur les licitations, lorsqu'un partage postérieur attribue au colicitant son prix d'adjudication (Sol. 23-28 nov. 1912, I. 3370, § 18, R. E. 5935). — V. *Restitution*.

10. Les actes de partage sont soumis aux dispositions des art. 7 LL. 27 févr. 1912 et 7 et 8 L. 18 avril 1918 (V. *Dissimulation*).

11. Une dérogation temporaire à l'art. 815 C. civ. a été apportée par la loi du 19 mars 1917 (I. 3505, R. E. 6587) complétée par celle du 18 mars 1918 (R. E. 6743). — V. *Insuffisance*.

PARTAGE D'ASCENDANT. — **1.** La quotité du droit de mutation entre vifs sur les donations-partages faites conformément aux art. 1075 et 1076 C. civ. par les père et mère et autres ascendants est fixée aux taux, sans décimes, ci-après : entre plus de deux enfants vivants ou représentés, 2.50 0/0 ; entre deux enfants vivants ou représentés, 4.50 0/0 ; entre les descendants d'un enfant unique, 6.50 0/0 (L. 25 juin 1920, art. 32, I. 3626, R. E. 7125. V. les tarifs édictés L. 31 déc. 1917, art. 14, I. 3526, R. E. 6776, *supra*, *Donation*, 1).

2. Pour l'application du tarif il y a lieu d'ajouter au nombre des enfants vivants ou représentés du donateur : *a*) tout enfant du donateur décédé après 16 ans révolus ; *b*) tout enfant mort avant l'âge de 16 ans qui aura été tué par l'ennemi au cours des hostilités ou sera décédé des suites de faits de guerre, soit durant les hostilités, soit dans l'année à compter de la cessation des hostilités (L. 25 juin 1920, art. 34. V. pour la période antérieure L. 31 déc. 1917, art. 15).

3. Le bénéfice de cette dernière disposition est subordonné à la production : dans le premier cas : *a*) d'une expédition de l'acte de décès de l'enfant, et, dans le second cas : *b*) d'un acte de notoriété délivré sans frais par le juge de paix du domicile de l'enfant et établissant les circonstances de la blessure et de la mort (L. 25 juin 1920, art. 34).

4. La donation à titre de partage anticipé faite sous l'empire de la loi du 31 déc. 1917 par un ascendant aux descendants de son unique enfant n'était passible que du droit de 2 0/0 sans décimes édicté par la loi du 8 avril 1910 (R. E. 6931-V).

5. Pour l'évaluation des biens immeubles transmis, on applique les règles exposées au mot *Donation*.

6. Le droit de mutation à titre onéreux est dû indépendamment du droit de donation sur la soulte dont l'un des lots d'un partage d'ascendants est grevé au profit de l'autre. Il en est ainsi alors même que la soulte est attribuée partie à l'enfant héritier des ascendants et partie aux enfants dudit héritier auxquels leurs grands-parents font donation de la quotité disponible (Cass. req., 9 mai 1911, I. 3335-I, R. E. 5329).

PASSEPORT. — **1.** Le prix des passeports à l'intérieur et à l'étranger est fixé à 5 fr. sans décimes. Dans cette somme sont compris les frais de papier et timbre et tous frais d'expédition. Le montant de la taxe sera imprimé sur les passeports (L. 31 déc. 1917, art. 15, R. E. 6882).

2. Chaque visa de passeport auquel il sera procédé en France donnera lieu à la perception d'un droit de 2 fr. en principal (même art., § 2).

3. Les passeports à délivrer aux personnes véritablement indigentes et reconnues hors d'état d'en acquitter le montant continueront à être délivrés gratuitement. Ils seront exemptés du droit de visa (même art., § 3).

4. L'application des dispositions qui précèdent est subordonnée à l'intervention d'un règlement d'administration publique qui n'a pas encore été émis.

PÊCHE

Location de pêche et de chasse (V. *suprà*, V° *Chasse*).

PERMIS DE CHASSE. — **1.** Le droit de timbre est de 80 fr. s'il s'agit d'un permis de chasse valable pour tout le territoire français et de 20 fr. si le permis est utilisable seulement dans le département où il a été délivré et dans les arrondissements limitrophes ; la perception communale, qui s'ajoute dans les deux cas, étant de 20 fr. (L. 25 juin 1920, art. 44, I. 3626, R. E. 7125).

2. Les permis de chasse, à quelque époque qu'ils soient délivrés, sont valables pour une année à dater du 1er juillet (L. 25 juin 1920, art. 45).

3. Les permis délivrés postérieurement au 13 janv. 1920, et utilisables comme permis général à partir du 1er juillet, ont dû acquitter, pour la période restant à courir, un complément de droit (L. 25 juin 1920, art. 45) dont la perception a été réglée (D. 24 juill. 1920, I 3631).

PIÈCES DE COMPTABILITÉ. — **1.** Les maxima prévus pour les traités de gré à gré et pour les achats sans marché concernant les communes et les établissements publics de bienfaisance ont été élevés par la loi du 17 juin 1918 (R E. 6777). V. aussi D. 23 août, 2 sept. 1919, R. E. 7008, 7100.

2. Le fonctionnement financier des comités départementaux des mutilés et réformés de la guerre constitués en exécution de la loi du 2 janv. 1918, qui a créé l'Office national des mutilés et réformés, est réglé par un arrêté ministériel du 19 nov. 1918 (R E. 6827).

L'Office national est un établissement public Les quittances délivrées par l'agent comptable sont assujetties au timbre actuel de 0.25, 0,50 ou 1 fr. à la charge de la partie prenante.

3. Le droit de timbre-quittance n'est pas dû sur l'acquit donné sur le bordereau de remboursement d'une obligation communale amortie, quand le titre de cette obligation y est joint (Circ. Compt. 21 mai 1915, R. E. 6660).

4. Sont passibles du timbre de dimension savoir : les états rédigés sous forme de quittances et annexés à des mandats de paiement de dépenses communales inférieures à 10 fr., dès lors que ces états contenant le détail et la nature de la dépense et portant la signature du créancier, constituent, malgré leur qualification, de véritables factures ou mémoires destinés à provoquer l'ordonnancement des sommes dues (D. M. F. 15 fév. 1911, I. 3322 § 15, R. E. 5406) ;

5... les mémoires de dépenses acquittées par des régisseurs ou autres intermédiaires (C. Comptes, 27 avril 1915, R. E. 6614).

6... les mémoires de fournitures faites par l'administration des musées nationaux à des établissements d'instruction publique dont les dépenses incombent au département ou à la commune, mais non s'il s'agit d'un lycée ou d'un autre établissement entretenu aux frais et sur le budget de l'Etat (D. M. F. 10 déc. 1909, I. 3312 § 15, R. E. 5291) ;

7... les mémoires de fournitures faites pour les bureaux du service des enfants assistés (C. Comptes, 25 mai 1914, R. E. 6484) ;

8. Au contraire, ont été reconnus exempts du timbre de dimension, savoir : les mémoires des fournisseurs de l'assistance médicale gratuite (D. M. F. 19 fév. 1912, I. 3345 § 18, R. E. 5685) ;

9... les mémoires de frais de tournées des inspecteurs du travail ou de tous autres fonctionnaires de l'Etat (Circ Compt., 13 mars 1919, R. E. 6951).

10. Lorsqu'il s'agit de dépenses de l'Etat, le coût du timbre de dimension est à la charge du créancier.

Il en est ainsi en cas de production par un avocat d'un mémoire d'honoraires de plaidoiries (C. Compt., 9 mars 1911, R. E. 5579). Mais on admet que les états de frais taxés produits par les officiers ministériels ne constituent pas des mémoires : on les considère comme des actes de procédure dont les frais de timbre, admis en taxe, sont susceptibles d'être remboursés par l'Etat (R. E. 5579).

POIDS ET MESURES. — **1**. Les procès verbaux des vérificateurs des poids et mesures doivent, à peine de nullité, être affirmés au plus tard le lendemain de leur clôture — non dans les 24 heures ; — ils doivent être enregistrés, non pas dans les 4 jours, mais dans les 15 jours de leur affirmation (Cass. crim., 8 fév. 1917, R. E. 6757).

2. Les agents de l'enregistrement doivent constater et poursuivre les contraventions aux dispositions de la loi du 4 juill. 1837 qui sont portées à leur connaissance par les vérificateurs des poids et mesures (D. M. F. 23 juill. 1910, I. 3312 § 18, R. E. 5294).

PRESCRIPTION. — **1**. Les dispositions de l'art. 61 de la loi du 22 frim. an VII ont été remplacées par celles de la L. 31 janv. 1914 (I. 3395, R. E. 5939)

2. Il y a prescription pour la demande des droits : 1° après un délai de 2 ans à compter de l'enregistrement d'un acte ou autre document ou d'une déclaration qui révèleraient suffisamment l'exigibilité de ces droits, sans qu'il soit nécessaire de recourir à des recherches ultérieures (L. 1914, § 2).

3. De simples indices mettant seulement les préposés à même de soupçonner les contraventions, de les rechercher, de les découvrir à l'aide d'autres actes ou de rapprochements ultérieurs sont insuffisants pour faire courir le délai.

4. Mais il n'est pas nécessaire que l'acte, le document ou la déclaration enregistrés forment le titre de l'exigibilité de l'impôt, qu'ils en renferment les éléments de liquidation : il suffit qu'ils révèlent cette exigibilité.

5. L'enregistrement de l'acte révélateur à un bureau incompétent ne fait pas courir le délai de prescription ; mais il en est autrement si la formalité est régulièrement donnée par un receveur autre que celui qui est chargé de la perception des droits dont l'exigibilité se manifeste.

6. Il n'est pas nécessaire que l'acte ou la déclaration révélant l'exigibilité des droits émane de l'une des parties à qui l'Administration doit réclamer ces droits.

7... 2° après un délai de deux ans à compter du jour de l'enregistrement s'il s'agit d'une fausse évaluation en revenu et pour la constater par voie d'expertise (L. 1914 § 2).

8. D'après la loi du 27 mai 1918 (R. E. 6785) complétée par la loi du 29 juin 1918 (R. E. 6786), les immeubles transmis soit à titre gratuit entre vifs ou par décès, soit par voie d'échange, sont désormais évalués en valeur vénale ; et, dans tous les cas, sauf en matière de fonds de commerce, le délai d'expertise a été porté ou maintenu à deux ans par l'art. 15 L. 18 avril 1918 (V. *Insuffisance*).

9... 3° et 4° après 10 ans à compter du jour soit de l'enregistrement, soit du décès, s'il s'agit d'une omission dans une déclaration de succession ou d'une succession non déclarée (L. 1914 § 2).

Ce délai de 10 ans a été porté à 20 ans par l'art. 11 L. 18 avril 1918 (I. 3547, R. E. 6784).

10. La même prescription de 20 ans est applicable à l'action en recouvrement des droits supplémentaires et des pénalités exigibles à raison, savoir :

...des sommes recouvrées sur des débiteurs en état de faillite, de liquidation judiciaire ou de déconfiture, en sus de celles évaluées dans la déclaration de succession du créancier (L. 18 avril 1918, art. 11, R. E. 6784) ;

11... des indications inexactes tant dans les actes de donation entre vifs ou dans les déclarations de succession, du lien ou du degré de parenté entre le donateur ou le défunt et les donataires héritiers ou légataires ; que du nombre d'enfants du défunt ou de l'héritier donataire ou légataire (L. 18 avril 1918, art. 13, I. 3547, R. E. 6784).

12. Il n'est pas dérogé aux dispositions de l'art. 26 L. 8 juill. 1852 ni à celles qui ont établi des prescriptions plus courtes que celles fixées ci-dessus, porte la loi de 1914 (§ 3).

13. Par suite, en matière de *mutation par décès de rentes sur l'Etat*, la prescription des droits simples et en sus reste fixée à 30 ans (Conf. L. 18 avril 1918, art. 11, R. E. 6784).

14. Quant aux prescriptions plus courtes que celle de 2 ans, il ne subsiste plus aujourd'hui que celle de 3 mois édictée en matière de *fonds de commerce*, la loi du 18 avril 1918 précitée ayant porté, dans tous les autres cas, le délai d'expertise à 2 ans (R. E. 6784).

15. Les délais nouveaux de prescription régissent toutes les affaires où les anciens délais n'étaient pas encore expirés lors de la promulgation du texte en étendant la durée (Comp. Seine, 4 fév. 1913, R. E. 5752).

16. Toutefois, et sans qu'il en puisse résulter une prolongation des délais, les prescriptions prévues tant par les n°s 3 et 4 de la loi de 1914 (n° 9 ci-dessus) que par l'art. 26 L. 8 juill. 1852 (n°s 12 et 13) sont réduites à 2 ans à compter du jour de l'enregistrement d'un écrit ou d'une déclaration qui révéleraient suffisamment l'exigibilité des droits sans qu'il fût nécessaire de recourir à des recherches ultérieures (L. 1914 § 4).

17. Cette dernière disposition — nonobstant la légère différence de rédaction qu'on y relève — s'interprète comme celle qui fait l'objet du second paragraphe 1° de la loi de 1914 (V. n°s 2 et suiv. ci-dessus).

18. L'action de l'Administration à l'égard de toute personne autre que les héritiers, donataires ou légataires, en cas d'*ouverture irrégulière des coffres forts*, plis cachetés ou cassettes, se prescrit par 5 ans à compter du jour de ladite ouverture (L. 18 avril 1918, art. 3 et 6, I. 3547, R. E. 6784).

19. Les poursuites correctionnelles en cas d'*affirmation frauduleuse* sont engagées dans les 5 ans de ladite affirmation (L. 18 avril 1918, art. 9, I. 3547, R. E. 6784).

20 La prescription en matière d'*opérations de Bourse de commerce* est de 3 ans à compter du jour de la négociation ou de l'infraction commise (L. 27 fév. 1912, art. 11 § 3, I. 3339, R. E. 5504).

21. Le même délai de 3 ans à compter de la découverte de l'infraction était édicté pour le recouvrement des *taxes sur les paiements* non perçues (L. 31 déc. 1917, art. 26 § 5, I. 3532, R. E. 6775). Pour les *ventes au détail et à la consommation*, la taxe est définitivement acquise au Trésor si le rendu ou l'échange a lieu après deux mois, ou si l'exportation n'est pas faite dans les trois mois.

22. L'action de l'Administration en matière d'*impôt sur le chiffre* *d'affaires* se prescrit par 3 ans à compter de l'infraction (L. 25 juin 1910, art. 70, I. 3632, R. E. 7125).

23. Pour la restitution des droits en cas de *réduction de loyers*, V. L. 9 mars 1918, art. 31, *suprà*, V° *Bail*, n°s 9 et 10.

24. *Restitution.* — Sauf ce qui est dit ci-après, n°s 24 et suiv., l'action en restitution est prescrite après un délai de 2 ans à partir du paiement des droits simples d'enregistrement, des droits en sus et des amendes (L. 31 janv. 1914, art. unique § 6, I. 3395, R. E. 5939).

25. Sous le nouveau régime, c'est le jour du paiement des droits indûment perçus qui fixe le point de départ de la prescription. Le remboursement doit donc être demandé dans les 2 ans de la perception, même pour les droits acquittés sans formalité effective.

26. Pour les droits régulièrement perçus, mais restituables en vertu de la loi du 18 janv. 1912 (V. *Restitution*), le délai est de 1 an à compter du jour où est née l'action en restitution, sans toutefois que celle-ci puisse être intentée plus de 5 ans après le jour de la perception (L. 31 janv. 1914 § 7).

27. D'après l'Administration, les prescriptions de 1 an et de 5 ans sont spéciales aux droits devenus restituables par l'effet d'un événement postérieur à la perception ; lorsque la restitution est, au contraire, motivée par une erreur de fait, il y a lieu d'appliquer la prescription biennale (I. 3395).

28. C'est le jour où s'est produit l'événement qui donne lieu à restitution et non celui où les parties en ont connaissance qui fixe le point de départ du délai d'un an.

29. La fixation de la date de l'événement est une question de fait. S'il s'agit d'une annulation judiciaire le droit à la restitution ne naît que du jour où le jugement ou l'arrêt est devenu définitif par l'expiration des délais d'opposition ou d'appel (I. 3395).

30. L'action en restitution des redevables, en matière d'*impôt sur le chiffre d'affaires*, se prescrit par 2 ans à compter du paiement (L. 25 juin 1920, art 70).

31. L'*astreinte*, lorsqu'on peut la considérer comme ayant pour objet des droits de timbre et des droits d'enregistrement, est restituable pendant 5 ans (R. E. 5939).

32. Les prescriptions sont *interrompues* par des demandes signifiées et enregistrées avant l'expiration des délais ; mais elles sont acquises irrévocablement si les poursuites commencées sont discontinuées pendant une année sans qu'il y ait d'instance devant les juges compétents, quand bien même le premier délai pour la prescription ne serait pas expiré (L. 31 janv. 1914, art. unique § 7).

33. Bien que le texte qui précède diffère de celui de l'ancien art. 61 L. 22 frim. an VII, il y a lieu de décider que la *péremption annale* — aujourd'hui comme antérieurement à 1914 — ne s'applique qu'aux prescriptions visées par l'art. 61 lui-même, c'est-à-dire aux courtes prescriptions, à l'exclusion de la prescription trentenaire.

34 Dans cette interprétation, la prescription de 30 ans est valablement interrompue par une demande signifiée avant son échéance, bien que cette demande ne soit enregistrée qu'après l'expiration du délai.

35. Sous le régime antérieur à la loi du 31 janv. 1914, il a été décidé : que les droits simples exigibles sur un acte produit se prescrivent par 30 ans (Cass. civ., 17 mars 1914, R. E. 6014). Cette solution ne sera exacte désormais que si l'exigibilité des droits n'a pas été suffisamment révélée par l'enregistrement d'un acte ou autre document ou d'une déclaration.

36. Jugé que la demande en restitution des droits perçus sur une adjudication annulée en justice est prescrite après 2 ans du jour de l'enregistrement de cette déclaration (Cass. civ., 22 mai 1911, R. E. 5330). Sous l'empire de la loi de 1914, cette demande est recevable dans l'année du jour où l'annulation judiciaire est devenue définitive, à la condition que la perception litigieuse ne remonte pas à plus de 5 ans.

37. Le décret loi des 16-19 juill. 1793 a, par dérogation au droit commun, conféré un caractère suspensif au *pourvoi en cassation* dans les affaires où il s'agit d'un paiement à la charge d'une caisse de l'Etat. En conséquence, le délai de déchéance quinquennale ne court pas pendant la durée de la procédure devant la Cour de cassation, il ne recommence à courir au profit du Trésor qu'à dater du 1er janvier de l'année pendant laquelle l'arrêt est rendu (D. M. F. 5 mai 1913, I. 3370 § 25, R. E. 5934).

38. *Moratorium*. — Le décret du 10 août 1914, pris en exécution de la loi du 5 du même mois, a suspendu, pendant la durée de la mobilisation et jusqu'à la cessation des hostilités, toutes prescriptions et péremptions en matière civile, commerciale ou administrative (I. 3420, R. E. 6034).

39. Les dispositions de ce décret s'appliquaient aux prescriptions édictées en matière fiscale ; elles pouvaient être invoquées aussi bien par le Trésor que par les contribuables (Conf. Dôle, 3 déc. 1918, R. E. 6888).

40. Le caractère général imprimé tout d'abord à la mesure n'a pas été maintenu.

41. Aux termes de la loi du 4 juill. 1915, les effets de la loi et du décret de 1914 sont limités aux prescriptions, péremptions et autres délais ayant pris cours avant ou depuis le 2 août 1914, qui se trouveront acquis ou prendront fin avant ou pendant le cours des 6 mois suivant le jour de la cessation des hostilités (art. 1, I. 3451, R. E. 6254 et 6376).

42. Quant aux prescriptions, péremptions et délais qui auraient été acquis ou auraient pris fin dans les 6 mois de la date de la cessation des hostilités, ils doivent être prolongés de 6 mois à compter du jour où leur accomplissement ou leur échéance eût dû normalement se produire (L. 4 juill. 1915, art. 3, R. E. 6254).

43. La date de la cessation des hostilités est celle du 24 oct. 1919, date de la promulgation (ou mieux de la publication) au *Journal officiel* de la loi du 23 du même mois (R. E 7001). Cette dernière loi a été promulguée aux colonies par D. 28 oct. 1919 (R. E. 7001).

44. Il en résulte que les prescriptions commencées avant le 1er août 1914, qui expiraient normalement avant le 24 oct. 1919, sont prolongées d'une durée égale à celle qui restait à courir de la mobilisation, sans que toutefois cette prolongation soit moindre de 30 jours comptés depuis la date de la cessation des hostilités ; que les prescriptions expirant normalement du 24 oct. 1919 au 23 avril 1920 inclus ont été prolongées de 6 mois à compter de leur date normale d'expiration ; enfin que les prescriptions expirant normalement à partir du 24 avril 1920 ne font l'objet d'aucune prolongation.

V. *Impôt sur le revenu.*

PRÊT SUR DÉPOT. — **1.** Sont dispensés du timbre et seront enregistrés gratis quand la formalité sera requise, les actes d'avances sur titres de fonds d'Etat français ou valeurs émises par le Trésor français (L. 11 sept. 1919, art. 1er, R E. 6972, Inst. 3646).

2. A l'égard des actes sous seings privés d'avances sur toutes autres valeurs, il est dû un droit de timbre de 0,25 par 100 fr. ou fraction de 100 fr. du montant de l'avance (même loi, art. 2 § 1).

3. Ce droit de timbre est acquitté au moyen de l'apposition de timbres mobiles d'effets de commerce (Inst. 3646 § 6) sur l'original conservé par le prêteur. Celui-ci doit mentionner, sur le double remis à l'emprunteur, que le droit de timbre, dont le montant est rappelé, a été acquitté sur l'original (art. 2 § 2).

4. Les timbres sont oblitérés par l'apposition soit de la signature du prêteur soit d'une griffe, la date de l'oblitération devant toujours être mentionnée (art. 3).

5. Toute contravention est punie d'une amende de 6 0/0 en principal de l'avance consentie, au minimum de 50 francs en principal, à la charge de chacun des prêteurs et emprunteurs (art. 4).

6. Les mêmes actes sous seings privés d'avances sur autres valeurs que des rentes sur l'Etat sont soumis au droit d'enregistrement de 1 0/0 sans décimes (art. 5 § 1).

7. Toutefois, par dérogation aux art. 12 et 14, L. 29 juin 1918, ces actes sont dispensés de l'enregistrement dans un délai déterminé, ainsi que du dépôt d'un double au bureau de l'enregistrement (art. 5 § 2) et ne sont pas astreints à l'art. 13 de la loi précitée qui détermine le bureau compétent pour l'enregistrement des actes synallagmatiques (Inst. 3646, alin. 11).

8. Par dérogation à la loi du 8 sept. 1830, les actes d'avances inférieures à 300 fr. supportent le nouveau droit proportionnel d'enregistrement (art. 6 ; V. Inst. 3646 alin. 10, note 1 pour les avances de 300 fr. à 600 fr.).

9. La loi nouvelle s'applique exclusivement aux actes synallagmatiques d'avances visés par la L. 29 juin 1918 (R. E. 6786).

10. Si l'avance est faite sur des rentes françaises ou valeurs assimilées et sur d'autres titres, les droits de timbre et d'enregistrement doivent, semble-t-il, se liquider sur l'avance afférente à ces derniers titres, à fixer par déclaration des parties.

11. L'amende de timbre se calcule, le cas échéant, sur les mêmes bases, mais elle est due au taux de 6 0/0, avec minimum de 50 fr. en principal, sur le montant de l'avance passible de l'impôt quelle que soit la nature de la contravention : timbre non apposé sur l'original conservé par le prêteur, non oblitéré ou insuffisamment oblitéré. Toutefois si le timbre apposé est insuffisant, l'Administration décide que l'amende proportionnelle ne porte que sur la somme pour laquelle le timbre de 0,25 0/0 n'a pas été employé (Inst. 3646, alin. 8).

12. *Ouverture de crédit partiellement réalisée.* — L'acte constatant une ouverture de crédit avec nantissement de titres est régi par la loi du 11 sept. 1919. Si le nantissement consiste en effets publics français, l'acte bénéficie de la dispense de timbre et de la gratuité de l'enregistrement ; au cas contraire il donne ouverture au timbre proportionnel de 0,25 0/0. Il n'est pas, d'ailleurs, passible de l'enregistrement dans les 3 mois de sa date en tant qu'ouverture de crédit ; s'il est présenté volontairement à la formalité avant la réalisation partielle ou totale du crédit, il est assujetti au droit de 0,50 0/0 en principal sur le crédit non réalisé (Inst. 3646 § 3, alin. 12).

13. Les opérations bancaires n'ayant pas le caractère de prêts sur titres, telles que l'escompte ou le compte courant véritable, même garantis par un dépôt de titres ou le crédit libre ou par caisse, c'est-à-dire non garanti par un dépôt de valeurs, ne peuvent bénéficier de la loi du 11 sept. 1919.

V. *Dette publique*.

PROCÉDURE. — **1.** Les *solutions administratives* n'ont qu'un caractère provisoire qui ne lie pas plus le Trésor public que les contribuables. Elles peuvent être rétractées tant qu'il n'est pas intervenu de décision judiciaire passée en force de chose jugée ou que la prescription n'est pas acquise (Cass. civ., 7 avril 1913, I. 3370-12, R. E. 5745).

2. Les *Bureaux de la Direction Générale* sont transférés 16, place Vendôme (Circ. 1er fév. 1918, R. E. 6822).

3. Une *société* anonyme est valablement touchée par une signification faite au siège social sous la raison sociale (Troyes, 15 nov. 1905, R. E. 5852).

4. Est régulière la signification faite, non au gérant, mais aux directeurs et aux administrateurs d'une société en commandite par actions (C. Paris, 17 déc. 1910, R. E. 5251).

5. *Désistement.* — Lorsque la signification d'une contrainte est entachée de nullité, le désistement en est valablement fait à la requête du directeur général (Cass. civ., 11 juill. 1912, R. E. 5608).

6. Dans l'hypothèse visée au numéro précédent, l'acceptation du désistement des effets de la signification suivi de l'opposition du redevable n'est pas nécessaire et l'Administration peut procéder aux mesures d'exécution après une nouvelle signification régulière non suivie d'une opposition du redevable (Cass. civ., 16 juin 1913, I. 3390-7, R. E. 5779).

7. La perception des impôts intéresse d'ailleurs essentiellement l'ordre public : elle ne peut être l'objet d'une transaction. Par suite, un désistement ne saurait porter en pareille matière que sur l'instance et non sur l'action en recouvrement (Cass. civ., 7 avril 1913, I. 3370-12, R. E. 5745).

8. *Litispendance.* — Lorsqu'une saisie-arrêt a été pratiquée à tort par le préfet d'un département en vue du recouvrement de frais de pension dus par les ayants droit d'un aliéné, la contrainte ultérieure signifiée aux mêmes fins par l'Administration, après mainlevée de la saisie, ne peut être écartée par l'exception de litispendance (Cass. civ., 21 mai 1912, I. 3345-8, R. E. 5572).

9. L'Administration peut procéder par voie d'*assignation directe* (Cass. req., 29 juill. 1913, I. 3390-8, R. E. 5810).

10. La formalité de la remise des copies d'*exploits sous enveloppes fermées* n'est pas applicable aux exploits signifiés aux personnes morales énumérées dans les cinq premiers paragraphes de l'art. 69 C. proc. civ. et notamment aux administrations publiques (I. 3390 § 15, R. E. 5959).

11. L'opposant à contrainte est demandeur à l'instance. Il ne peut, dès lors, opposer la *péremption triennale* (Cass. civ., 24 avril 1917, R. E. 6758).

12. La demande en *règlement de juges* est admissible quand le redevable, assigné par la Régie devant un tribunal, cite celle-ci devant le tribunal qu'il estime compétent (Cass. req., 17 janv. 1912, I. 3345-4, R. E. 5489).

13. L'action en *expertise* engagée devant le tribunal de la situation des biens transmis par décès que l'Administration estime devoir

être évalués en valeur vénale comme non destinés à procurer un revenu (art. 12 L. 25 fév. 1901) domine le litige porté devant le tribunal du lieu d'ouverture de la succession tendant au recouvrement des droits supplémentaires exigibles à raison de l'insuffisance de l'évaluation faite dans la déclaration d'après le revenu capitalisé. Elle doit être tranchée la première (Cass. civ., 11 juill. 1912, R. E. 5608).

14. La procédure à suivre pour le recouvrement des *frais de transport et d'entretien des aliénés* est celle qui est organisée pour les instances en matière d'enregistrement (Cass. civ., 21 juin 1911, R. E. 5366).

15. En matière fiscale, la procédure *d'enquête* est inadmissible (Cass. civ., 24 mars 1915, R. E. 6522).

16. Est régulier le jugement rendu sans qu'il soit fait état d'une *note non signifiée* (Cass. civ., 24 fév. 1913, I. 3370-2, R. E. 5712).

17. Les *productions tardives* non signifiées doivent être rejetées du débat (Cass., 19 juin 1912, R. E. 5590).

18. Le défaut de mention de *signification des mémoires* entache le jugement de nullité (Cass. civ., 3 juill. 1913, I. 3390-9, R. E. 5854).

19. Mais il n'est pas nécessaire que la date de la signification des mémoires soit expressément rappelée ; une mention globale de signification satisfait aux prescriptions de la loi (Cass. req., 15 juin 1911, I. 3315-11, R. E. 5351 ; 28 janv. 1913, R. E. 5715 ; Cass. civ., 18 mars 1918, R. E. 6805) pourvu que la mention s'applique aux notifications respectives (Cass. civ., 24 fév. 1914, I. 3413-14, R. E. 5942).

20. Le défaut de mention des mémoires signifiés dont il n'est pas fait état n'est pas une cause de cassation (Cass. civ., 12 janv. 1914, I. 3413-6, R. E. 5943).

21. Est irrégulier le jugement qui laisse incertaine la question de savoir si les *conclusions du Ministère public* ont suivi le rapport du juge et précédé immédiatement le prononcé de la sentence du tribunal (Cass. civ., 24 fév. 1914, I. 3413 14, R. E. 5942).

22. *Nombre de juges.* — Dans le cas où la cause a été évoquée à plusieurs audiences, le fait qu'un juge n'a pas assisté à toutes ces audiences entache la décision d'un vice de forme (Cass. civ., 31 déc. 1912, I. 3370-13, R. E. 5671).

23. Est régulier le jugement qui énonce qu'il a été rendu par le président du tribunal, un juge et un juge suppléant nécessaire, lequel a fait le rapport (Cass., 23 fév. 1914, I. 3413-12, R. E. 5946) ;

24... Ou sur les conclusions d'un magistrat d'un autre tribunal régulièrement délégué pour remplir les fonctions de Ministère public en l'absence des magistrats du parquet dont l'empêchement est constaté, alors même qu'il n'est point fait mention de l'empêchement des juges suppléants du siège (Cass. req., 15 janv. 1913, I. 3370-4, R. E. 5713).

25. Lorsqu'un avocat est appelé à compléter le tribunal, le jugement doit énoncer à peine de nullité que cet avocat est le plus ancien au tableau de ceux présents à l'audience (Cass. civ., 23 mai 1911, I. 3335-10, R. E. 5331).

26. *Jugement.* — Est nul le jugement rendu en chambre du conseil (Cass. civ., 5 mai 1915, R. E. 6485) ;

27.... ou qui n'est pas motivé (Cass. civ., 28 avril 1911, R. E. 5310 ; Comp. Cass. req., 9 janv. 1912, I. 3345-3, R. E. 5465).

28. Mais sur ce dernier point, le jugement n'a pas à motiver la non-admission d'un moyen qui n'est pas visé dans le dispositif des conclusions (Cass. civ., 9 déc. 1912, R. E. 5667). Au surplus des motifs implicites suffisent (Cass. civ., 20 juin 1917, R. E. 6767).

29. Un jugement ne peut prononcer la nullité d'un commandement sous le prétexte qu'il procède pour une somme supérieure à celle réellement exigible (Cass. civ., 6 mars 1917, R. E. 5759).

30. La condamnation solidaire aux *dépens* contre des débiteurs conjoints ne peut être prononcée qu'à titre de dommages-intérêts (Cass. civ., 21 mai 1919, R. E. 6976).

31. Mais des *dommages-intérêts* ne peuvent être alloués que s'il y a faute (Cass. civ., 28 juill. 1914, I. 3434 § 8, R. E. 6083) et préjudice souffert (Cass. civ., 4 fév. 1914, I. 3413 § 11, R. E. 5955 ; 21 mai 1919, précité).

32. Les *frais de constitution d'avoué* sont à la charge de la partie qui les a exposés (Cass. civ., 1er août 1912, R. E. 5622).

33. *Expédition.* En cas de mentions contradictoires dans les qualités et le jugement, foi est due à ce dernier (Cass. civ., 3 déc. 1913, R. E. 5870).

34. L'erreur matérielle commise dans la grosse d'un jugement peut être rectifiée au moyen des mentions de la minute corroborées par les énonciations conformes du plumitif (Cass. civ., 27 avril 1914, I. 3434-10, R. E. 6067 ; Cass. civ., 25 fév. 1918, R. E. 6804).

35. La *tierce opposition* au jugement qui a condamné une société en liquidation judiciaire, faite par le commissaire au concordat, doit être jugée suivant les formes de la procédure en matière fiscale (Cass. req., 15 juin 1911, I. 3335-11, R. E. 5351).

36. Le dit commissaire est, d'ailleurs, sans qualité pour critiquer, au nom d'une certaine catégorie de créanciers, le jugement de condamnation intervenu et passé en force de chose jugée (Cass. req., 15 juin 1911 précité).

37. *Pourvoi en cassation.* — Est irrecevable, le pourvoi qui n'est pas assorti des moyens de cassation invoqués (Cass. civ., 4 avril 1916, R. E. 6524).

38. En matière d'impôt les moyens présentés sont d'ordre public et peuvent être soumis à la Cour même s'ils n'ont pas été formulés devant le juge du fond (Cass. civ., 14 déc. 1910, I. 3312-1, R. E. 5199), à la condition toutefois que ce juge ait été saisi du principe du débat (Cass. req., 20 juill. 1914, I. 3434-4, R. E. 6102).

39. Les appréciations de fait ne sont pas revisées par la Cour de cassation dès lors que les productions faites au soutien du pourvoi ne sont pas de nature à démontrer que les premiers juges ont inexactement apprécié les rapports des parties (Cass. req., 27 déc. 1911, I. 3345-2, R. E. 5466 ; V. égal. V° *Congrégations* les nombreux autres arrêts rendus en matière d'association religieuse).

40. C'est au liquidateur de société qui a introduit le pourvoi qu'il y a lieu de signifier l'arrêt d'admission, même s'il a déjà rendu ses comptes (Cass. civ., 17 mars 1913, R. E. 5725).

41. *Preuves.* — Tous les modes de preuve, à l'exclusion du serment et de la preuve testimoniale, sont admis en matière fiscale, y compris les présomptions tirées soit de faits constants, soit de pièces régulièrement versées aux débats. Rien ne s'oppose, dès lors, à ce qu'il soit fait état d'une lettre émanant d'un tiers et produite pour corroborer les affirmations touchant les faits constants au procès (Cass. civ., 13 juin 1917, R. E. 6680).

42. *Expertise.* — Préalablement à toute procédure d'expertise la loi institue une sorte de préliminaire amiable et obligatoire de conciliation (LL. 27 mai 1918 et 29 juin 1918).

V. *Insuffisance*.

43. Dans tous les cas où l'Administration est fondée à requérir une expertise, la demande en est faite au tribunal civil dans le ressort duquel les biens sont situés par une requête portant nomination de l'expert de l'Etat (L. 27 fév. 1912, art. 5, I. 3339, R. E. 5504).

44. L'expertise est ordonnée dans les dix jours de la demande (même art.).

45. Il y est procédé par trois experts dispensés de serment dont l'un est désigné par le tribunal (même art.).

46. En cas de refus par la partie de nommer son expert sur la sommation qui lui aura été faite d'y satisfaire dans les trois jours, il lui en est nommé un d'office par jugement non susceptible d'opposition (même art.).

47. Les experts dressent un seul rapport (même art.).

48. Comme par le passé, le rapport des experts ne devient définitif que par l'homologation du tribunal ; l'évaluation fixée par la majorité doit être suivie par les juges ; si les avis sont différents, l'évaluation intermédiaire prévaudra.

49. Lorsque le prix exprimé ou la valeur déclarée n'excède pas 10.000 fr., l'expertise est faite par un seul expert nommé par toutes les parties ou, en cas de désaccord, par le président du tribunal et sur simple requête (L. 27 fév. 1912, art. 5 § 5).

50. La loi du 27 février 1912 a abrogé expressément en ce qu'elles ont de contraire les dispositions des art. 18 de la loi du 22 frimaire an VII ; 5, Loi du 27 ventôse an IX ; 15, Loi du 23 août 1871, et 8, Loi du 28 février 1872 (art. 5, dernier al.).

51. En ce qui concerne les frais de l'expertise V. *Insuffisance*.

52. Le principe de la non-rétroactivité des lois ne régissant pas les lois de procédure — du moins dans l'opinion dominante, — les règles nouvelles doivent être suivies par toutes les procédures en cours.

53. Toutefois, si l'expertise avait été déjà autorisée par le tribunal au jour de la promulgation de la loi du 27 février 1912, l'Administration a prescrit la signification d'une nouvelle requête et le cas échéant d'une assignation rectificative (I. 3339, R. E. 5504).

54. Le délai d'expertise en matière de fonds de commerce, même transmis par décès, est de 3 mois (Cass. civ., 21 fév. 1912, R. E. 5547).

55. Dans tous les autres cas, le délai d'expertise est fixé à deux ans par la loi du 18 av. 1918, I. 3547, R. E. 6784, étant observé que la lettre recommandée prévue par l'art. 3, L. 27 mai 1918 (R. E. 6785) n'est pas de nature à interrompre la prescription (V. *Insuffisance*).

56. L'Administration motive suffisamment sa demande d'expertise lorsque cette demande énonce qu'elle tend à l'expertise d'un immeuble dont l'évaluation déclarée paraît inférieure à la valeur imposable (Cass. req., 5 mai 1915, I. 3449-2, R. E. 6221).

57. Pour les *poursuites correctionnelles* en matière d'impôt sur le revenu et d'affirmation frauduleuse on s'en référera aux prescriptions de l'I. 3467.

58. *Moratorium*. — Les délais de procédure ont été suspendus pendant la durée des hostilités par D. du 10 août 1914 (R. E. 6034).

59. Les dispositions de ce décret ont été reconnues applicables en matière de poursuites en recouvrement de droits d'enregistrement (Dôle, 3 déc. 1918, R. E. 6888).

60. Elles visaient également les délais de pourvoi en cassation (Cass. civ., 4 av. 1916, R E. 6524).

61. Toutefois, la levée de la suspension des délais pouvait être obtenue moyennant l'accomplissement de certaines formalités (DD. 10 août 1914 précité ; 15 déc. 1914 ; I. 3433, R. E. 6139 ; 11 mai 1915, I. 3445, R. E. 6202 ; 17 juin 1916, R. E. 6445 ; 13 av. 1917, R. E. 6642).

62. La suspension n'était pas toutefois d'ordre public ; on pouvait y renoncer même tacitement (Cass. civ., 18 mai 1915, R. E. 6523).

63. D'un autre côté, toute poursuite était formellement interdite contre les mobilisés, sauf l'exercice de l'action publique par le Ministère public (L. 5 août 1914, art. 4, I. 3419, R. E. 6034).

64 Une dérogation à ce dernier texte a été apportée par la loi du 26 juill. 1918 (R. E. 6834).

65. D'après la loi du 4 juill. 1915, les prescriptions, péremptions et autres délais ayant pris cours avant ou depuis le 2 août 1914 ne sont suspendus qu'autant que leur durée normale expirera avant ou pendant le cours des 6 mois suivant la date de la cessation des hostilités qui est du 24 oct. 1919 (art. 1er, I. 3451, R. E. 6254 et 6376).

66. Les prescriptions, péremptions et délais qui auraient été acquis ou auraient pris fin dans les six mois suivant la date de cessation des hostilités seront prolongés de six mois à compter du jour où leur accomplissement ou leur échéance eût dû normalement se produire (L. 4 juill. 1915, art. 3, I. 3451, R. E. 6254 et 6376).

67. La date de la cessation des hostilités est celle du 24 octobre 1919 (L. 23 oct. 1919, R. E. 7001). Cette dernière loi a été promulguée aux Colonies par D. 28 octobre 1919 (R. E. 7001).

PROCÈS-VERBAL. — **1**. Le procès-verbal dressé par la gendarmerie pour défaut de patente est exempt de timbre et d'enregistrement (Sol. 24 fév. 1913, I. 3370 § 22, R. E. 5933)

2. Le procès verbal dressé par un officier d'administration du génie pour constater la notification, à un entrepreneur, d'une décision du ministre de la Guerre fixant l'indemnité due pour inexécution d'un marché, doit être rédigé sur timbre et enregistré au comptant au droit actuel de 4 fr. (Sol. 19 oct. 1911, I. 3335 § 18, R. E. 5526).

PROPRIÉTÉ INDUSTRIELLE. — **1**. *Marques de fabrique*. — Le dépôt ou le renouvellement de dépôt d'une marque de fabrique ou de commerce donne lieu au paiement d'une taxe fixe de dépôt de 25 fr. au profit de l'Etat (L. 26 juin 1920, art. 1), qui est perçue par le greffier du tribunal de commerce et versée par ce dernier entre les mains du receveur de l'enregistrement lors de l'enregistrement du procès-verbal de dépôt (D. 11 sept. 1920, art. 5).

2. Aucune transmission de propriété, cession ou concession du droit d'exploitation ou de gage relativement à une marque de fabrique n'est valable, à l'égard des tiers, qu'après avoir été inscrite sur un registre spécial des marques de fabrique ou de commerce tenu à l'office national de la propriété industrielle. Cette inscription donne lieu à la perception d'une taxe fixe de 10 fr. par marque au profit de l'Etat (L. 26 juin 1920, art. 2, V. la classification annexée au D. 11 sept. 1920) et est effectuée sur la production de bordereaux écrits sur papier libre, l'un d'eux pouvant être porté sur l'original ou l'expédition du titre (D. 11 sept. 1920, art. 7). Le produit de la taxe est versé périodiquement par l'office national entre les mains du receveur de l'enregistrement (même D. art. 8). En cas de transfert par succession, la taxe perçue par l'Etat est fixée à 10 fr., quel que soit le nombre de marques comprises dans la déclaration (L. 26 juin 1920, art. 2).

3. La loi du 26 juin 1920 édicte, en outre, la perception de taxes au profit de l'office national de la propriété industrielle (art. 1 à 14). Cette taxe, en ce qui concerne les inscriptions ou radiations résultant de la vente ou du nantissement d'un fonds de commerce comprenant des marques est due sans préjudice de l'application du tarif établi art. 20, D. 28 août 1909 pour l'exécution des LL. 17 mars et 1er avril 1909 (D. 11 sept. 1920, art. 11).

PROROGATION DE DÉLAI. — Le taux du droit proportionnel a été élevé de 0,20 0/0 en principal à 1 0/0 sans décimes (L. 29 juin 1918, art. 15, I. 3554, R. E. 6786).

V. *Dissimulation, Insuffisance* et *Obligation*.

PYLONES DE LIGNES ÉLECTRIQUES.— V. *Biens*, no 2; V. aussi Alger, 27 mars 1920 (R. E. 7105) qui les déclare immeubles par nature.

QUOTITÉ DISPONIBLE. — **1**. Le mineur appelé sous les drapeaux pour une campagne de guerre peut, pendant la durée des hostilités, disposer de la même quotité que s'il était majeur en faveur de l'un quelconque de ses parents ou de plusieurs d'entre eux jusqu'au sixième degré inclusivement, ou encore en faveur de son conjoint survivant. A défaut de parents au sixième degré, le mineur peut disposer comme le ferait un majeur (art. 904 C. civ. complété, L. 28 oct. 1916, R. E. 6588).

2. Les enfants adultérins sont légitimés, dans certains cas énumérés, par le mariage subséquent de leurs père et mère, lorsque ceux-ci les reconnaissent au moment de la célébration du mariage dans les formes déterminées par la loi. La loi du 7 nov. 1907 est abrogée (art. 331, 313 et 335 C. civ. modifiés ou complétés L. 30 déc. 1915, R. E. 6639).

3. Les enfants adultérins se trouvant dans les conditions qui précèdent et dont les père et mère ont contracté mariage avant la promulgation L. 30 déc. 1915, peuvent être, de la part de ceux-ci, dans le délai de 2 ans à partir de cette promulgation, l'objet d'une reconnaissance qui emporte légitimation (L. 30 déc. 1915, art. 6).

4. Les père et mère de l'enfant naturel reconnu n'ont droit à aucune réserve (C. Douai 29 fév. 1916, R. E. 6723).

5. Pour déterminer la réserve de l'art. 913 C. civ., les biens délaissés par le testateur doivent être considérés et évalués suivant leur consistance au moment du décès, d'où la conséquence que si la succession ne se compose que de valeurs en pleine propriété, l'héritier à réserve a droit à une quotité de ces valeurs en pleine propriété proportionnelle à l'importance de son droit réservé (Cass. civ., 5 mai 1914, R. E. 6389).

6. Le calcul de la quotité disponible s'effectue en réunissant à la masse des biens existants les avances faites à un successible par le défunt sans qu'il puisse être objecté que ces avances sont irrécouvrables (Cass. req., 28 juin 1910, R. E. 5181).

7. En cas de dot imputable sur la succession du prémourant des père et mère donateur et subsidiairement sur celle du survivant, voir pour la détermination du rapport à la succession du prémourant et des droits du survivant donataire de son conjoint, Etude R. E. 5552 et 5632, 6732-XI, 6817-VI.

8. Les avantages résultant des clauses de son contrat de mariage pour la femme survivante en concours avec des enfants d'un premier lit ne peuvent dépasser le disponible spécial de l'art. 1098 C. civ. ni se cumuler avec l'usufruit de l'art. 767 C. civ. (Cass. req., 25 juin 1912, R. E. 5625).

9. L'art. 917, C. civ. ne règle que les rapports de l'héritier réservataire avec le bénéficiaire de la libéralité en usufruit ou en rente viagère ; cette disposition tout exceptionnelle ne peut être étendue au delà de la situation qu'elle suppose (Cass. civ., 5 mai 1914, R. E. 6389).

REÇU

SOMMAIRE

§ 1. — Timbre des quittances.

1. L. 15 juillet 1914, art. 28. Le droit de timbre sur les titres emportant libération, reçu ou décharge de sommes a été élevé savoir : à 0 fr. 20 pour les sommes supérieures à 200 fr mais n'excédant pas 500 fr. ; à 0 fr. 30 pour les sommes supérieures à 500 fr. mais n'excédant pas 1.000 fr. ; à 0 fr. 40 par les sommes supérieures à 1.000 fr. mais n'excédant pas 3.000 fr. ; à 0 fr. 50 pour les sommes supérieures à 3.000 fr. (L. 15 juill. 1914, art. 28, I. 3415, R. E. 6033).

2. Le droit de timbre de quittance gradué était susceptible de trouver son application dans certains cas déterminés, sous l'empire de la loi du 31 déc. 1917 qui a institué des taxes sur les paiements actuellement abrogée (L. 25 juin 1920, art. 54).

3. L. 1920. Désormais, le droit de timbre auquel restent soumis en vertu des art. 18 à 20, L 23 août 1871, art. 28, L. 15 juill. 1914, les titres de quelque nature qu'ils soient, signés ou non signés, faits sous signatures privées, qui constatent des *paiements* ou des *versements* de sommes, quels que soient le caractère civil ou commercial du paiement ou du versement et la qualité de celui qui le reçoit ou l'effectue, est de 0 fr. 25 quand les sommes n'excèdent pas 100 fr. ; 0 fr. 50 quand les sommes sont comprises entre 100 et 1.000 fr. ; 1 fr. quand les sommes excèdent 1.000 fr. (L. 25 juin 1920, art. 55, I, 3626; R. É. 7125).

4. Le droit de timbre à 0 fr. 25 est exigible sur les titres comportant reçu pur et simple, libération ou décharge de titres, valeurs ou objets (L. 25 juin 1920, art. 55).

5. *Quittances des comptables.* — Ces quittances sont assujetties au droit de timbre édicté, L. 25 juin 1920, art. 56, pour les quittances ou reçus délivrés par les particuliers. Leur délivrance reste obligatoire et le prix du timbre, lorsqu'il est exigible, s'ajoute de plein droit au montant de la somme due et est soumis au même mode de paiement Les quittances des douanes et des contributions indirectes restent soumises au timbre qui leur est spécial (L. 25 juin 1920, art. 56).

6. *Modalités de paiement.* — Un décret du 28 juill. 1920 crée les timbres mobiles et les types de timbre à l'extraordinaire pour le timbre des quittances. Il fixe les conditions dans lesquelles doit s'effectuer l'apposition et l'oblitération du ou des timbres mobiles (art. 3 et 4). Il détermine le mode d'annulation des timbres mobiles sur les quittances délivrées à ou par des comptables publics (art. 5 et 6). Il autorise les sociétés, compagnies et particuliers à soumettre au timbre à l'extraordinaire des formules de reçus et dispose qu'il n'est accordé aucune remise à titre de déchet (art. 7). Il autorise l'emploi de timbres collectifs de 5, 10 et 20 fr. pour le timbrage des états dits d'émargement, des registres de factage et de camionnage et autres documents ; par les comptables de deniers publics, les agents spéciaux des services régis par économie, les trésoriers des corps de troupe et par les sociétés, assureurs, entrepreneurs de transports et autres personnes assujetties aux vérifications de l'Administration d'après les lois en vigueur. Les personnes qui, sans être assujetties par la loi aux dites vérifications, prennent l'engagement de s'y soumettre peuvent être autorisées à user du bénéfice des dispositions précédentes. Cette autorisation peut toujours être retirée (art. 8). Les billets de place délivrés par les compagnies et entrepreneurs, et dont le prix excède 10 fr. peuvent, sur demande, n'être revêtus d'aucun timbre, mais ces compagnies et entrepreneurs sont tenus de se conformer aux modes de justification et aux époques de paiement déterminés par l'Administration. La même facilité de paiement de l'impôt peut être accordée à tout commerçant ou industriel qui se soumet aux conditions et produit les justifications arrêtées par l'Administration (art. 9).

§ 2. — Taxe de luxe.

7. *Ventes d'objets de luxe entre non commerçants.* — Les paiements

de prix de ventes intervenues entre non commerçants sous quelque forme et dans quelque condition que ce soit et s'appliquant à des marchandises, denrées, fournitures ou objets désignés comme étant de luxe par D. 26 juin 1920 (I. 3632, R. E. 7127) sont soumis à une taxe de 10 0/0 (L. 25 juin 1920, art. 57).

8. La taxe ne s'applique pas quand la vente intervient entre un non commerçant et un commerçant achetant pour revendre, non plus que lorsqu'elle intervient entre un commerçant et un non commerçant. Dans les deux hypothèses, l'acquit donne lieu au droit de timbre de quittance de 0 fr. 25 à 1 fr., dans la seconde, l'opération donne, en outre, ouverture à l'impôt sur le chiffre d'affaires (V. *ce mot*).

9. La perception de la taxe de 10 0/0 suit les sommes de franc en franc inclusivement et sans fraction (L. 1920, art. 57).

10. La taxe est acquittée par l'apposition de timbres mobiles sur la quittance du prix dont la délivrance est obligatoire quel que soit le montant du prix. Ces timbres sont immédiatement oblitérés par l'apposition, à l'encre noire, en travers du timbre, de la signature de celui qui donne quittance ou reçu, ainsi que de la date de l'oblitération. La signature peut être remplacée par une griffe apposée à l'encre grasse faisant connaître le nom ou la raison sociale de celui qui a donné quittance, décharge ou reçu, sa résidence et la date de l'oblitération (L. 25 juin 1920, art. 57).

11. Toute personne qui a participé à une vente soit comme acquéreur, soit comme vendeur sans qu'une quittance du prix ait été délivrée et que la taxe de 10 0/0 ait été acquittée, est punie personnellement d'une amende égale au triple de la taxe qui n'a pas été payée, sans que cette amende puisse être inférieure à 100 fr. plus les deux décimes et demi édictés art. 110 (L. 25 juin 1920, art. 57).

12. Toutes les personnes sont solidaires pour le paiement de la taxe simple (L. 25 juin 1920, art. 57).

13. Pour le cas de vente d'objets de luxe appartenant à un non commerçant effectuée par un officier public ou ministériel ou constatée par acte authentique ou sous seing privé (V. *infrà*, *Vente de meubles*).

§ 3. — Exemptions.

14. Le droit de timbre de quittance n'est pas applicable aux écrits constatant des paiements soumis à la taxe de 10 0/0 pour vente d'objets de luxe entre non commerçants (L. 25 juin 1920, art. 57), ni aux écrits constatant le paiement de la vente au comptant de vins fins et spiritueux pour laquelle il est perçu la taxe de 15 0/0 ou de 25 0/0.

15. La loi du 25 juin n'innove rien en ce qui concerne les exonérations de timbre-quittance prononcées par les lois antérieures.

16. Sont exonérés du droit de timbre de quittance les écrits ayant pour objet soit la reprise des marchandises livrées à condition ou des enveloppes et récipients ayant servi à des livraisons, soit la déduction de la valeur des mêmes enveloppes ou récipients, que cette reprise ou cette déduction soit constatée par des pièces distinctes ou par des mentions inscrites sur les factures (L. 13 juill. 1911, art. 9, I. 3325, R. E. 5347).

17. L'exemption du timbre de quittance a été édictée en matière de souscriptions aux emprunts de la défense nationale (LL. 16 nov. 1915, I. 3459, R. E. 6293 ; 15 sept. 1916, R. E. 6494 ; 26 oct. 1917, R. E. 6744 ; 19 sept. 1918, R. E. 6790 ; 30 déc. 1919, R. E. 7020 ; 2 août 1920, R E. 7144).

18. Par application des lois spéciales, l'immunité a été reconnue en matière : de retraites ouvrières (DD. M.F., 9 sept. 1911, I. 3335 § 21, R. E. 5528 ; 8 déc. 1911, I. 3335, § 22, R. E. 5521 ; Circ. Compt. 15 janv. 1912, R. E. 5527) ; de caisse de prévoyance des marins français (Circ. Compt. 28 avr. 1915-IV, R. E. 6659) ; de sociétés de secours mutuels (D. M. F. 16 mars 1910, I. 3312, § 14, R. E. 5290); de prêts aux victimes de sinistres (D. M. F. 19 oct. 1910, I. 3312 § 10, R. E. 5286) ; de sociétés coopératives de reconstruction (L. 15 août 1920, R. E. 7174, I. 3642), de dommages de guerre (D. M. F. 14 juin 1919, R. E. 6968), etc. V. également la liste des lois prononçant des dispenses d'impôt. V° *Enregistrement* ci-dessus.

19. L'accusé de réception d'un chèque donné en paiement est assimilé, au point de vue du timbre, à une quittance (D. M. F. 7 nov. 1914, I. 3434 § 17, R. E. 6266). Ce n'est que dans le cas où le chèque est remis aux fins de négociation, d'acceptation ou d'encaissement, que l'exemption prononcée par l'art. 4, L 30 mars 1872 est acquise (même décision, et R. E. 6773-I).

20. Le timbre spécial des comptables a été reconnu applicable aux quittances de taxes perçues pour le compte d'un receveur municipal par des comptables spéciaux habilités à cet effet (Sol. 16 janv. 1912, I. 3345 § 19, R. E. 5679).

21. Quand le régisseur donnait quittance à la fois des taxes municipales et des sommes lui revenant personnellement, le timbre à 0 fr. 25 était dû pour les premières, et le timbre de quittance gradué, ou le cas échéant la taxe sur les paiements, pour les secondes (Sol. 28 oct. 1918, R. E. 6820).

§ 4. — Ordres de virement.

22. L'ordre de virement en banque est soumis à un droit de timbre de 0,10 s'il doit être exécuté sur place et de 0,20 s'il doit être exécuté de place à place (L. 30 juill. 1913 art. 12, I. 3371, R. E. 5800).

23. Aucun ordre de virement ne peut être remis au banquier qui doit en faire usage sans avoir été préalablement revêtu soit d'un timbre mobile, soit de l'empreinte du timbre à l'extraordinaire (L. 1913, art. 12 § 4).

24. L'ordre de virement comportant plusieurs opérations au profit d'un même bénéficiaire ne donne ouverture qu'à un seul droit de timbre ainsi que les ordres permanents (Sol. 5 mai 1914, I. 3413 § 25, R. E. 6089).

25. Les caisses régionales ou locales de crédit agricole sont assujetties à la nouvelle disposition (D. M. F. 6 mai 1914, I. 3413 § 25, R. E. 6089).

26. Ne tombent pas sous le coup de la loi, les ordres échangés entre les succursales ou agences d'une même banque (Sol 16 oct. 1913) ; l'ordre donné par une banque à une autre de transférer au compte d'un client de celle-ci une somme versée par le donneur d'ordre (Sol. 16 oct. 1913) ; les ordres d'emploi (Sol. 14 mai 1914) ; les opérations accomplies sans que le donneur d'ordre ait un compte particulier ouvert (Sol. 14 mai 1914) ; les virements en banque ayant pour objet le paiement de contributions directes (Sol. 5 mai 1914, I. 3413 § 25, R. E. 6089).

27. Le souscripteur d'un ordre de virement non timbré ou insuffisamment timbré est puni de l'amende de 50 fr. en principal prévue art 23 L. 23 août 1871, à moins qu'il ne s'agisse d'un ordre de virement devant être exécuté sur une place autre que celle d'où il a été donné (L. 30 juill. 1913, art. 12 § 5, I. 3371, R E. 5800)

28. Dans cette dernière hypothèse, le souscripteur de l'ordre de virement non timbré ou insuffisamment timbré et le banquier qui a exécuté cet ordre sont passibles chacun de l'amende de 6 0/0 édictée art. 4 L. 5 juin 1850. Ils sont, en outre, soumis solidairement au paiement tant de ces amendes que du droit de timbre L. 1913, art. 12 § 6).

29. Si l'ordre de virement, donné par une personne résidant hors de France, doit être exécuté en France, le banquier qui le reçoit est tenu, sous peine de l'amende de 6 0/0, de le faire timbrer au droit de 0,20 avant tout usage en France (L. 1913, art. 12 § 7).

30. La constatation des contraventions et le recouvrement des sommes exigibles s'effectuent conformément aux dispositions des art. 31 et 32, L. 13 brum. an VII et 76, L. 28 avril 1816.

31. L'art. 12 L. 30 juill. 1913 est étendu à l'ordre de virement donné à un agent de change (L. 15 juill. 1914, art 30, I. 3415, R. E. 6033).

RÉMÉRÉ. – La vente à réméré de valeurs de Bourse donne ouverture au droit proportionnel de mutation à titre onéreux (Seine, 2 avril 1912, R. E. 5791).

RENTE. — **1**. Lorsque l'amortissement ou le rachat d'une rente ou pension constituée à titre gratuit est effectué moyennant l'abandon d'un capital supérieur à celui formé de vingt fois la rente perpétuelle, et de dix fois la rente viagère ou la pension, un supplément de droit de donation est exigible sur la différence entre ce capital et la valeur imposée lors de la constitution. Cette disposition abroge celles qui lui sont contraires des art. 14 n° 9, et 69 § 2, n° 11, L. 22 frim. an VII (L. 18 avril 1918, art. 16, I. 3547, R. E. 6784).

2. L'application du texte qui précède est limitée aux rachats et amortissements de rentes constituées par donation entre vifs ; on ne saurait l'étendre aux rachats et amortissements de rentes constituées par testament ou par donation soumise à l'événement du décès.

RÉPERTOIRE. — **1**. Les greffiers n'ont pas à inscrire sur leurs répertoires les actes qu'ils accomplissent en exécution des LL. 17 mars et 1er août 1909 sur le nantissement et la vente de fonds de commerce (D. M. F. 25 janv. 1911, I 3322 § 11, R. E. 5405). Ils doivent porter au répertoire spécial institué par les art. 19 et 20, L. 26 janv. 1892, sous les sanctions édictées par les lois en vigueur, les bulletins n° 3 du casier judiciaire dispensés de la formalité de l'enregistrement (L. 31 juill. 1920, art. 25, I. 3636, R. E. 7144 et 7149).

2. Doivent être portés au répertoire les actes affranchis de la formalité du timbre et de l'enregistrement par la loi du 2 juill. 1919 relative au règlement transactionnel pour cause générale de guerre entre les commerçants et leurs créanciers (R. E. 6969).

3. Il en est de même des actes dressés par les officiers publics ou ministériels pour l'exécution de la loi du 7 août 1913 sur le recrutement de l'armée, à la seule exception des actes d'appel reçus par les greffiers et mentionnés sur un registre spécial (I. 3413 § 21, R. E. 6075).

4. Les porteurs de contraintes doivent continuer à tenir le répertoire et à le soumettre au visa trimestriel.

RÉQUISITIONS MILITAIRES ET CIVILES. — **1**. La loi du 20 juillet 1918 qui complète celle du 3 juill. 1877 relativement aux dégâts et dommages causés aux propriétés par les troupes logées et cantonnées chez l'habitant et au règlement des indemnités, dispose que tous actes et procès verbaux dressés en vertu de l'art. 14 L. 3 juillet 1877 sont exempts du timbre et enregistrés gratis (I. 3572, R. E. 6878).

2. La même immunité s'applique aux actes et contrats ayant exclusivement pour objet les opérations prévues par la loi du 3 août 1917 sur les réquisitions civiles et par la loi du 27 nov. 1918 pour le fonctionnement du service de la chaussure nationale (I. 3570).

3. Les procurations données pour toucher les indemnités de réquisitions sont exemptes de timbre et enregistrées gratis (Sol. 16 déc. 1914, I. 3434 § 13, R. E 6267).

4. Il en est de même des actes de notoriété et des certificats de propriété dressés pour toucher les dites indemnités (D. M F. 14 mars 1916, I. 3494 § 4, R. E. 6597).

5. L'appel des décisions statuant sur les indemnités donne lieu à la consignation de l'amende de fol appel, qu'il soit formé par l'Etat ou par un particulier (D. M. F. et J. 17-25 juill. 1916, I. 3494 § 3, R. E. 6596).

6. En matière de réquisition civile du matériel et des locaux autres que ceux de la voie ferrée nécessaires à l'exécution des transports en cas d'interruption de l'exploitation des voies ferrées, les contestations sur le montant des indemnités sont tranchées conformément aux dispositions art. 26 L. 3 juill. 1877 (L. 27 fév. 1920, *J. off.*, 28).

RÉSOLUTION. — 1. L'annulation, la révocation, la résolution ou la rescision d'un contrat prononcée pour quelque cause que ce soit par jugement ou arrêt ne donne pas lieu à la perception du droit proportionnel de mutation (L. 18 janv. 1912, I. 3337, R. E. 5461 et 5588).

2. L'immunité ainsi édictée s'applique à tous les contrats translatifs judiciairement annulés ou résolus, quels que soient le caractère de la nullité, la cause de la résolution et l'objet de la transmission.

3. Ainsi la résiliation de bail d'immeubles prononcée par justice est affranchie du droit actuel de 0 fr. 60 0/0 (R. E. 6028-II).

4. Mais elle n'est acquise que si la résolution ou l'annulation résulte d'une décision judiciaire rendue après contestation, ce qui exclut les cas où elle est constatée soit par accord amiable des parties, soit par un jugement d'expédient consacrant un accord amiable.

5. L'exemption accordée ne vise que le droit de mutation : elle ne s'étend ni au droit de transcription, ni à la taxe de frais de justice auxquels le jugement ou l'arrêt peuvent donner ouverture conformément à la législation en vigueur.

6. La loi du 18 janvier 1912 n'a pas d'effet rétroactif (Conf. Castres, 10 avr. 1913, R. E. 5879 ; Ambert, 10 juill. 1913, R. E. 5927 ; Seine, 21 fév. 1919, R. E. 6950).

7. La résolution judiciaire d'une vente d'immeuble au profit du cessionnaire du vendeur ou du créancier subrogé aux droits de ce dernier ne bénéficie pas de l'exemption du droit de mutation (R. E. 5777-II).

8. La loi du 1er juillet 1901 attribue de plein droit à la masse à liquider les biens détenus par une congrégation religieuse sous réserve des actions en revendication qu'elle prévoit. L'exercice de

ces actions ne fait que suspendre l'exécution des mesures de liquidation, en telle sorte que le jugement de débouté n'opère aucune mutation et ne saurait être la cause génératrice de la perception du droit proportionnel (Cass. civ., 24 juill. 1918, R. E. 7042. Conf. Cass., 26 avr. 1909, R. E. 4808, Sir., 11.1.473).

9. L'annulation judiciaire d'une convention pour l'avenir ne met pas obstacle à la perception du droit exigible à l'occasion de cette convention (Cass. req., 19 nov. 1912, I. 3362-5, R. E. 5653).

RESTITUTION. — 1. L'art. 60 (ancien) de la loi du 22 frim. an VII est abrogé et remplacé par de nouvelles dispositions qui font l'objet de l'article unique L. 18 janv. 1912 (I. 3337, R. E. 5461, 5588).

2. « Ne sont pas sujets à restitution les droits régulièrement perçus sur les actes ou contrats ultérieurement révoqués ou résolus par application des dispositions des art. 954 à 958, 1183, 1184, 1654 et 1659 C. civ. » (L. 1912, § 2).

3. « En cas de rescision d'un contrat pour cause de lésion ou d'annulation d'une vente pour cause de vices cachés et, au surplus, dans tous les cas où il y a lieu à annulation, les droits perçus sur l'acte annulé résolu ou rescindé ne sont restituables que si l'annulation, la résolution ou la rescision a été prononcée par un jugement ou un arrêt passé en force de chose jugée » (L. 1912, § 3).

4. Pour que l'impôt soit définitivement acquis au Trésor il ne suffit plus désormais qu'il ait été régulièrement perçu dans les conditions déterminées par la jurisprudence, il faut, de plus, que la perception ne soit pas viciée dans son principe par un événement ultérieur qui, en supprimant la cause d'exigibilité du droit, en motive rétroactivement la restitution conformément à la règle suivant laquelle ce qui a été payé sans cause ou par erreur est sujet à répétition.

5. Par suite, sont restituables : les droits payés soit par un redevable qui n'y était pas tenu, soit à un bureau incompétent ; les droits acquittés soit à raison d'une convention ou d'une mutation qui n'a jamais eu d'existence, soit par suite d'une erreur de fait.

6. A ce dernier égard, la loi permet aux parties de soumettre au contrôle des tribunaux le pouvoir d'appréciation que l'Administration exerçait précédemment d'une façon discrétionnaire.

7. La loi admet encore la restitution des droits perçus sur les contrats annulés résolus ou rescindés à la condition que cette annulation soit prononcée par une décision judiciaire passée en force de chose jugée.

8. La nature de la nullité qui affecte le contrat — qu'elle soit absolue ou relative — est indifférente.

9. De même la loi ne fait aucune distinction entre les nullités à cause desquelles l'acte est inexistant et celles qui le rendent annulable.

10. Le mot *acte* employé au texte s'entend aussi bien des actes civils que des actes judiciaires ; il comprend notamment le jugement rétracté sur opposition, réformé en appel ou annulé par la Cour de cassation.

Ainsi la restitution est possible quand une adjudication a été annulée par suite de surenchère (R. E. 6028 IV).

11. Mais de ce que la loi exige une décision judiciaire, cela exclut les jugements ou arrêts d'expédients (Seine, 4 janv. 1917, R. E. 566 2) et à plus forte raison les accords amiables.

12. Une décision est passée en force de chose jugée dès qu'elle n'est plus attaquable par les voies de recours ordinaires, sans qu'il y ait à rechercher si elle est encore susceptible des voies de recours extraordinaires.

13. En dehors des cas d'annulation, la cause d'exigibilité de l'impôt peut encore disparaître et motiver la restitution. Il en est ainsi notamment quand une déclaration estimative souscrite pour la perception est exagérée ;

14... Quand un partage pur et simple postérieur à la déclaration de succession fait apparaître un excès de perception sur celle-ci ;

15... Quand un partage est présenté à l'enregistrement même après la formalité donnée à une licitation qui le prépare (Sol. 23 nov. 1912, I. 3370 § 18, R. E. 5935) ;

16... Quand, après avoir acquitté les droits de mutation par décès, les héritiers, donataires ou légataires renoncent à la succession, à la donation ou à leur legs ;... ou sont évincés ou subissent une réduction à la quotité disponible ;

17... Quand, en matière de licitation, une première adjudication est prononcée au profit d'un étranger, mais qu'à la suite d'une surenchère un colicitant se rend acquéreur ;

18... Quand un héritier bénéficiaire qui a acquitté le droit de transcription sur l'adjudication d'immeubles de succession tranchée à son profit fait ultérieurement acte d'héritier pur et simple ;

19... Quand une masse héréditaire est déclarée en y comprenant la contribution des bénéfices de guerre due à l'État (I. 3484 § 2, R. E. 6488).

20... Mais dans tous les cas où la restitution est légale, elle ne peut être ordonnée qu'autant que la prescription ne s'y oppose pas (V. *Prescription*).

21. Par contre, la loi de 1912 refuse la restitution quand le contrat est résolu par l'effet d'une condition résolutoire expresse (art. 1183 C. civ.) ou tacite (art. 1184 C. civ.).

22. Les applications particulières de cette exception énumérées spécialement au texte visent les art. 954 et 958 C. civ. (révocation de donations entre vifs pour cause d'inexécution des conditions ou pour cause d'ingratitude) ; l'art. 1654 (résolution de vente pour défaut de paiement du prix) ; l'art. 1654 (exercice de la faculté de rachat ou de réméré réservée au profit du vendeur).

23. Lorsque l'adjudication sur folle enchère est tranchée moyennant un prix inférieur à celui de la première adjudication, les droits payés sur la différence des deux prix ne sont pas restituables : la folle enchère, en effet, est l'application aux ventes faites par autorité de justice de l'art. 1184 C. civ. et plus spécialement de l'art. 1654 C. civ. (Sol. 12 janv. 1914, R. E. 6138).

24. Quand une vente a été résolue pour défaut de paiement du prix, l'annulation judiciaire de la revente consentie par l'acquéreur avant la résolution ne procède pas de l'art. 1654 C. civ. et peut, dès lors, motiver la restitution du droit de mutation perçu sur cette revente (Sol. 15 oct. 1913, I. 3390 § 13, R. E. 5960).

25. L'énumération des cas de résolution qui ne permettent pas la restitution est limitative. Par suite, les droits doivent être remboursés dans les autres cas de résolution notamment : révocation de donation pour cause de survenance d'enfant (art. 960 C. civ.) ; résiliation de louage d'ouvrage par suite du décès de l'entrepreneur (art. 1795 C. civ.) ; rente viagère éteinte dans les 20 jours (art. 1975 C. civ.).

26. La loi du 18 janvier 1912 est restreinte dans son application aux droits d'enregistrement proprement dits. Les règles spéciales au remboursement des droits de timbre, de la taxe sur le revenu et des autres droits ou taxes subsistent sans modifications.

27. Elle n'a point d'effet rétroactif (Seine, 17 avr. 1912, R. E. 5661 ; Castres, 10 avr. 1913, R. E. 5879 ; Ambert, 10 juill. 1913, R. E. 5927 ; Seine, 21 fév. 1919, R. E. 6950).

28. La loi du 9 mars 1918 autorise, à la condition qu'elle soit demandée dans un délai de 3 mois, la restitution des droits d'enregistrement perçus sur les baux et locations ayant donné lieu à des réductions ou exonérations de loyer (I. 3634, R. E. 6854).

29. *Imputation.* — L'attributaire d'indemnité pour dommages de guerre qui est débiteur de l'Etat à quelque titre que ce soit, même pour le payement de ses contributions, peut, sur sa demande, obtenir que la somme ainsi due soit imputée à valoir sur le montant de son indemnité et ne devienne exigible avant que ce montant n'ait été déterminé (L. 17 avr. 1919, art. 46, I. 3625, R. E. 6967). En matière d'enregistrement, l'imputation n'est admise que pour les droits de mutation par décès (Circ. 9 juin 1920, I. 3625).

ROLES D'ÉQUIPAGE. — Le décret du 14 novembre 1914

(I. 343, R. E. 6117), ratifié par la loi du 17 mars 1915 (R. E. 6258) modifie les conditions d'oblitération des timbres mobiles apposés sur les rôles d'équipage.

Par application de l'art. 36 L. 25 juin 1920, le droit de timbre des rôles d'équipage se trouve doublé et porté de 6 fr. à 12 fr. à partir du 1er août 1920 (Circ. marine march., 16 nov. 1920, R. E. 7184).

SCEAU (DROIT DE). — Sont perçus d'après le tarif ci-dessous, sans préjudice des honoraires dus aux référendaires, mais sans addition d'aucun droit d'enregistrement ni d'aucun décime, les droits de sceau établis au profit du Trésor sur les actes dont l'énumération suit : Admissions à domicile : 500 fr. Naturalisations : 1.000 fr. Réintégrations dans la qualité de Français : 500 fr. Dispense d'alliance ou de parenté pour mariage : 250 fr. Dispenses d'âge pour mariage : 125 fr. Autorisations de se faire naturaliser ou de servir à l'étranger : 1.500 fr. Changements ou additions de noms : 1 500 fr. (L. 31 juil. 1920, art. 22, I. 3636, R. E. 7144 et 7149).

2. Le tarif des honoraires des référendaires est fixé à 75 fr. pour chaque acte, sauf en ce qui concerne les dispenses d'alliance, de parenté et d'âge pour mariage, pour lesquelles le tarif est de 50 fr. (L. 31 juil. 1920, art. 23).

3 Les dispositions, art. 4, Ord. 8 oct. 1814 ; 55, L. 28 avr. 1816 ; 12, L. 20 juil. 1837 ; 17, L. 7 août 1850 sont abrogées en ce qu'elles ont de contraire aux art. 22 et 23 ci-dessus (L. 31 juill. 1920, art. 24).

SERMENT. — Les procès-verbaux de prestation de serment des médecins chargés d'examiner les assurés en matière de retraites ouvrières et paysannes doivent être enregistrés gratis (D. M. F. 3 déc. 1913, I. 3390 § 12, R. E. 5961).

SOCIÉTÉ. — *Associations.* — **1.** La société se distingue de l'association en ce qu'elle comporte essentiellement comme condition de son existence la répartition entre associés des bénéfices faits en commun tandis que la seconde l'exclut nécessairement. Et par bénéfices on entend un gain pécuniaire ou un gain matériel qui s'ajoute à la fortune des associés. Une caisse rurale déclarée comme société coopérative de crédit à capital variable est une association quand le seul avantage assuré aux associés consiste dans la faculté d'emprunter au taux le plus réduit. L'acte constitutif d'une telle caisse n'est pas assujetti au droit proportionnel sur les apports (Cass. ch. réunies, 11 mars 1914, R. E. 6013).

2 *Le syndicat de consommateurs* constitué sous forme de société civile en vue du partage des bénéfices provenant des indemnités et amendes à recevoir d'un concessionnaire d'éclairage public, possède la personnalité morale (Cass. req., 25 avr. 1910, R. E. 5490).

3. *La loi du 22 novembre* 1913 modifie le régime des sociétés par actions (R. E. 5889 et 6072).

4. Elle permet à l'assemblée générale délibérant dans des conditions déterminées — sauf clauses contraires des pactes constitutifs — de modifier les statuts dans toutes leurs dispositions sans toutefois changer la nationalité de la société ni augmenter les engagements des actionnaires (§ 1).

5. Les modifications statutaires qui rentrent en vertu de la loi du 22 nov. 1913 dans les pouvoirs de l'assemblée générale laissent subsister la personnalité juridique de la société ; on en doit tirer, au point de vue fiscal, les conséquences qui découlent de la persistance de l'être moral (R. E. 6072).

6. La loi du 22 nov. 1913 s'applique dans certaines de ses dispositions aux sociétés constituées antérieurement (art. 3 et 4).

7. *Droit d'apport*. — Le droit proportionnel d'apport est porté de 0,20 0/0 en principal à 1 0/0 sans décimes (L 29 juin 1918, art. 15, I. 3554, R. E. 6786).

8. Ce droit est dû sur les apports faits par une société à une autre qui a une personnalité distincte (Cass. civ., 28 avr. 1913, I. 3370-1 ; R. E. 5746).

9. Le droit d'apport ne frappe que les apports purs et simples. En cas d'apport conjoint à une société en nom collectif d'immeubles indivis à la charge de payer le passif qui les grève, l'impôt de 1 0/0 ne doit être perçu que sur la valeur desdits immeubles déduction faite du passif, encore bien que de ce dernier chef l'apport ne soit pas taxé comme vente eu égard à la nature de la société (R. E. 5529-V).

10. *Droit de transcription*. — Les actes de société constatant un apport pur et simple d'immeubles sont assujettis, lors de l'enregistrement, au droit actuel de 2 0/0 sans décimes, en outre du droit actuel de 1 0/0 ; mais la formalité de la transcription au bureau du conservateur des hypothèques ne donne lieu à aucun droit proportionnel autre que la taxe établie par la loi du 27 juillet 1900 (L. 13 juill. 1911, I. 3325, R. E. 5347 ; 25 juin 1920, art. 25, I. 3626, R. E. 7125).

11. Si l'apport s'applique à la fois à des meubles et à des immeubles mis en société moyennant une attribution globale d'actions ou de parts d'intérêts, le droit de transcription se liquide d'après une déclaration estimative de la valeur des immeubles.

12. Le droit de transcription est exigible sur les apports immobiliers effectués à titre pur et simple à une société d'habitation à bon marché (Clermont-Ferrand, 30 juill. 1914, R. E. 6145).

13. En cas de prorogation de société, le droit de 2 0/0 n'est pas dû (R. E. 5570-V), à moins, bien entendu, qu'il n'y ait création de société nouvelle ou nouveaux apports immobiliers.

14. Ce droit n'est pas dû non plus quand l'apport n'est pas translatif de droits réels, par exemple lorsque l'immeuble n'est apporté qu'en jouissance seulement (R. E. 5692).

15... ou quand l'apport est effectué à une association dépourvue de personnalité morale, ou sans but lucratif (R. E. 5692).

16. En cas d'enregistrement en France d'un acte de société constatant l'apport d'immeubles situés en Algérie et ne donnant pas ouverture, à raison de cet apport, au droit de mutation entre vifs, à titre onéreux, le droit de transcription au tarif algérien exigible sur la valeur en capital du dit apport, en vertu de l'art. 1er D. 13 déc. 1912 et de l'art. 62 D. 3 déc. 1914, est perçu par le receveur de la métropole pour le compte du budget spécial de la colonie (L. 29 juin 1915, art. 5, I. 3450, R. E. 6259).

17. La perception en Algérie pour le compte du budget général de la métropole du droit de transcription au tarif français comme il est prévu L. 13 juill. 1911 est édictée par ladite loi du 29 juin 1915 (I. 3450, R. E. 6259).

18. Pour les insuffisances et les dissimulations, V. *Dissimulation et insuffisance.*

19. *Apport à titre onéreux.* — L'apport effectué moyennant un équivalent à fournir ou à payer par la société emporte transmission de biens et donne ouverture à l'impôt proportionnel de mutation (Cass. civ., 28 avr. 1913, I. 3370-1, R. E. 5746).

20. La cession faite à une société par un rétro-cessionnaire d'une concession de ligne de tramway faite primitivement à un département ne peut bénéficier du droit fixe actuel de 2 fr. édicté L. 11 juin 1880, art. 24 (Cass req., 30 nov. 1910, I. 3312-6, R. E. 5196 ; Cass. req., 6 fév. 1911, I. 3322-3, R. E. 5239).

21. Lorsqu'il est stipulé dans un acte de société que les apporteurs seront remboursés par la société de toutes leurs avances, frais et débours, le droit d'obligation à 1 0/0 est exigible (Cass. req., 30 nov. 1910 précité).

22. L'engagement pris par un apporteur de faire des travaux et des fournitures moyennant un prix à forfait s'analyse en un marché (Cass. req., 6 fév. 1911, I. 3322-3, R. E. 5239).

23. La délégation du prix de l'apport en faveur de créanciers désignés dans la comptabilité de l'apporteur à laquelle on se réfère expressément donne ouverture à l'impôt de 1 0/0 dès lors qu'il n'est pas fait mention de titres enregistrés (Cass., 12 mai 1919, R. E. 7016).

24. *Cession de part.* — La stipulation d'après laquelle lors du prédécès d'un associé la société doit continuer entre les survivants auxquels appartiendra l'actif social et qui auront à rembourser la part du défunt à ses héritiers dans un délai déterminé renferme une transmission conditionnelle à titre onéreux de part sociale et donne ouverture, lors de l'événement, au droit de cession de part d'intérêt (Cass. req., 15 juin 1911, I. 3335-4, R. E. 5352).

25. Le droit de cession de part sociale a été porté à 0.90 0/0 sans décimes par l'art. 41 L. 29 mars 1914 (I. 3410, R. E. 6032).

26. Ce droit est dû sur la cession de part d'intérêt dans une société en nom collectif (Sol. 13 mai 1910, I. 3345 § 12, R. E. 5682).

27. La substitution, en qualité d'associés, d'une ou plusieurs personnes à un associé qui leur cède ses droits avec le consentement de son unique associé (art 1861 C. civ.), n'entraîne pas dissolution de l'être moral ; elle s'analyse en une cession de part sociale (Cass. civ., 16 déc. 1918, R. E. 6886). La même solution a été admise dans une espèce où une société ayant cédé la majeure partie de ses actions à une autre conserve son existence propre et par conséquent son droit de propriété sur les biens composant son actif (Cass. civ., 7 juin 1920).

28. *Dissolution et partage.* — La cession qui met fin à la société donne ouverture au droit de mutation sur la fraction des biens sociaux transmis par le cédant d'après leur valeur et leur importance (Cass. civ., 24 fév. 1913, I. 3370-2, R. E. 5712).

29. Faute par les redevables de souscrire la déclaration estimative nécessaire pour l'assiette de l'impôt dans l'hypothèse qui précède, le tarif immobilier peut être appliqué sur une valeur arbitrée d'office par l'Administration (même arrêt. V. toutefois *infrà*, 33).

30. S'il dépend du fonds social des biens apportés en société par d'autres que les cessionnaires, un droit de mutation particulier est dû sur ces biens d'après leur valeur au jour de la mise en société (Cass. civ., 24 fév. 1913 précité ; Conf. Cass. req., 25 avr. 1914, I. 3434-9, R. E. 6945 ; Cass. req. 15 juin 1920, R. E. 7134). La règle est la même lorsqu'il s'agit de bien indivis (Cass. civ., 28 avr. 1911, I. 3322-5, R. E. 5311).

31.... Sauf, le cas échéant, imputation du droit de transcription qui a pu être perçu sur l'apport des immeubles lors de la constitution de la société, conformément aux dispositions (L. 13 juill. 1911, R. E. 5692).

32. Lorsqu'un ensemble de biens comprenant des apports et des acquêts est cédé en fin de société à un associé autre que l'apporteur, moyennant un prix unique, c'est à juste titre que la Régie ventile ce prix entre le groupe apports et le groupe acquêts d'après la valeur actuelle de ces deux groupes et perçoit le droit de mutation sur le premier d'après sa valeur au jour de la mise en société, et sur le second d'après la portion du prix y afférente (Cass. req., 15 juin 1920, R. E. 7134).

33. Le tarif immobilier est applicable au prix total de la licitation intervenue en fin de société, lorsque cette licitation a pour objet des biens meubles et des immeubles et que l'acte ne contient pas la désignation et l'estimation article par article des objets mobiliers (Cass. req., 15 juin 1920, R. E. 7134).

34. L'attribution aux associés autres que l'apporteur résulte suffisamment de l'apport fait par les premiers à une nouvelle société constituée entre eux, des biens mis originairement en société par le second (Cass. civ., 28 avr. 1911, R. E. 5310).

35. La Cour de cassation n'admet pas l'application des règles de perception tracées par l'Inst. 342 en cas de licitation de biens sociaux mettant fin à la société (Cass., 25 mars 1918, R. E. 6806 ; Cass. req., 28 mai 1919, R. E. 7083).

36. Le droit de mutation n'est pas dû sur l'acte par lequel une société cède la plus grande partie de ses actions à une autre dès lors que la société cédante conserve son existence propre et par conséquent son droit de propriété sur les biens composant son actif (Cass. civ., 7 juin 1920, R. E. 7161).

37. L'acte constatant le remboursement à des commanditaires d'une somme prélevée sur le capital social donne ouverture au droit de partage qui est, actuellement, de 0 fr. 50 0/0 sans décimes (Cass. req., 17 oct. 1911, I. 3335-5, R. E. 5424).

38. *Mines*. — A titre exceptionnel, les sociétés civiles de mines ayant leur exploitation en pays envahi ou dévasté par l'ennemi qui se transforment en sociétés anonymes par voie de modification des statuts ne seront pas considérées comme créant un être moral nouveau, et l'acte, sous quelque forme qu'il intervienne, constatant l'augmentation du capital des dites sociétés doit être enregistré au droit fixe actuel de 6 fr. pourvu que l'augmentation soit réalisée exclusivement au moyen de valeurs prélevées sur le fonds social existant au moment de la transformation (L. 25 sept. 1919, I. 3599, R. E 7021).

39. La transformation en société anonyme par voie de modification de statuts des sociétés civiles qui exploitent des *mines*, minières ou carrières ou qui tirent leurs bénéfices du produit de ces exploitations n'est pas considérée comme créant un être moral nouveau. Les actes constatant lesdites modifications ou la transformation sont enregistrés au droit fixe de 6 fr. à condition : 1° que ces actes aient été soumis à l'enregistrement dans le délai de deux ans à dater du 1er janvier 1921 ; 2° que la déclaration du capital ait lieu sans versements ni apports nouveaux et par la seule évaluation en capital des biens et valeurs existant au moment de la transformation ; 3° que la durée de la nouvelle société anonyme ne soit pas supérieure à celle de la société civile. S'il est fait apport de capitaux nouveaux, les droits habituels sont perçus sur ces capitaux nouveaux (L. 31 juill. 1920, art. 18, I. 3636, R. E. 7144 et 7149 et L. 31 déc. 1920, art. 9, R. E. 7172).

40. *Dommages de guerre*. — Les attributaires ont la faculté de mettre en commun leurs droits à l'indemnité ou de les apporter en société en vue de la reconstruction d'immeubles ou de la reconstitution d'exploitations ou d'établissements agricoles, commerciaux et industriels dans les conditions et les limites prévues par la loi. En cas de fusion ou de mise en société, les droits d'enregistrement ne sont perçus que sur la valeur d'avant guerre (L. 17 avr. 1919, art. 5, I. 3625, R. E. 6967 et 7169).

41. L'exemption afférente aux frais supplémentaires (en excédent de la valeur au 1er août 1914) ne vise que les apports purs et simples à l'exclusion des apports à titre onéreux. Pour ces derniers le droit de mutation ou de créance est dû, à moins cependant qu'il ne s'agisse d'une cession au profit d'une société de crédit immobilier, d'une coopérative ou d'une société d'habitation à bon marché ayant assumé la charge de la reconstitution de l'immeuble ou encore au profit de l'une des sociétés ou œuvres de bienfaisance spécialement agréées à cet effet par le ministre des Régions libérées (L. 17 avr. 1919, art. 49).

41 *bis*. Sont dispensés des formalités et exempts des droits de timbre et d'enregistrement les actes nécessaires à la constitution, à la modification et à la dissolution *des groupements de reconstitution*, à condition que ces actes remplissent les conditions prévues art. 68, § 3, n° 4, L. frim. ainsi que tous les actes quelconques passés par ces groupements ou leurs adhérents pour leur fonctionnement et la réalisation de leur objet (L. 15 août 1920, art. 10, I. 3642). Pour bénéficier des immunités, les actes doivent porter une mention indiquant qu'ils sont passés en exécution de la loi (D. 9 oct. 1920, I. 3642).

42. Sont dispensés du timbre et soumis au droit fixe d'enregistrement de 6 fr. : les actes ayant pour objet la constitution de *groupements de sinistrés* en vue d'opérations d'emprunt gagés par les annuités qui leur sont consenties ; les actes constatant les conventions passées entre l'Etat et les sinistrés et groupements de sinistrés ainsi que leurs cessionnaires ou délégataires, conformément à l'art. 152 L. 31 juill. 1920, ainsi que tous les actes relatifs aux cessions, transferts ou transports à titre onéreux des annuités dues en vertu de ces conventions ; les actes afférents aux emprunts contractés par les sinistrés et groupements de sinistrés ainsi que par leurs cessionnaires ou délégataires et par lesquels les annuités ont été données en garantie (L. 31 juill. 1920, art. 157, I. 3625, R. E. 7144 et 7169).

43. *Sociétés à participation ouvrière*. — Les sociétés anonymes à participation ouvrière constituées suivant les prescriptions de la loi sont affranchies, en ce qui concerne leurs statuts ou actes d'augmentation de capital, des droits de timbre et d'enregistrement exclusivement applicables au montant des actions de travail (L. 26 avr. 1917, I. 3508, R. E. 6672).

44. L'exemption d'impôt ainsi édictée ne s'étend pas aux droits relatifs aux mutations ou autres dispositions indépendantes que les actes envisagés pourraient renfermer ou constater en dehors des statuts et des actes d'augmentation de capital pour ce qui a trait aux actions de travail.

45.... Ni aux actes de dissolution des dites sociétés.

46. *Habitations à bon marché.* — La loi du 23 déc. 1912 modifie celle du 12 avr. 1906 sur les sociétés d'habitations à bon marché (R. E. 5693).

V. aussi pour les sociétés d'habitations à bon marché en régions dévastées L. 27 oct. 1919, V° *Habitations à bon marché, suprà*, n° 9.

47. Les actes constatant l'attribution d'actif net faite à une ou plusieurs sociétés similaires soit par une société de *crédit immobilier* en vertu de l'art. 2 L. 26 fév. 1912, soit par une société d'habitations à bon marché en vertu de l'art. 5 L. 23 déc. 1912 ne donnent lieu, lors de l'enregistrement, qu'à la perception d'un droit fixe de 6 fr. quelle que soit la nature des biens compris dans l'actif net attribué. La formalité de la transcription à la conservation des hypothèques est opérée s'il y a lieu moyennant le droit fixe de 1 fr. (L. 31 juill. 1920, art. 21, I. 3636, R. E. 7144 et 7149).

48. La *société de crédit agricole* constituée sous le régime de la loi du 5 nov. 1894 est une société commerciale et possède une personnalité propre distincte de celle des associés (Cass. req., 8 déc. 1915, R. E. 6816).

49. La loi du 4 déc. 1913 a étendu les immunités fiscales accordées aux sociétés de *crédit maritime mutuel* (I. 3405, R. E. 6078).

50. Les *sociétés de caution mutuelle* et les banques populaires bénéficient également d'exemptions d'impôts (L. 13 mars 1917, I. 3562, R. E. 6589), mais ces exemptions s'appliquent seulement à l'impôt sur le revenu et au timbre des certificats de parts non négociables.

51. Le régime des sociétés *coopératives ouvrières* de production et des sociétés coopératives ouvrières de crédit au travail est déterminé par la loi du 18 déc. 1915 suivie du décret du 28 juill. 1916 (I. 3575, R. E. 6649). Au point de vue des impôts afférents aux actes de constitution et de cession de part, ces sociétés demeurent soumises au droit commun.

52. Les *banques coopératives ouvrières* dont la création est prévue par la même loi de 1915 ne profitent d'autres faveurs fiscales que celles qui peuvent leur être reconnues en tant que constituées exclusivement entre ouvriers et artisans suivant les dispositions des art. 11, L. 1er déc. 1875 ; 21, L. 30 déc. 1903 et 25, L. 8 avr. 1910 (I. 3575, R. E. 6649).

53. V. pour la prorogation des sociétés commerciales ayant leur siège en régions envahies L. 16 juill. 1919, I. 3607, R. E. 7000. C'est à la date de l'expiration statutaire de la société prorogée que l'on doit se placer pour fixer la valeur de l'actif net imposable et pour déterminer le tarif applicable (D. M. F. 19 fév. 1920, I. 3617).

SUBSTITUTION. — Les droits des appelés à une substitution ne s'ouvrent qu'au moment où cessent d'exister ceux du grevé. Par suite, lorsqu'un héritier réservataire est légataire de la moitié de la succession à charge de substitution, au profit ds ses enfants nés et à naître, pour la nue propriété de cette quotité, le grevé n'est pas dans l'indivision avec les appelés. En conséquence, l'adjudication au profit du grevé d'un immeuble frappé de cette charge n'a pas pour effet de faire cesser une indivision préexistante et n'est pas affranchie de la transcription ; elle doit dès lors supporter le droit actuel de 2 0/0 Cass. civ., 6 mars 1912, I. 3345-7, R. E. 5559).

SUCCESSION

SOMMAIRE

N. B. — *En raison de l'importance de ce mot nous avons fait suivre le n° de chaque alinéa du supplément du n° de la 2e édition du Traité alphabétique où il doit être annoté.*

SECTION I. — *Droit civil.*

1 (*58*). A l'expiration du délai de six mois après la cessation des hostilités, le paragraphe 1er de l'art. 755 C. civ. sera ainsi modifié : « Les parents collatéraux au delà du 6e degré ne succèdent pas, à « l'exception toutefois des descendants des frères et sœurs du défunt.

« Toutefois, les parents collatéraux succèdent jusqu'au 12e degré lors- « que le défunt n'était pas capable de tester et n'était pas frappé d'in- « terdiction légale » (L. 31 déc. 1917, art. 17).

2 (*102*). Le conjoint survivant qui convole en deuxièmes noces et perd ainsi le droit aux libéralités faites sous condition de non convol, peut réclamer l'usufruit légal, s'il n'a pas renoncé antérieurement à cet usufruit (Cass., 3 août 1911, R. E. 5628).

3 (*144*). L'usufruit légal du conjoint survivant ne saurait s'exercer sur les biens dont le défunt a disposé par voie d'institution contractuelle (C. Bordeaux, 11 juin 1917, R. E. 6764).

4 (*160*). En cas d'existence d'enfants d'un premier lit, les avantages résultant, au profit du conjoint survivant, des conventions matrimoniales ne peuvent dépasser le disponible de l'art. 1098 C. civ., ni se cumuler avec l'usufruit légal (Cass. req., 25 juin 1912, R. E. 5625). Bien que considérés comme des libéralités au regard des enfants du premier lit, les avantages matrimoniaux conservent le caractère onéreux au regard des époux et ne sont pas, en principe, passibles de l'impôt de mutation par décès.

5 (*137*). La loi du 3 avril 1917 a abrogé le dernier alinéa de l'art. 767 C. civ. d'après lequel, en cas de nouveau mariage, l'usufruit légal s'éteint s'il existe, à ce moment, des enfants encore vivants du défunt.

6 (*188*). La suspension édictée par le décret du 10 août 1914 s'applique aux délais impartis à la femme commune en biens et à l'héritier pour faire inventaire et délibérer (C. Dijon, 12 mai 1915, R. E. 6686).

SECTION II. — *Droit fiscal.*

§ 1. — Déclaration de succession.

7 (*269*). La réception des déclarations négatives donne lieu désormais à la délivrance d'un certificat constatant l'accomplissement de la formalité.

8 (*270*). Sous le régime de la loi du 18 avril 1918, le redevable qui ne complète pas une déclaration partielle, dans le délai légal, n'est plus considéré comme ayant commis une omission et il n'encourt que la pénalité de retard.

9 (*285*). Dorénavant, toutes les déclarations seront terminées par une mention écrite de la main du ou des déclarants et affirmant que l'argent comptant, les créances et toutes autres valeurs mobilières ont été déclarées. Lorsque le déclarant ne sait pas écrire ou ne sait que signer, le receveur lui donne lecture de la mention et certifie cette lecture au bas de la déclaration. Les déclarations non affirmées doivent être refusées, à moins que leur caractère partiel ne soit régulièrement affirmé par le déclarant (L. 18 avr. 1918, art. 7).

Le mandataire n'a pas à formuler l'affirmation, mais celle-ci doit être exigée de tous les héritiers, donataires, légataires, même particuliers, qui comparaissent à la déclaration.

10 (*286*). Dans les cantons dépourvus de bureau d'enregistrement, les déclarations peuvent être déposées au receveur des postes commissionné en qualité d'agent auxiliaire (D. 15 déc. 1915, art. 2, I. 3469).

11 (*292*). L'exécuteur testamentaire non muni d'un pouvoir spécial des redevables n'a pas qualité pour passer la déclaration (Hazebrouck, 14 mai 1910, R. E. 5302). Par contre, les curateurs à successions vacantes sont tenus de remplir cette formalité dès lors qu'il existe des fonds disponibles (Seine, 1er juill. 1913, R. E. 5898).

12 (*295*). La femme dotale qui s'est réservée l'administration de ses biens à venir a seule qualité, à l'exclusion du mari, pour déclarer les successions à elle échues pendant le mariage (Largentière, 30 oct. 1913, R. E. 6021).

13 (*308-311*). La question de savoir quel est le dernier domicile du défunt est, en général, toute de fait et ne peut être résolue que d'après les circonstances (Seine, 28 juill. 1913, R. E. 6006 ; Nérac, 30 juill. 1914, R. E. 6129).

L'impôt de mutation par décès ayant été établi en Algérie par décret du 29 déc. 1916 (V. *Algérie*), des mesures ont dû être prises pour régler le cas des successions comprenant des biens imposables en Algérie et en France. Aux termes de la loi du 29 déc. 1919, dans ce cas, la déclaration de l'ensemble de la succession est faite au bureau de l'enregistrement du domicile.

A défaut de domicile en France ou en Algérie, la déclaration est souscrite au bureau du lieu du décès, et si le décès est survenu hors de France ou d'Algérie, aux bureaux qui seront désignés par l'Administration.

Le receveur du bureau qui reçoit la déclaration est compétent pour liquider et percevoir les droits exigibles pour le compte du budget de la métropole ou de l'Algérie.

Les héritiers qui demanderont à différer le payement des droits, conformément à l'art. 7 de la loi du 13 juill. 1911 et à la loi du 14 nov. 1918, déposeront leur demande au receveur compétent pour recevoir la déclaration (art. 17 de la loi, I. 3622, R. E. 7022).

Toutes les instances relatives à la perception des droits dus sur les successions comprenant des biens imposables en France et des biens imposables en Algérie sont portées devant le tribunal civil de l'arrondissement du bureau appelé à recevoir la déclaration, à l'exception des actions en expertise d'immeubles ou de fonds de commerce qui restent de la compétence du tribunal de la situation des biens (art. 19 de la loi).

14 (*317*). Les délais accordés par l'art. 24 de la loi du 22 frim.

an VII pour déclarer en France les successions ont été réduits par la loi du 29 déc. 1919 (art. 21) à huit mois, lorsque celui dont on recueille la succession est décédé en Algérie, en Tunisie ou au Maroc, et à une année s'il est décédé dans toute autre partie de l'Afrique, ou en Asie ou en Amérique.

Lorsque, par application de l'art. 19 de la loi du 29 déc. 1919 (V. n° 13 *suprà*), la déclaration des biens imposables en France doit être effectuée en Algérie, le délai pour la souscrire est le même que celui qui est accordé pour passer la déclaration des biens imposables en Algérie (I. 3622, R. E. 7022).

14 *bis* (*320*). Le délai pour déclarer les successions n'a pas été suspendu par les décrets moratoires (Dijon, 17 déc. 1918, R. E. 6896) ; mais il a été prorogé jusqu'au 31 déc. 1920 pour les contribuables des régions qui ont subi l'occupation ennemie (L. 29 juin 1920, R. E. 7126).

15. *321*. (*L. 13 juillet 1911*.) Les redevables peuvent obtenir l'autorisation de se libérer par acomptes égaux et semestriels dont le premier vient à échéance un an après le décès. Le nombre de ces acomptes est de deux, quand le taux moyen de l'impôt est inférieur à 10 0/0, il est porté à quatre quand le taux se trouve compris entre 10 0/0 et 18 0/0, au delà de 18 0/0 le nombre des versements est fixé à six. Les droits ainsi différés sont majorés de l'intérêt au taux légal (art. 7).

Pour bénéficier de ces facilités de paiement, les redevables doivent déposer dans les 4 mois du décès une demande sur timbre accompagnée d'un projet de déclaration et offrir une garantie consistant soit en un privilège sur les immeubles héréditaires, soit en un nantissement de valeurs mobilières. Une déclaration partielle ne met pas obstacle, en principe, au paiement fractionné, mais le fractionnement ne saurait s'appliquer aux droits dus à raison des omissions ou des insuffisances.

L. 25 juin 1920. Les versements semestriels prévus par l'art. 7 L. 13 juill. 1911 sont fixés au nombre de deux, lorsque les droits de mutation par décès exigibles n'excèdent pas 5 0/0 des parts nettes recueillies, soit par tous les cohértiers solidaires, soit par chacun des légataires ou donataires ; de quatre, lorsque ces droits n'excèdent pas 10 0/0 des mêmes parts et ainsi de suite en augmentant de deux le nombre de versements, au fur et à mesure que les droits dépassent un nouveau multiple de 5 0/0, mais sans que le nombre des versements puisse être supérieur à 10 (art. 35, 1er al.). Le nombre des versements successifs peut être réduit de moitié, sans pouvoir être inférieur à 2, lorsque les deniers comptants, les créances échues et les valeurs pratiquement négociables compris dans la succession, le legs ou la donation, représentent une somme au moins égale au montant des droits exigibles (même art., 2e al.). Les droits dont le paiement a été différé deviennent exigibles immédiatement, lorsqu'il est établi que les héritiers donataires ou légataires qui en sont débiteurs ont réalisé des biens dépendant de la succession, de la donation ou du legs, pour une valeur nette au moins égale au montant des droits restant dus (même art., 3e al.)

Par ailleurs, la loi du 14 novembre 1918 a institué un régime spécial pour les redevables qui offrent en garantie des fonds publics de l'Etat français. Le délai qu'elle accorde est de cinq ans à compter du décès, quel que soit le taux moyen de l'impôt ; d'autre part, les redevables sont dispensés des versements semestriels et ont la faculté de se libérer en une seule fois pourvu que ce soit dans le délai de cinq ans ; enfin les actes relatifs à la constitution et à la réalisation du gage sont affranchis de tout droit de timbre et d'enregistrement. La garantie est déposée à la Caisse des dépôts et consignations et les arrérages produits par les titres sont encaissés par l'Administration qui les impute d'abord sur les intérêts moratoires, calculés au taux de 5 0/0, et s'il y a lieu, sur le montant des droits simples.

Les redevables sont d'ailleurs admis à demander l'application combinée de la loi du 13 juillet 1911 (art. 7) ou de la loi du 25 juin 1920 (art. 35), et de celle de la loi du 14 novembre 1918. En cette hypothèse, une fraction d'impôt égale à la valeur des titres peut être différée pendant cinq ans ; quant au surplus, il est versé dans les conditions ordinaires de la loi de 1911 ou de 1920.

16 (*324-II*). Un séquestre qui n'a pas été établi dans un intérêt public ni même d'office ne rentre pas dans les prévisions de l'art. 24 de la loi du 22 frimaire an VII. Les héritiers ne jouissent en ce cas d'aucun délai spécial (Clamecy, 3 avr. 1913, R. E. 6212).

17 (*324-III*). L'art. 7 de la loi du 26 décembre 1914 avait reporté au jour de la cessation des hostilités le point de départ du délai pour déclarer les successions des victimes de la guerre, mais cette disposition a été abrogée par la loi du 18 décembre 1916. La déclaration des successions exemptes de droits de mutation par décès doit être souscrite dans les délais ordinaires ; elle doit être accompagnée d'un certificat de l'autorité militaire constatant que la mort a été causée par une blessure reçue ou une maladie contractée pendant la durée des hostilités ou dans le cas de civils tués par l'ennemi, établissant les circonstances du décès (L. 26 déc. 1914, art. 6, I. 3432, 3461, R. E. 6217 ; Circ. 5 sept 1919, R. E. 6982 ; L. 29 juin 1920, art. 17, R. E. 7128).

18 (*324-V*). Les titres volés avant l'ouverture de la succession doivent être déclarés dans les six mois de l'événement qui les a fait rentrer dans l'hérédité, sous peine d'un demi-droit en sus (maximum). La prescription est de dix ans (actuellement vingt ans) à compter de la date de la rentrée dans l'hérédité (Largentière, 30 oct. 1913, R. E. 6021).

19 (*324-VII*). Quand les droits résultant de la découverte du testament ignoré sont contestés, ces droits peuvent être assimilés à des droits litigieux et le délai pour souscrire la déclaration court seulement du jour de la mise en possession (Auxerre, 18 mars 1914, R. E. 6239).

20 (*324-XI*). L'usufruitier qui cède son droit au nu propriétaire n'est passible d'aucun droit de mutation au décès du premier usufruitier (Montreuil, 25 mars 1914, R. E. 6387). Cette décision suppose, à tort, que la cession a éteint le droit éventuel de l'usufruitier second appelé ; elle ne saurait, dès lors, être approuvée.

21 (*328*). Le bénéfice du paiement fractionné (L. 13 juill. 1911, art. 7 14 nov. 1918, et 25 juin 1920) peut être requis par l'héritier obligé d'acquitter l'impôt sur des biens légués à des établissements publics non encore autorisés à accepter. La demande doit être déposée dans les deux mois qui précèdent l'expiration du délai de deux ans prévu par l'art. 19 de la loi du 25 fév. 1901.

22 (*339*). Quand une déclaration est souscrite un mois et un jour après le sixième mois, la pénalité est de 1 fr. 50 0/0, alors même que le dernier jour du premier mois de retard serait un dimanche.

23 (*342*). Si l'héritier mineur devient majeur avant que la pénalité ait atteint le maximum de 50 0/0, la pénalité à supporter par le tuteur se calcule jusqu'à la date de la majorité du pupille ; quant à ce dernier, il n'encourt aucune pénalité.

24 (*348*). La pénalité proportionnelle de retard se liquide, en principe, sur le montant des droits simples non acquittés dans le délai légal. Lorsque le paiement des droits a lieu par acomptes successifs versés postérieurement à l'expiration du délai, la pénalité encourue pour chaque mois de retard se calcule sur le solde des droits simples restant dus au début de ce mois.

§ 2. — Des biens a déclarer.

25 (*368*). Le droit de mutation par décès est exigible à la mort de chacun des propriétaires apparents des biens possédés par une congrégation qui n'est pas dissoute (Inst. 3466 § 11, R. E. 6469).

26 (*373*). Si un immeuble a fait l'objet d'une promesse de vente réalisable après le décès du vendeur, le légataire du prix acquitte l'impôt en cas de réalisation de la promesse sur le prix stipulé ; quant aux héritiers, ils ne sont tenus à aucune déclaration au sujet de l'immeuble (Cass. civ., 1er août 1912, R. E. 5622).

27 (*378*). Les sommes, titres ou valeurs trouvés dans un coffre-fort loué conjointement à plusieurs personnes, dont l'une est décédée, sont réputés, sauf preuve contraire, dépendre pour une part virile de la succession (L. 18 avr. 1918, art. 2). Il en est de même en ce qui concerne les plis cachetés et cassettes fermées remis aux banquiers, changeurs ou escompteurs (même loi, art. 6).

28 (*380*). Les actions immatriculées au nom d'un banquier sont réputées lui appartenir et doivent, à son décès, être assujetties à l'impôt ; la preuve contraire est toutefois réservée (Seine, 11 fév. 1914, R. E. 6359).

29 (*387-388*). Les droits acquittés sur une succession ou un legs doivent être remboursés à l'héritier ou au légataire renonçant. Il en est de même de l'impôt payé sur l'émolument revenant dans la communauté à la femme prédécédée, quand les héritiers renoncent ensuite à cette communauté.

30 (*416*). Le coupon détaché mais non échu d'un titre de rente sur l'Etat doit être compris parmi les biens à déclarer (Valenciennes, 2 fév. 1912, R. E. 5736).

31 (*442*). Le Tribunal de la Seine maintient sa jurisprudence d'après laquelle la femme commune bénéficiaire d'une assurance-vie contractée par son mari pendant le mariage doit récompense des primes à la communauté, alors même que ces primes auraient été prélevées sur les revenus et non sur les capitaux communs (12 déc. 1911, R. E. 5735).

32 (*453*). L'endossement d'une assurance-vie pour solde de compte peut dissimuler une désignation de bénéficiaire à titre gratuit (Cass. req., 27 déc. 1911, I. 3315 § 2).

32 *bis* (*457*). Une assurance sur la vie peut avoir un caractère gratuit pour partie et onéreux pour le surplus (Cass. civ., 31 déc. 1919, R. E. 7114).

33 (*458*). Lorsqu'une société qualifiée de secours mutuel est une véritable association d'assurance sur la vie, le droit de mutation par décès est dû par le bénéficiaire de l'indemnité versée par cette société (Seine, 16 mars 1914, R. E. 6065).

34 (*468*). L'exemption d'impôt prévue par l'art. 15 § 6 de la loi de 1901 n'est pas applicable, quand l'assurance contractée par un étranger a été passée en France (Seine, 9 mai 1910, R. E. 5225).

35 (*476*). Le passif dont le bénéficiaire de l'assurance-vie est tenu en qualité de successible peut être déduit du montant du capital assuré (Cass. civ., 6 nov. 1912, R. E. 5652). Toutefois, aucune déduction ne serait possible si le bénéficiaire n'était tenu au passif qu'*intra vires* ; tel est notamment le cas d'un légataire universel en concours avec des héritiers réservataires (Seine, 16 avr. 1913, R. E. 5795), d'un héritier bénéficiaire.

Les prêts sur police constituent un passif déductible de la masse de succession et non des capitaux assurés (Seine, 3 janv. 1910, R. E. 5231).

36 (*488*). Depuis l'abrogation par la loi du 4 avr. 1914 de l'art. 4

de la loi du 18 juin 1850, les versements faits à la Caisse nationale des retraites sont soumis au régime du droit commun. Par suite, en cas de rentes réversibles entre époux communs en biens, constituées par cette Caisse, la récompense due par le conjoint bénéficiaire de la réversion doit être comprise dans l'actif de communauté.

37 (*490*). *Loyers moratoriés.* — En cas d'exonération rétroactive et de plein droit des locataires, l'impôt n'est pas exigible sur les termes échus depuis le 1er août 1914 ; mais si le propriétaire vient à fournir la preuve de la solvabilité de ses débiteurs, la créance de loyers doit être déclarée dans les 6 mois de la décision de la Commission arbitrale. Quant aux loyers dont l'exonération n'est que facultative, ils doivent être imposés, sauf évaluation (L. 18 avr. 1918, art. 12). Les héritiers sont d'ailleurs recevables à demander le remboursement des droits perçus sur les loyers dont les locataires viendraient à être exonérés.

38 (*532*). En cas de *recel* par le conjoint survivant, la part de communauté dont l'auteur du recel est privé doit être considérée comme rentrée dans l'hérédité ; mais il y a omission de la part du défunt, laquelle n'a jamais cessé de dépendre de la succession (Aurillac, 27 nov. 1912, R. E. 5789).

39 (*551*). La créance non échue au décès du créancier est présumée faire partie de sa succession (Aubusson, 13 mars 1913, R. E. 6243), mais la preuve du remboursement anticipé peut résulter des circonstances (Moissac, 9 mai 1911, R. E. 5600).

40 (*568*). Lorsque l'exproprié décède après le jugement d'expropriation, il y a lieu de déclarer l'indemnité et non l'immeuble (Toulouse, 13 juin 1912, R. E. 5755).

41 (*598*). Est passible de l'impôt de mutation par décès le diamant d'un exécuteur testamentaire chargé d'aplanir les difficultés entre cohéritiers (Seine, 4 mars 1914, R. E. 6018) ; même solution en ce qui concerne le legs fait à un domestique lorsqu'il est constant que le testateur n'a pas eu l'intention d'acquitter une dette (Bastia, 26 mars 1915, R. E. 6622).

42 (*600*). Un legs pieux grevé d'une fondation au profit d'un établissement à créer doit être imposé sur son montant nominal (Barbezieux, 24 juill. 1914, R. E. 6128).

43 (*608*). L'impôt ne saurait être exigé sur un prétendu *legs verbal* dont l'existence n'est pas établie (Seine, 8 juill. 1914, R. E. 6425).

44 (*612*). A défaut d'intention clairement exprimée par le testateur, le legs payable net de tous frais ne porte pas sur une somme égale aux droits de mutation par décès, les successeurs du défunt ne sont donc pas admis à déduire de leur émolument le montant de l'impôt payé en l'acquit du légataire (Grenoble, 27 févr. 1919, R. E. 6952). L'Administration autorise, par contre, la déduction sur l'émolument de l'héritier de la fraction de taxe successorale que le légataire particulier est dispensé par le testateur de rembourser à cet héritier.

45 (*664*). La part sociale d'un associé domicilié en France doit être déclarée en tant que valeur mobilière incorporelle, alors même que cette part porterait sur des biens situés à l'étranger et affranchis de l'impôt en France (Seine, 17 avr. 1912, R. E. 5661).

46 (*685*). Pour calculer la part revenant au défunt dans les successions de ses auteurs prédécédés, il y a lieu de faire le rapport à ces successions des valeurs données en avancement d'hoirie à un autre héritier et on ne saurait s'en dispenser sur la simple allégation qu'un partage verbal est intervenu entre le *de cujus* et ses cohéritier (St-Gaudens, 24 juill. 1912, R. E. 5793).

§ 3. — Détermination de la valeur imposable des biens transmis par décès.

Art. 1er. — *Meubles.*

47 (*709*). Par dérogation à l'art. 14 n° 2 de la loi du 22 frimaire an VII, l'impôt est liquidé, d'après la déclaration estimative des parties, en ce qui concerne les créances sur débiteurs en état de faillite, de liquidation judiciaire, au moment de l'ouverture de la succession. Toute somme recouvrée ultérieurement en sus de l'évaluation doit être déclarée dans les six mois du recouvrement (L. 18 avr. 1918, art. 12). L'Administration ne jouit plus en cette matière de pouvoir discrétionnaire, mais les redevables ont à prouver l'insolvabilité de leurs débiteurs, enfin, il n'y a plus lieu d'exiger soit une renonciation, soit un engagement de payer l'impôt en cas de recouvrement.

48 (*728*). Le redevable qui avait souscrit l'engagement d'acquitter les droits en cas de retour de son débiteur à meilleure fortune ne pouvait invoquer que la prescription de trente ans à compter de la date de l'engagement (Vassy, 24 oct. 1912, R. E. 5881) ; désormais l'action du Trésor se prescrit par vingt ans à partir de la date du recouvrement.

49 (*730*). Lorsque le montant de la créance est indéterminé au moment de la déclaration de succession, l'action en recouvrement des droits supplémentaires se prescrit par 30 ans et non par 2 ans (Lombez, 8 mai 1913, R. E. 6186).

50 (*741*). *Rente viagère. Décès du crédi-rentier avant le paiement des droits. Evaluation.* — La mesure de tempérament rappelée au T. A. n'est appliquée qu'en cas de réversion de rente, c'est-à-dire au cas où l'évaluation de la rente n'influe plus sur la détermination de l'émolument de l'héritier, débi-rentier, lequel a droit à la déduction d'un capital formé par le produit par 10 des arrérages annuels.

51 (*743-744*). Quand les valeurs mobilières à évaluer ont été cotées, le jour de la transmission, dans plusieurs bourses, il appartient aux redevables de choisir entre les différents cours (Inst. 3439). Pour la détermination de la valeur des titres étrangers, il n'y a pas lieu de déduire du cours de la bourse le droit de timbre que les héritiers auront à acquitter (Bar-le-Duc, 16 avril 1913, R. E. 5897).

52 (*748*). La valeur imposable des bons de la Défense nationale, non admis à la cote, est déterminée par le capital nominal, sans déduction des intérêts payés à l'avance (R. E. 6528-II).

Art. II. — *Immeubles.*

53. *Règles nouvelles.* — Lorsque les immeubles héréditaires ont été vendus judiciairement avant l'expiration du délai prévu pour la déclaration de succession ou dans les six mois qui suivent l'expiration de ce délai, le prix d'adjudication doit servir de base légale à l'impôt (L. 15 juill. 1914, art. 26). L'Administration a reconnu que le délai de six mois pendant lequel l'adjudication pouvait utilement intervenir avait été suspendu, au profit des redevables, jusqu'à la cessation des hostilités (Inst. 3449 § 9) ; elle admet toutefois que cette suspension ne saurait, le cas échéant, profiter au Trésor. Une adjudication judiciaire tranchée au profit d'un colicitant doit servir de base légale à la perception (Inst. 3494 § 7) ; mais il n'en est pas de même, d'après l'Administration, de l'adjudication qui ne porte que sur un démembrement de la propriété, car en cette hypothèse, il n'est pas possible de procéder à la ventilation prévue par l'art. 13 de la loi de 1901.

Nouveau mode d'évaluation. — Les anciennes règles d'évaluation ont été modifiées par l'art. 11 de la loi du 27 mai 1918. Désormais tous les immeubles imposables aux tarifs édictés par la loi du 31 décembre 1917 sont évalués d'après leur valeur réelle au jour de la transmission. Cette valeur est déterminée par le prix de l'adjudication judiciaire intervenue dans l'année qui a précédé ou suivi le décès, à moins qu'il ne soit justifié d'une modification de la valeur de l'immeuble entre l'adjudication et le décès. A défaut d'adjudication judiciaire, il appartient aux redevables d'estimer cette valeur vénale.

La loi du 11 novembre 1918 qui a donné un effet rétroactif à la loi du 27 mai 1918 prévoit la révision des perceptions déjà assises sur le revenu capitalisé ; toutefois cette révision ne peut profiter qu'aux parties lorsque la déclaration a été souscrite dans le délai légal ; si la déclaration a été passée hors délai, l'Administration est fondée à prendre l'initiative de la révision et à réclamer un supplément de droit prescriptible par 30 ans.

En cas d'insuffisance présumée de la déclaration estimative, les redevables sont invités par lettre recommandée à formuler leurs observations dans le délai d'un mois et s'ils reconnaissent amiablement l'insuffisance, il n'est perçu qu'un complément de droit simple, à moins que l'insuffisance ne présente le caractère d'une dissimulation frauduleuse.

A défaut d'accord, il est procédé à une expertise dont les frais restent à la charge de l'Administration quand l'insuffisance constatée est inférieure ou égale à un dixième de la valeur déclarée ; en cette hypothèse le redevable n'encourt également aucune pénalité. La pénalité est : 1° d'un quart de droit en sus quand l'insuffisance égale ou excède 1/10 sans atteindre 1/5, 2° d'un demi-droit en sus quand elle est égale ou supérieure à 1/5 mais inférieure à 1/4 ; 3° d'un droit en sus quand elle dépasse un quart. Enfin, elle est réduite d'office de 25 0/0 lorsque le redevable transige avant le dépôt du rapport de l'expert. La prescription est de deux ans à compter de la date de la déclaration.

54. Règles anciennes. — *Les perceptions assises d'après les règles anciennes n'étant pas encore devenues définitives, le lecteur trouvera ci-après l'analyse des principales décisions judiciaires rendues en matière d'évaluation des immeubles.*

55 (*762*). Les immeubles de communauté doivent être évalués en revenu, même lorsqu'il s'agit du prélèvement des reprises du conjoint survivant (Cass. civ., 1er août 1912, R. E. 5621).

56 (*766*). La valeur imposable des immeubles bâtis loués verbalement se détermine non pas d'après le revenu matriciel, mais d'après le montant des loyers (Cass. civ., 28 juill. 1914, R. E. 6082) ; si l'immeuble n'est que partiellement loué, la valeur locative du surplus est représentée par une fraction du revenu matriciel à ventiler par les parties (Cass. civ., 28 juill. 1914, R. E. 6083 ; Cass. civ. 5 mai 1920), le contrôle de cette ventilation s'opère par tous les moyens de preuve compatibles avec la procédure écrite et non par voie d'expertise (I. 3449, § 8).

57 (*771*). Les terrains susceptibles d'être bâtis mais loués pour une longue durée et moyennant un prix sérieux doivent être évalués en revenu (Seine, 31 oct. 1910, R. E. 5188) : l'évaluation en revenu a même été admise dans une espèce où la location présentait un caractère provisoire (Cass. civ., 11 juill. 1912, R. E. 5608), toutefois, il a été décidé depuis que l'évaluation devait se faire en valeur vénale si la location ne produisait pas un revenu en rapport avec l'importance du terrain (Lyon, 23 juin 1915, R. E. 6563).

58. Les châteaux s'évaluent en valeur vénale (Bordeaux, 6 juill. 1914, R. E. 6564), mais un hôtel particulier, une maison bourgeoise habités par leurs propriétaires peuvent, d'après les circonstances, avoir pour destination de produire un revenu (Seine, 9 déc. 1913, R.

E. 6064 ; 5 janv. 1914, R. E. 6623 ; Versailles, 31 mai 1918, R. E. 6812).

59 (*773*). L'action en rectification d'une évaluation en revenu qui aurait dû être faite en valeur vénale ne se prescrit que par 30 ans. Le délai d'un an pour requérir l'expertise ne court que du jour où il a été souscrit une déclaration complémentaire en valeur vénale (Seine, 24 oct. 1910, R. E. 5415).

60 (*779*). Une rente viagère dont le service doit être assuré au moyen de l'acquisition d'une rente sur l'Etat immatriculée au nom du crédi-rentier pour l'usufruit est imposable d'après le produit par 10 des arrérages annuels et non d'après la valeur appréciée en dixièmes de l'usufruit de l'inscription des rentes (Conf. Cass. civ., 5 mai 1914, R. E. 6389 ; Seine, 18 mars 1913, R. E. 5818).

§ 4. — Déduction des dettes et charges.

61 (*791 à 797*). Ne sont pas déductibles les dettes dont le défunt n'était pas personnellement débiteur, au moment de son décès, telles sont notamment les avances de l'exécuteur testamentaire, les frais funéraires, les honoraires des officiers ministériels chargés de la liquidation de la succession (Die, 19 mai 1914, R. E. 6241).

62 (*806*). Les marchandises achetées au poids ou à la mesure ne devenant la propriété de l'acheteur qu'au moment de la livraison, le prix d'acquisition ne saurait être déduit de la succession de l'acquéreur si la livraison est postérieure au décès (Cass. civ., 7 juill. 1913, R. E. 5831).

63 (*822*). La contribution sur les bénéfices de guerre imposée rétroactivement au nom du défunt peut être admise en déduction et motiver une restitution ; en ce qui concerne la contribution de l'année du décès, la déduction ne peut porter que sur un prorata si l'exploitation a été continuée par les héritiers.

64 (*836*). Les dettes contractées par un mandataire ne peuvent être déduites que si la preuve écrite du mandat est rapportée (D. 19 mai 1914, précité) ; la déduction a paru justifiée dans une espèce où le mandat consistait en un ordre de bourse donné par lettre, l'exécution de ce mandat était en outre constatée par un récépissé délivré lors de la remise des titres ; enfin le non paiement du prix d'acquisition était établi par les livres de commerce du mandataire (Montbrison, 14 juin 1913, R. E. 6062).

65 (*837*). En matière de récompenses dues par la succession d'un époux commun en biens, l'Administration établit la distinction suivante : à concurrence de l'émolument du défunt dans la communauté, la récompense peut être justifiée par tous les moyens de preuve compatibles avec la procédure écrite et notamment par simples présomptions. Si la récompense excède cet émolument, le surplus ne saurait être déduit des propres de succession que s'il existe un titre satisfaisant aux conditions prévues par l'art. 3 de la loi de 1901. Un jugement contraire de Lyon (22 déc. 1910, R E. 5275) est actuellement déféré à la censure de la Cour de cassation.

66 (*856*). N'est pas déductible la dette contractée conjointement par le défunt et un tiers, quand il résulte des circonstances que l'obligation a tourné au profit exclusif du tiers (St-Jean-d'Angély, 13 juill. 1910, R. E. 5272).

67 (*858*). En principe, la dette de la caution ne peut être déduite que si les héritiers de la caution ont désintéressé le créancier avant la déclaration de succession (Cass. req., 19 fév. 1908, I. 3271 § 11 ; St-Gaudens, 24 juill. 1912, R. E. 5793). Le tribunal de la Seine s'est montré plus libéral et a admis la déduction, dès lors que l'insolvabilité du débiteur principal était avérée (7 nov. 1911, R E 5459). L'Administration paraît s'être rangée à cette manière de voir.

68 (*865*). Les dettes de communauté incombent pour moitié à la femme, si elle ne peut invoquer le bénéfice d'émolument ou prouver que la dette a tourné au profit exclusif du mari (Gourdon, 6 juin 1913, R. E. 5882), ou reprendre, en vertu du contrat de mariage, son apport franc et quitte (I. 3390 § 16).

69 (*870*). La femme commune qui n'a pas fait inventaire dans les trois mois du décès ne jouit pas du bénéfice d'émolument (Espalion, 9 juin 1910, R. E. 5303) et il ne peut être suppléé à cet inventaire par un procès-verbal de saisie (Gourdon, 6 juin 1913, R. E. 5882), ni même par un acte équivalent, un inventaire tardif est d'ailleurs inopérant (Cass. civ., 1er août 1912, R. E. 5621 et 17 juill. 1913, R. E. 5834).

70 (*872*). La femme commune qui n'a pas fait inventaire dans les trois mois du décès de son mari est déchue de la faculté de renoncer à la communauté et doit supporter la moitié du passif commun (Espalion, 9 juin 1910, précité).

71 (*879*). Un jugement postérieur au décès ne forme pas titre contre le défunt et ne saurait servir à justifier la déduction de la dette faisant l'objet de la condamnation (Valognes, 3 fév. 1914, R. E. 6022) ; mais rien ne s'opposerait à la déduction si le créancier était déjà nanti d'un titre opposable au défunt (même décision).

Nous estimons, au contraire, que le jugement ayant le caractère déclaratif d'un droit préexistant rétroagit avant le décès (*Sic*, Lons-le-Saulnier, 24 déc. 1907, R. E. 4538 cité au *T. A.*).

72 (*892*). L'existence d'une dette peut être justifiée par des lettres missives renfermant des indications suffisantes (Montbrison, 14 juin 1913, R. E. 6062 ; Valognes, 3 fév. 1914, R. E. 6022 ; Déc. 19 mai 1914, R. E. 6241).

73 (*894*). Les livres ou registres tenus par un notaire ne forment pas titre contre les clients dont le compte est débiteur (Déc. 19 mai 1904, précité).

74 (*902*). Les factures non acceptées ne sont pas opposables aux débiteurs non commerçants (Déc. 19 mai 1914), alors même qu'elles seraient corroborées par des attestations des créanciers (Valognes, 3 fév. 1914, précité).

75 (*911-912*). Pour valoir titre au sens de l'art. 3, L. 1901, les livres de commerce du défunt doivent être des livres obligatoires (Cass. req., 15 juin 1917, R. E. 6681 ; Seine, 24 déc. 1912, R. E. 5899).

76 (*913*). Les livres du créancier du défunt commerçant peuvent servir de justification à la déduction d'une dette (Seine, 6 juin 1910, R. E. 5187) ; mais à la condition d'être des livres obligatoires et régulièrement tenus (Cass. req., 15 juin 1917 et Seine, 24 déc. 1912, précités).

77 (*928*). La communication aux agents de contrôle des livres de commerce du défunt peut s'étendre à tous les livres dont l'Administration est fondée à réclamer la production, même à ceux que l'agent de perception n'a pas cru devoir se faire représenter (Marennes, 30 juin 1914, R. E. 6130 ; Cass. req., 3 mars 1919, R. E. 6915).

En vertu de l'art. 32 L. 31 juillet 1920, tout commerçant faisant un chiffre d'affaires supérieur à 50.000 fr. par an est tenu de représenter à toute réquisition des agents du Trésor ayant au moins le grade de contrôleur ou d'inspecteur adjoint les livres dont la tenue est prescrite par le titre II C. com., ainsi que tous livres et documents annexes, pièces de recettes et de dépenses, etc. Cette disposition trouve à s'appliquer à l'égard des livres du commerce du défunt même si la succession ne comporte aucune déduction du chef du passif.

78 (*932-V*). L'héritier créancier d'une dette échue depuis plus de trois mois et dont la déduction n'est pas prohibée par l'art. 7, n° 2, L. 1901, peut fournir l'attestation prévue par l'art. 6 (Lavaur, 10 oct. 1911, R. E. 5548). La doctrine de cette décision n'est pas adoptée par l'Administration.

79 (*945*). La présomption de simulation atteignant les dettes, sans date certaine, consenties par le défunt au profit de ses héritiers, s'étend aux dettes envers les légataires particuliers (Cass. civ., 27 mai 1913, R. E. 5763), aux donataires (Lons-le-Saunier, 31 juill. 1917, R. E. 6693) et alors même que le legs présenterait le caractère rémunératoire (Le Blanc, 22 nov. 1916, R. E. 6624).

80 (*947-V*). Ne doivent pas être considérées comme consenties, au sens de l'art. 7, n° 2, L. 1901, les dettes souscrites par le représentant légal du défunt, notamment par le tuteur d'un mineur, d'un interdit, au nom de son pupille, par le mari de la femme commune (Cass., 5 nov. 1918, R. E. 6887), mais il en serait différemment si la femme commune avait participé à l'acte d'obligation (Seine, 26 juin 1912, R. E, 5863).

81 (*949*). La présomption légale de simulation édictée par l'art. 7, n° 2, L. 1901, s'applique dans le cas où l'héritier créancier renonce à la succession (Villefranche, 10 mai 1913, R. E. 5867). De même, quand la dette a été souscrite au profit d'une personne interposée, la renonciation du légataire, héritier présomptif du créancier, ne fait pas disparaître le caractère présumé fictif de la dette (Mortagne, 16 oct. 1913, R. E. 6214).

82 (*951*). Les personnes interposées, au sens de l'art. 7, n° 2, L. 1901, sont les père et mère, les enfants ou descendants, l'époux de l'héritier, donataire ou légataire, ainsi que ses enfants issus d'un autre mariage et les parents dont il est l'héritier présomptif. Cette énumération ne comprend pas les parents dont le conjoint de l'héritier est l'héritier présomptif (Cass. civ., 8 juill. 1912, R. E. 5591), ni d'une manière générale, les alliés de l'héritier (Cass. civ., 16 juill. 1913, R. E. 5832).

C'est d'ailleurs à la date du décès et non à celle où la dette a été contractée qu'il faut se placer pour apprécier si le créancier est un héritier ou une personne interposée, au sens de l'art. 911 C. civ. (Moulins, 31 mars 1911, R. E. 5439). Quand il s'agit d'une interposition de personnes, au sens de l'art. 1100 C. civ., il faut se reporter, d'une part, à la date du décès pour déterminer la qualité d'héritier et d'autre part, à la date de la reconnaissance de la dette, afin de savoir si, à cette date, l'héritier du défunt était lui-même héritier présomptif du créancier (I. 3370, § 9).

83 (*953*). La présomption de fictivité établie par l'art. 7, n° 2, peut céder devant la preuve contraire, mais à la condition que la dette résulte d'un acte authentique ou d'un acte s. s. p. ayant acquis date certaine avant l'ouverture de la succession. Cette condition est de rigueur, elle ne saurait être considérée comme remplie quand la dette est simplement constatée par les inscriptions des livres de commerce, même régulièrement tenus (Cass. civ., 29 nov. 1911, R. E. 5449 ; 7 juill. 1913, R. E. 5831). Une dette déjà admise en déduction, lors d'une déclaration antérieure, a paru avoir acquis la certitude de la date (Villefranche, 23 juill. 1912, R. E. 5660) ; cette interprétation ne saurait être approuvée.

84 (*961*). La jurisprudence persiste à décider que la prohibition absolue de déduction de l'art. 7, n° 4, L. 1901 n'atteint pas les dettes privilégiées échues et garanties par une inscription périmée depuis plus de trois mois, au moment de l'ouverture de la succession ; cette jurisprudence s'est affirmée en matière de privilège du vendeur (Bar-le-Duc, 30 juill. 1913, R. E. 5980) et en matière de privilège du copartageant (Montpellier, 22 juil. 1914, R. E. 6187).

85 (*972*). La règle de la non déduction des dettes hypothéquées exclusivement sur des immeubles sis à l'étranger ne s'étend pas aux dettes hypothéquées sur des immeubles coloniaux (Seine, 4 avr. 1911, R. E. 5363, I. 3335, § 12).

86 (*977*). La prohibition de déduction des dettes étrangères grevant les successions d'étrangers s'applique même dans le cas où le défunt étranger ayant son domicile en France, sa succession est en tous points assimilable à la succession d'un Français (Seine, 24 oct. 1910, R. E. 5342; Nice, 31 mai 1911, R. E. 5629).

86 *bis* (*979*). *Biens imposables en France et en Algérie.* — Lorsqu'une succession comprenant à la fois des biens imposables en France et des biens imposables en Algérie est grevée d'un passif, ce passif est déduit des biens imposables en France dans la mesure déterminée par la proportion existant entre la valeur de ces biens et celle des biens imposables en Algérie (art. 18 L. 29 déc. 1919, I. 3622, R. E. 7022).

87 (*1018*). N'est pas sujet à déduction le capital d'une rente viagère constituée en dot à l'un des héritiers et dont le service doit cesser au décès du débi-rentier (Cass. civ., 17 juin 1913, R. E. 5780; Alençon, 28 oct. 1914, R. E. 6458).

88 (*1020*). Le légataire universel qui délivre des legs particuliers excédant l'actif héréditaire se constitue débiteur personnel de ce legs, dès lors, s'il décède avant de les avoir payés, leur montant peut être intégralement déduit de sa sucession (Angers, 10 juin 1910, R. E. 5254). La doctrine administrative est actuellement en ce sens.

89 (*1042*). L'Administration soutient que les reprises prélevées par le conjoint survivant sur l'actif de communauté doivent être régulièrement justifiées. Cette règle a été consacrée par un jugement du Tribunal de la Seine (25 juil. 1910, R. E. 5362), d'après lequel la femme conventionnellement commune en biens n'est fondée à exercer une reprise en deniers du chef de ses valeurs mobilières disparues que si elle prouve l'aliénation de ces valeurs au cours de la communauté. Le Tribunal de Mamers a décidé, en sens inverse (25 juin 1917, R. E. 6692), qu'aucune preuve n'était nécessaire quand les reprises du survivant des époux sont liquidées, contradictoirement avec les héritiers du défunt, dans la déclaration de succession ; il ajoute qu'il appartient aux redevables de souscrire la déclaration à leur gré, sauf à l'Administration à établir les erreurs dont cette déclaration est entachée. Cette décision qui assimile la déclaration de succession à un état liquidatif qui renverse, au profit des parties, le fardeau de la preuve, ne saurait être approuvée.

Le mari est présumé débiteur de l'apport de la femme quand il en a pris charge dans le contrat de mariage et si cet apport a été fictif, la preuve doit en être régulièrement apportée (Coulommiers, 12 déc. 1913, R. E. 6144).

Le mari qui a simplement assisté à la quittance du prix de vente d'un propre de sa femme séparée de biens n'est pas responsable de l'emploi (Cass. civ., 31 janv. 1911, R. E. 5354) ; il en est de même en cas de vente avec l'assistance du mari, quand le prix n'a pas été quittancé dans l'acte d'aliénation (Moissac, 9 mai 1911, R. E. 5600). Le mari de la femme séparée est également dégagé de toute responsabilité, quand le prix de la vente, effectuée avec son assistance, a été régulièrement employé, notamment au moyen d'un dépôt en banque (Mirande, 20 oct. 1910, R. E. 5341).

§ 5. — Des tarifs et de leur application.

Art. 1er. — *Taxe successorale.*

90 *Loi du 31 décembre* **1917.** — Au cas où le défunt ne laisse pas au moins quatre enfants vivants ou représentés, il est perçu, indépendamment des droits de mutation par décès, une taxe progressive et par tranche sur le capital net global de la succession (art. 10, L. 31 déc. 1917).

La taxe n'est majorée d'aucun décime, son tarif varie suivant que le défunt a laissé 0, 1, 2 ou 3 enfants vivants ou représentés. Il y a lieu d'ailleurs d'ajouter au nombre de ces enfants, tout enfant du défunt décédé victime de la guerre (art. 15, même loi) ; mais à défaut d'enfants encore vivants ou représentés, on ne peut faire état des enfants morts pour la France. L'enfant renonçant doit être compté parmi les enfants vivants pour la détermination du tarif à appliquer, lequel est le suivant :

TAXE SUCCESSORALE (TARIF DE 1917)	NOMBRE D'ENFANTS VIVANTS OU REPRÉSENTÉS			
TARIF APPLICABLE A LA TRANCHE comprise entre	Trois enfants vivants ou représentés	Deux enfants vivants ou représentés	Un enfant vivant ou représenté	Point d'enfant vivant ni représenté
	pour 100	pour 100	pour 100	pour 100
1 et 2.000 fr.	0 25	0 50	1	2
2.000 et 10.000 fr.	0 50	1 »	2	4
10.000 et 50.000 fr.	0 75	1 50	3	6
50.000 et 100 000 fr.	1 »	2 »	4	8
100.000 et 250.000 fr.	1 25	2 50	5	10
250.000 et 500.000 fr.	1 50	3 »	6	12
500.000 et 1.000.000 fr.	1 75	3 50	7	14
1.000.000 et 2.000 000 fr.	2 »	4 »	8	16
2.000.000 et 5.000.000 fr.	2 25	4 50	9	18
5.000.000 et 10.000.000 fr.	2 50	5 »	10	20
10.000.000 et 50.000.000 fr.	2 75	5 50	11	22
50.000.000 et au dessus....	3 »	6 »	12	24

Sont exempts de cette taxe (art. 16 même loi), les départements, communes et établissements publics, mais cette exonération ne s'applique pas aux établissements d'utilité publique, tels que les sociétés de secours mutuels reconnues. Les legs à l'Etat, aux établissements nationaux échappent à la taxe ; peuvent en être également dispensés les legs aux établissements étrangers, à condition qu'il y ait réciprocité ; la question de savoir s'il y a réciprocité est toute d'appréciation, à raison de divergences de législation.

La taxe se perçoit sur le capital net global de la succession et non sur l'émolument revenant à chaque successible ; il n'y a donc pas à procéder à une liquidation distincte en ce qui concerne les legs particuliers. Lorsque la succession est échue soit à des personnes affranchies de tout impôt (L. 26 déc. 1914, art. 6), soit à des établissements publics dispensés de la taxe, cette dernière se liquide néanmoins sur l'actif global, sauf à laisser tomber en non valeur la fraction proportionnelle applicable aux biens recueillis par les ayants droit exonérés.

Sont applicables à la taxe successorale les dispositions qui régissent la liquidation, le paiement et le recouvrement des droits de mutation par décès ainsi que les pénalités pour défaut de déclaration dans le délai, omission ou fausse évaluation. La taxe ne doit donc pas frapper les rapports qui ont déjà supporté le droit de donation, ni d'une manière générale les sommes qui, pour un motif quelconque, ne sont pas soumises au droit de mutation par décès.

Le paiement de la taxe est effectué par les héritiers, donataires ou légataires universels ou à titre universel, sauf leur recours contre les autres ayants droit qui sont tenus de supporter la taxe proportionnellement à leur part dans la succession. Ce paiement ne saurait donc être accepté du légataire particulier qui déclare son legs avant le dépôt par les successeurs du défunt de leur propre déclaration. D'autre part, en cas de paiement fractionné, c'est aux héritiers ou légataires universels qu'il appartient de demander, en ce qui concerne la totalité de la taxe, le bénéfice des lois des 13 juillet 1911 (art. 7) et 14 nov. 1918.

L'Administration admet qu'une fraction proportionnelle de la taxe doit être déduite de l'émolument recueilli par chaque ayant droit, pour la détermination des parts nettes passibles de l'impôt de mutation par décès. La déduction ne saurait cependant précéder le paiement effectif de la taxe, en sorte que le légataire particulier qui déclare son legs avant toute déclaration des héritiers doit acquitter le droit de mutation par décès sur le montant intégral de sa libéralité, sauf restitution ultérieure de l'excès de perception Il n'y a pas lieu de déduire la pénalité de retard perçue en sus de la taxe, en cas de déclaration hors délai, enfin la taxe doit être intégralement déduite de l'émolument des héritiers, lorsque les legs particuliers sont payables nets de tous frais.

Loi 25 juin 1920. — L'art. 10 L. 31 déc. 1917 est modifié ainsi qu'il suit : Dans toute succession où le défunt ne laisse pas au moins 4 enfants vivants ou représentés, il est perçu indépendamment des droits auxquels les mutations par décès de biens meubles ou immeubles sont assujetties, une taxe progressive et par tranches sur le capital net global de la succession.

Cette taxe est fixée ainsi qu'il suit, sans addition d'aucun décime :

TAXE SUCCESSORALE (TARIF DE 1920)	NOMBRE D'ENFANTS VIVANTS OU REPRÉSENTÉS			
TARIF APPLICABLE à la TRANCHE comprise entre	Trois enfants vivants ou représentés	Deux enfants vivants ou représentés	Un enfant vivant ou représenté	Point d'enfant vivant ni représenté
	pour 100	pour 100	pour 100	pour 100
1 et 2.000 fr.	0 25	0 50	1 »	3 »
2.000 et 10 000 fr.	0 50	1 »	2 »	6 »
10.000 et 50 000 fr.	0 75	1 50	3 »	9 »
50.000 et 100.000 fr.	1 »	2 »	4 »	12 »
100.000 et 250.000 fr.	1 25	2 50	5 »	15 »
250.000 et 500.000 fr.	1 50	3 50	6 50	18 »
500.000 et 1.000.000 fr.	2 25	4 25	8 »	21 »
1.000.000 et 2.000.000 fr.	3 20	6 »	12 »	24 »
2.000.000 et 5.000 000 fr.	3 60	6 75	13 50	27 »
5.000.000 et 10.000.000 fr.	4 »	7 50	15 »	30 »
10.000.000 et 50.000.000 fr.	4 40	8 25	16 50	33 »
50.000.000 et 100.000.000 fr.	4 80	9 »	18 »	36 »
100.000.000 et 500.000.000 fr.	5 50	10 »	20 »	37 »
Au dessus de 500.000.000 fr.	7 50	12 »	21 »	39 »

Sont applicables à la taxe établie par le présent article les dispositions qui régissent la liquidation, le paiement et le recouvrement des droits de mutation par décès ainsi que les pénalités pour défaut de déclaration dans le délai, omission ou fausse évaluation.

Le paiement de la totalité de la taxe est à la charge des héritiers (donataires ou légataires universels ou à titre universel) qui doivent l'effectuer dans les mêmes délais que les droits de mutation par décès (L. 25 juin 1920, art. 29).

Art. 2. — *Droits de mutation.*

91 (*1046*). *L. 31 déc. 1917.* — Les tarifs des droits de mutation par décès, fixés par l'art. 10 de la loi du 8 avril 1910, ont été majorés par l'art. 11 de la loi du 31 déc. 1917 comme il suit : (*V. tableau page 181.*)

DROITS DE MUTATION (TARIF DE 1917)	TARIF APPLICABLE A LA FRACTION DE PART NETTE COMPRISE ENTRE											
INDICATION DES DEGRÉS DE PARENTÉ	1 fr. et 2.000 fr.	2.001 et 10.000 fr.	10 001 et 50.000 fr.	50.001 et 100.000 fr.	100.001 et 250.000 fr.	250.001 et 500.000 fr.	500.001 et 1.000.000 de fr.	1.000.001 et 2.000.000 de fr.	2.000.001 et 5.000.000 de fr.	5.000.001 et 10.000.000 de fr.	10.000.001 et 50.000.000 de fr.	Au delà de 50.000.000 de fr.
	p. 100	p. 100	p. 100	p. 100	p. 100	p. 100	p. 100	p. 100	p. 100	p. 100	p. 100	p. 100
	fr. c.	fr. c.	fr. c.	fr. c.	fr. c.	fr. c.	fr. c.	fr. c.	fr. c.	fr. c.	fr. c.	fr. c.
Ligne directe descendante au 1er degré	1 »	2 »	3 »	4 »	5 »	6 »	7 »	8 »	9 »	10 »	11 »	12 »
Ligne directe descendante au 2e degré..	1 50	2 50	3 50	4 50	5 50	6 50	7 50	8 50	9 50	10 50	11 50	12 50
Ligne directe descendante au delà du 2e degré..........	2 »	3 »	4 »	5 »	6 »	7 »	8 »	9 »	10 »	11 »	12 »	13 »
Ligne directe ascendante au 1er degré.	2 50	3 50	4 50	5 50	6 50	7 50	8 50	9 50	10 50	11 50	12 50	13 50
Ligne directe ascendante au 2e degré.	3 »	4 »	5 »	6 »	7 »	8 »	9 »	10 »	11 »	12 »	13 »	14 »
Ligne directe ascendante au delà du 2e degré..................	3 50	4 50	5 50	6 50	7 50	8 50	9 50	10 50	11 50	12 50	13 50	14 50
Entre époux..........................	5 »	6 »	7 »	8 »	9 »	10 »	11 »	12 »	13 »	14 »	15 »	16 »
Entre frères et sœurs..................	10 »	11 »	12 »	13 »	14 »	15 »	16 »	17 »	18 »	19 »	20 »	21 »
Entre oncles ou tantes et neveux ou nièces........................	15 »	16 »	17 »	18 »	19 »	20 »	21 »	22 »	23 »	24 »	25 »	26 »
Entre grands-oncles ou grand'tantes et petits-neveux ou petites-nièces et entre cousins germains.........	20 »	21 »	22 »	23 »	24 »	25 »	26 »	27 »	28 »	29 »	30 »	31 »
Entre parents au delà du 4e degré et entre personnes non parentes....	25 »	26 »	27 »	28 »	29 »	30 »	31 »	32 »	33 »	34 »	35 »	36 »

DROITS DE MUTATION (TARIF DE 1920)	TARIF APPLICABLE A LA FRACTION DE PART NETTE COMPRISE ENTRE											
INDICATION DES DEGRÉS DE PARENTÉ	1 fr. et 2.000 fr.	2.000 et 10.000 fr.	10.000 et 50.000 fr.	50.000 et 100.000 fr.	100 000 et 250.000 fr.	250.000 et 500.000 fr.	500 000 et 1.000.000 de fr.	1.000.000 et 2.000.000 de fr.	2.000.000 et 5.000.000 de fr.	5.000.000 et 10.000.000 de fr.	10.000.000 et 50.000.000 de fr.	Au delà de 50.000.000 de fr.
	p. 100	p. 100	p. 100	p. 100	p. 100	p. 100	p. 100	p. 100	p. 100	p. 100	p. 100	p. 100
	fr. c.	fr. c.	fr. c.	fr. c.	fr. c.	fr. c.	fr. c.	fr. c.	fr. c.	fr. c.	fr. c.	fr. c.
Ligne directe descendante au 1er degré......	1 »	2 »	3 »	4 »	5 »	6 »	7 »	9 »	11 »	13 »	15 »	17 »
Ligne directe descendante au 2e degré....	1 50	2 50	3 50	4 50	5 50	6 50	7 50	9 50	11 50	13 50	15 50	17 50
Ligne directe descendante au delà du 2e degré.	2 »	3 »	4 »	5 »	6 »	7 »	8 »	10 »	12 »	14 »	16 »	18 »
Ligne directe ascendante au 1er degré.......	2 50	3 50	4 50	5 50	6 50	7 50	8 50	10 50	12 50	14 50	16 50	18 50
Ligne directe ascendante au 2e degré........	3 »	4 »	5 »	6 »	7 »	8 »	9	11 »	13 »	15 »	17 »	19 »
Ligne directe ascendante au delà du 2e degré.	3 50	4 50	5 50	6 50	7 50	8 50	9 50	11 50	13 50	15 50	17 50	19 50
Entre frères et sœurs......................	10 »	12 »	14 »	16 »	19 »	22 »	25 »	28 »	32 »	36 »	40 »	44 »
Entre oncles ou tantes et neveux ou nièces.	15 »	17 »	19 »	21 »	24 »	27 »	30 »	33 »	37 »	41 »	45 »	49 »
Entre grands-oncles ou grand'tantes et petits-neveux ou petites-nièces et entre cousins germains	20 »	22 »	24 »	26 »	29 »	32 »	35 »	38 »	42 »	46 »	50 »	54 »
Entre parents au delà du 4e degré et entre personnes non parentes..................	25 »	27 »	29 »	31 »	34 »	37 »	40 »	43 »	47 »	51 »	55 »	59 »

Les tarifs de la loi du 8 avril 1910 sont maintenus pour les parts nettes ne dépassant pas 10.000 fr. lorsque l'actif net global de la succession n'excède pas 25.000 fr., y compris, le cas échéant, les rapports de dot et sans déduction de la taxe successorale. Sont également maintenus les tarifs antérieurs pour les legs aux départements, communes, établissements publics ou d'utilité publique.

Une réduction de ces droits est accordée dans tous les cas, que l'impôt soit perçu aux nouveaux tarifs ou aux anciens tarifs maintenus, aux héritiers, pères d'une famille nombreuse. Cette réduction a été fixée par la loi du 31 déc. 1917 à 10 0/0 pour chaque enfant en sus du troisième, sans qu'elle puisse excéder 50 0/0. L'enfant de l'héritier conçu au jour de la mutation doit être compté rétroactivement s'il naît viable ; la même solution est adoptée en ce qui concerne l'enfant disparu aux armées, sauf à reviser ultérieurement la perception, s'il est établi, d'une manière certaine, que le disparu n'a pas survécu au *de cujus*. A remarquer qu'il n'est pas possible, dans le silence de la loi, de faire état des enfants de l'héritier qui sont morts victimes de la guerre.

L. 25 juin 1920. — Les nouveaux tarifs édictés par l'art. 30 L. 25 juin 1920 sont les suivants : (*V. tableau page 182.*)

La loi du 25 juin 1920 dispose par ailleurs que dans toute succession où le défunt laisse plus de 4 enfants vivants ou représentés, il est déduit de l'actif global net pour la liquidation des droits de mutation par décès 10 0/0 par enfant en sus de quatrième, sans que cette déduction puisse excéder 15.000 fr. par enfant (art. 30, 2e al.). Elle ajoute que toutes les fois qu'une succession passera des grands parents aux petits-enfants par suite du prédécès du père ou de la mère tué à l'ennemi ou mort victime de la guerre dans les conditions fixées sous les nos 1 et 2 du second paragraphe de l'art. 34 L. 25 juin 1920, le tarif applicable sera le tarif de la ligne directe descendante au premier degré, sauf aux héritiers à produire les justifications prévues au dernier al. de l'art. 34 (art. 30, 3e al.). Le total de la fraction de la taxe successorale édictée par l'art. 29 L. 25 juin 1920 incombant à un héritier, donataire ou légataire et des droits de mutation par décès à la charge de ce successible en vertu de l'art. 30 ne peut excéder 80 0/0 de la part nette qui lui est dévolue calculée sur l'actif héréditaire net, sans déduction de la taxe successorale. La réduction portera sur les droits de mutation par décès (art. 30, 4e al.).

La loi du 25 juin 1920 abroge l'art. 15 L. 31 déc. 1917 et le remplace par les dispositions suivantes : Pour l'application des tarifs édictés par les art. 29 et 32 et des dispositions du 2e al. de l'art. 30 L. 25 juin 1920, doit être ajouté au nombre des enfants vivants ou représentés du défunt l'enfant qui : 1° est décédé après avoir atteint l'âge de 16 ans révolus ; 2° étant âgé de moins de 16 ans a été tué par l'ennemi au cours des hostilités ou est décédé des suites de faits de guerre soit durant les hostilités, soit dans l'année à compter de leur cessation (art. 34, 2e al.). Le bénéfice de cette disposition est subordonné à la production dans le premier cas d'une expédition de l'acte de décès de l'enfant, et dans le second cas d'un acte de notoriété délivré sans frais par le juge de paix du domicile du défunt et établissant les circonstances de la mort (même art., 3e al.).

Les parts nettes ne dépassant pas 10.000 fr. recueillies dans les successions dont le total n'excède pas 25.000 fr. ainsi que les legs faits aux départements, communes et établissements publics ou d'utilité publique continuent, conformément à l'art. 12 et à l'art. 16, 2e al. L. 31 déc. 1917, à être soumis aux tarifs édictés par les lois antérieures à la dite loi sauf application aux mutations entre époux du tarif fixé par ces lois pour les mutations en ligne directe au second degré (L. 25 juin 1920, art. 33, 1er al.).

Les legs à titre particulier, faits aux mutilés de guerre frappés d'une invalidité de 50 0/0 au minimum, bénéficient à concurrence des premiers 100.000 fr. du tarif réduit de 9 0/0 édicté art. 19 L. 25 fév. 1901 et maintenu par le 1er al. ci-dessus (même art., 2e al.).

Lorsqu'un héritier, donataire ou légataire a 4 enfants ou plus vivants au moment de l'ouverture de ses droits à la succession, les droits à percevoir en vertu de l'art 30 L. 25 juin 1920 sont diminués de 10 0/0 pour chaque enfant en sus du 3e, sans que la réduction puisse dépasser 2.000 fr. par enfant et que la réduction totale puisse excéder 50 0/0 (L. 25 juin 1920, art. 31).

Pour l'application de l'art. 31 L. 25 juin 1920, est assimilé aux enfants vivants de l'héritier donataire ou légataire, tout enfant, quel que soit son âge de l'héritier, donataire ou légataire qui : 1° étant militaire, est mort sous les drapeaux pendant la durée de la guerre ou, soit sous les drapeaux, soit après son renvoi dans ses foyers, est mort dans l'année à compter de la cessation des hostilités, de blessure reçue ou de maladie contractée durant la guerre ; 2° n'étant pas militaire, a été tué par l'ennemi au cours des hostilités ou est décédé des suites de faits de guerre, soit durant les hostilités, soit dans l'année à compter de la cessation des hostilités (L. 25 juin 1920, art. 34, 4e al.). Le bénéfice de cette disposition est subordonné à la production : 1° s'il s'agit d'un militaire, d'un certificat de l'autorité militaire constatant que la mort a été causée par une blessure reçue ou une maladie contractée pendant la durée de la guerre ; 2° s'il s'agit d'un non militaire, d'un acte de notoriété délivré sans frais par le juge de paix du domicile du défunt et établissant les circonstances de la blessure ou de la mort (même art., 5e al.).

Exemptions.— Sont exemptées de l'impôt de mutation par décès : Les parts nettes recueillies par les ascendants et descendants et par la veuve du défunt dans les successions : 1° des militaires des armées françaises et alliées de terre et de mer morts sous les drapeaux pendant la durée de la guerre 1914-1918 ; 2° des militaires qui, soit sous les drapeaux, soit après renvoi dans leurs foyers, seront morts dans l'année à compter de la cessation des hostilités, de blessures reçues ou de maladies contractées pendant la guerre ; 3° de toutes personnes tuées par l'ennemi au cours des hostilités (L. 26 déc. 1914, art. 7, I. 3432, 3461, R. E. 6217). Les dispositions qui précèdent sont applicables non seulement aux ayants droit des personnes tuées par l'ennemi, mais aussi de toutes celles tuées ou décédées dans les conditions déterminées art. 2 L. 24 juin 1919 (R. E. 7132, L. 29 juin 1920, art. 17, R. E. 7128).

92 (*1063*). L'époux divorcé qui recueille le bénéfice d'une donation éventuelle qui lui a été consentie par son ex-conjoint au cours du mariage ne doit acquitter le droit de mutation par décès que d'après le tarif applicable aux transmissions entre époux (Cass. civ., 10 fév. 1914, R. E. 5944, I. n° 3449 § 7).

93 (*1084*). Le bénéfice du tarif de faveur de 9 0/0, sans décimes, a été étendu à tous les dons et legs recueillis par les offices publics d'habitations à bon marché (L. 23 déc. 1912, art. 21).

94 (*1100*). Lorsque la déclaration de succession est conforme aux énonciations d'un règlement antérieur entre cohéritiers, les redevables ne sauraient être admis à critiquer la perception établie en conséquence de cette déclaration (Cass. civ., 24 janv. 1912, R. E. 5487).

95 (*1102*). Le partage qui modifie sensiblement la nature et l'importance des droits héréditaires des cohéritiers ne produit pas l'effet déclaratif et ne saurait être pris pour base de la liquidation des droits de mutation par décès (Seine, 28 juill. 1913, R. E. 6004) ; il en est de même du partage qui contient une inégale répartition du passif (Semur, 1er juin 1911, R. E. 5567). Il a été cependant décidé que le partage avec soultes n'en est pas moins déclaratif et doit servir de base à la perception de l'impôt (Seine, 28 juill. 1913, R. E. 6005). Mais l'Administration n'adhère pas à cette doctrine que le Tribunal de la Seine n'a d'ailleurs pas maintenue dans une espèce où le partage comprenait des valeurs étrangères échappant à l'impôt en France et attribuées aux copartageants dans des proportions différentes de leurs droits (Seine, 28 avr. 1914, R. E. 6058).

96 (*1113*). Quand l'actif de communauté est inférieur à l'ensemble des reprises des époux et du passif envers les tiers, la déduction des dettes communes doit s'effectuer selon la règle enseignée par l'I. 3102 § 3 et consacrée par la jurisprudence (Gourdon, 6 juin 1913, R. E. 5882 ; Toulouse, 19 déc. 1912 et Cass. req., 12 juin 1914, R. E. 6046).

97 (*1119*). L'Administration n'est pas fondée à réclamer le droit de mutation par décès sur les sommes ou valeurs rapportées à la succession, sous prétexte qu'un cohéritier autre que le donataire en est devenu attributaire (Cass. civ., 15 janv. 1913, I. 3370, § 7) ; mais il ne saurait en être de même quand il s'agit, non pas de la succession du donateur, mais de celle d'un cohéritier du donataire (Bastia, 16 oct. 1914, R. E. 6455).

98 (*1120*). La Cour de cassation a décidé par deux arrêts des 28 novembre 1910 et 21 mars 1911 qu'une dot constituée solidairement par deux époux avec clause d'imputation principale et subsidiaire devait être rapportée en totalité à la succession du prémourant des donateurs, alors même que la part héréditaire de l'auteur du rapport serait inférieure au montant de sa dot. Cette règle n'a cependant rien d'absolu et les parties peuvent adopter une interprétation différente. L'Administration s'abstient de prendre parti en cette matière et elle règle ses perceptions d'après le mode d'imputation choisi par les intéressés.

99 (*1132*). La déclaration inexacte du nombre d'enfants du défunt ou des successibles est punie d'un double droit en sus prescriptible par 20 ans (L. 18 avr. 1918, art. 13).

100 (*1133*). Le prix encore dû d'un office cédé par le titulaire à son fils doit être compris dans la déclaration de succession du cédant et supporter l'impôt sans imputation du droit de mutation à titre onéreux perçu antérieurement au décès, lors de la cession (Lorient, 31 mars 1914, R. E. 6358).

§ 6. — Débiteurs des droits et garanties accordées au Trésor.

101 (*1135*). Les droits de mutation par décès peuvent être acquittés au moyen de chèques (Arr. min. 28 juill. 1916, R. E. 6540 et 4 mai 1917, R. E. 6678) ou en bons de la défense nationale, émis antérieurement à l'ouverture de la succession (Déc. 30 oct. 1918, R. E. 6837). Ils peuvent être imputés sur le montant des indemnités pour dommages de guerre, mais seulement au profit des bénéficiaires directs de ces indemnités, non de leurs cessionnaires (Circ. 9 juin 1920, I. 3625).

102 (*1139*). Le légataire dont le legs est payable net de tous frais reste débiteur de l'impôt au regard du Trésor (Dijon, 17 déc. 1918, R. E. 6896).

102 *bis* (*1140*). L'action solidaire conférée art. 32 L. 22 frim. ne peut être exercée à l'encontre des cohéritiers auxquels profite l'exemption accordée art. 6 L. 26 déc. 1914 (même art. I. 3432 et 3461, R. E. 6217 ; L. 29 juin 1920, art. 17, R. E. 7126). La solidarité entre cohéritiers s'étend aux pénalités du retard et aux droits en sus pour omission (Marseille, 20 avr. 1912, R. E. 5662 ; Lyon, 20 juin 1913, R. E. 6185 ; Largentière, 30 oct. 1913, R. E. 6021).

103 (*1141*). Les héritiers d'un cohéritier ne sont pas solidaires pour le paiement des droits encore dus par leur auteur, lors de son décès (Marennes, 30 juin 1914, R. E. 6130).

104 (*1149*). La loi du 13 juillet 1911 (art. 7) a accordé au Trésor un privilège sur les immeubles héréditaires, garantissant le paiement des droits dont le fractionnement a été sollicité, ainsi que celui, d'après l'I. 3350, des droits demeurés impayés, en dehors de toute demande de délai, à l'expiration du délai légal. Ce privilège doit être inscrit dans les six mois qui suivent soit l'enregistrement de la déclaration, soit l'expiration du délai pour la souscrire. Il ne garantit que les droits simples et s'il y a lieu, les intérêts moratoires, à l'exclusion des pénalités de retard. D'autres sûretés réelles (nantissements en valeurs mobilières ou sur fonds de commerce) peuvent en outre être offertes par les redevables ; ces garanties présentent toujours un caractère conventionnel.

105 (*1154*). Le concordat après faillite ne met pas obstacle à l'exercice du privilège sur les revenus de l'art. 32 de la loi de frimaire (Seine, 25 nov. 1913, R. E. 6024).

106 (*1171*). La transcription du procès-verbal de saisie des immeubles héréditaires soustrait les revenus au privilège de l'art. 32 (C. d'Amiens, 10 juill. 1914, R. E. 6131) ; cette décision se heurte à la jurisprudence de la Cour de cassation (Arr. 17 juill. 1914), en matière de contributions directes ; elle ne saurait, dès lors, être approuvée.

107 (*1180*). Bien que n'étant pas débiteurs solidaires des droits exigibles sur les legs particuliers, les héritiers du défunt peuvent être tenus néanmoins au paiement de ces droits en qualité de détenteurs des biens héréditaires sur lesquels s'exerce le privilège du Trésor (Seine, 31 mai 1911, R. E. 5599).

108 (*1195*). L'action privilégiée du Trésor ne peut d'ailleurs préjudicier aux droits acquis, avant le décès, à des créanciers du défunt (Seine, 9 mai 1914, R. E. 6430).

§ 7. — Contraventions et pénalités.

109 (*1211*). L'indication inexacte du degré de parenté du défunt avec les héritiers ou légataires est passible d'un double droit en sus, prescriptible par 20 ans (L. 18 avr. 1913, art. 13).

110 (*1215*). Si une déclaration de succession ne mentionne l'existence que d'une maison, alors qu'il dépend en outre de l'hérédité un jardin non contigu qui n'est pas l'accessoire nécessaire de la maison, il y a omission et non insuffisance d'évaluation (Mayenne, 3 juill. 1914, R. E. 6429) ; constitue également une omission le fait de déclarer comme biens de communauté des propres de succession (Valenciennes, 2 févr. 1912, R. E. 5736).

111 (*1229*). Il y a insuffisance de perception et non omission quand un partage révélant l'existence des valeurs non déclarées a été présenté au receveur, alors même que cet agent aurait exigé l'annulation de la mention constatant la production de l'acte (Nancy, 23 déc. 1910, R. E. 5414) ; l'Administration ne paraît pas se conformer à cette décision.

112 (*1231*). Les pénalités encourues pour omission de titres au porteur, pour omissions ou insuffisances frauduleuses peuvent faire l'objet d'un recours à la grâce présidentielle (I. 3390, § 18). Les titres au porteur déposés en banque contre récipissés nominatifs conservent leur caractère de valeurs au porteur et en cas d'omission la pénalité n'est pas susceptible de remise (I. 3449 § 10, R. E. 6330), sauf recours en grâce. Par contre, le solde actif d'un compte de dépôt constitue une véritable créance et son omission ne saurait être assimilée à une omission de numéraire (I. 3322 § 12). Le caractère frauduleux d'une omission ou d'une insuffisance peut être établi par simples présomptions (Arbois, 31 juill. 1913, R. E. 6244).

113 (*1236*). Pour le calcul du droit en sus, il n'y a pas lieu de tenir compte d'un excès de perception restitué avant la constatation de l'omission ou de l'insuffisance (Espalion, 20 mai 1913, R. E. 5883).

114 (*1239*). Les actes passés à l'étranger et parvenus régulièrement à la connaissance de l'Administration peuvent servir à établir l'existence d'une omission (Seine, 4 févr. 1913, R. E. 5752 et 6432).

115 (*1242*). L'existence d'une omission peut être démontrée à l'aide de faits révélés par l'exercice régulier du droit de communication (Vitry-le-François, 8 janv. 1914, R. E. 6215), par le rapprochement avec une déclaration antérieure (Avesnes, 18 juill. 1912, R. E. 5864).

116 (*1251 bis*). Les titres et valeurs dont le défunt a perçu les revenus moins de six mois avant son décès et reconnus être en la possession des héritiers sont présumés faire partie de la succession. Toutefois, les héritiers qui se prévaudraient d'un don manuel pourront acquitter le droit de donation d'après une déclaration passée dans le même délai que la déclaration de succession et au plus tard dans les trois mois qui suivront une mise en demeure de l'Administration. En cette hypothèse, le droit de donation sera majoré de l'intérêt au taux légal (5 0/0), calculé à l'expiration du délai pour souscrire la déclaration (L. 18 avr. 1918, art. 17).

117 (*1272*). Quand les archives d'un bureau ont été détruites au cours de la guerre, les redevables peuvent obtenir des certificats constatant le paiement des droits avant la destruction s'ils établissent que l'impôt a été acquitté ou n'a pu être évité (I. 3466, § 3, R. E. 6503) ; les justifications exigées peuvent d'ailleurs consister en de simples présomptions si elles sont sérieuses.

La production du certificat prescrit art. 15 L. 25 févr. 1901 peut être suppléée par une attestation du receveur compétent spécifiant le cas fortuit ou de force majeure qui empêche la délivrance d'un certificat régulier (D. M. F. 6 fév. 1920, I. 3610).

118 (*1278*). L'application de l'art. 3 L. 30 déc. 1903 est écartée, à titre de réciprocité, pour toutes les successions de sujets russes décédés, soit en France, soit hors de notre territoire (Déc. M. F. 26 août 1916, I. 3494 § 12).

119 (*1294*). Aucun coffre-fort tenu en location ne peut être ouvert après le décès soit du locataire, soit de son conjoint, non séparé de corps, qu'en présence d'un notaire qui dresse un procès-verbal détaillé du contenu du coffre (art. 1er L. 18 avr. 1918). Il en est de même pour les plis cachetés ou cassettes fermées remis en dépôt aux banquiers, changeurs, escompteurs et à toute personne recevant habituellement de ces sortes de plis (art. 6 même loi).

120 (*1297*). L'Administration soutient que des comptes ouverts à des sociétés de fait présentent, lorsque chaque associé a qualité pour les faire fonctionner, le caractère de comptes joints et solidaires au sens de l'art. 7 L. 31 mars 1903. Si un coffre-fort est loué à une société en nom, l'art 1er L. 18 avril 1918 n'est pas applicable lors du décès du gérant.

121 (*1302 bis*). Toute personne se livrant habituellement à la location de coffres-forts doit : 1° en faire la déclaration au bureau d'enregistrement de sa résidence et à celui de chacune de ses succursales ou agences ; 2° tenir un répertoire alphabétique de tous les occupants des coffres-forts avec indication des numéros des coffres loués ; 3° inscrire sur un registre les noms et qualités des personnes qui veulent procéder à l'ouverture d'un coffre, indiquer l'heure à laquelle ces personnes se présentent et exiger que les dites personnes apposent leur signature sur le registre ; 4° représenter ces divers documents à toutes demandes des agents de l'enregistrement (L. 18 avr. 1918, art. 4). Les infractions à ces prescriptions sont punies d'une amende de 100 fr. à 5 000 fr. en principal. Le refus de communication est sanctionné par une amende de 1 000 fr. à 10.000 fr. en principal et par une astreinte minimum de 100 fr. non soumise aux décimes pour chaque jour de retard (art. 5 même loi).

122 (*1310*). Une société d'assurance qui verse, à la suite du décès de l'assuré souscripteur de la police, le capital d'une assurance contre les accidents mortels, doit se conformer aux prescriptions de l'art. 15 de la loi de 1901 (Seine, 22 janv. 1916, R. E. 6525).

123 (*1318*). Toute personne qui ayant connaissance du décès soit du locataire d'un coffre-fort, soit du conjoint, non séparé de corps de ce locataire, ouvre ou fait ouvrir le coffre-fort, sans la présence d'un notaire est : 1° tenu personnellement des droits simples et des pénalités exigibles sur les valeurs contenues dans le coffre, sauf son recours contre les successibles ; 2° passible d'une amende de 200 fr. à 10.000 fr. en principal. L'héritier est solidairement tenu au paiement de cette amende s'il omet de déclarer les valeurs contenues dans le coffre. Le bailleur du coffre, s'il avait connaissance du décès, est tenu de la même obligation et se trouve également passible d'une amende de 100 fr. à 10 000 fr. en principal.

La preuve des infractions peut être établie par tous les modes de preuve du droit commun, mais l'action de l'Administration contre les contrevenants, autres que les héritiers, se prescrit par 5 ans à compter du jour de l'ouverture irrégulière du coffre (L. 18 avr. 1918, art. 3).

124 (*1336*). La pénalité du triple droit pour fausse déclaration de passif est encourue toutes les fois que le redevable a fourni des indications erronées (Seine, 14 déc. 1910, R. E. 5416) ou incomplètes (Béziers, 17 févr. 1914, R. E. 5981). Il a été cependant décidé que la pénalité n'était pas exigible dans une espèce où le receveur pouvait présumer le caractère non déductible de la dette et s'était néanmoins abstenu d'exiger des précisions (Villefranche, 23 juill. 1912, R. E. 5660) ; cette décision n'est certainement pas exacte.

125 (*1336 bis*). Celui qui affirme une déclaration frauduleuse est puni par les peines portées à l'art. 366 C. pén. Lorsque l'affirmation frauduleuse émane d'un cohéritier solidaire ou que la déclaration a été souscrite par un mandataire, les autres héritiers ou le mandant sont passibles des mêmes peines s'ils avaient connaissance de la fraude et s'ils n'ont pas complété la déclaration dans le délai de six mois (art. 8 L. 18 avr. 1918). Les poursuites sont engagées dans les trois ans qui suivent l'affirmation et portées devant le tribunal correctionnel du domicile du défunt (art. 9 même loi).

§ 8. — Restitution.

126 (*1343*). Ne peuvent être restitués, par application de la loi du 18 janvier 1912, les droits dont la perception vient à être viciée par l'accomplissement d'une condition résolutoire conventionnelle.

L'héritier qui a acquitté l'impôt sur les biens légués à des personnes morales a droit, quand l'autorisation d'accepter intervient, au remboursement de la somme payée et on ne saurait, sauf accord entre les intéressés, imputer ces sommes sur les droits dus par l'établissement légataire.

TESTAMENT. — **1**. Les testaments des militaires, des marins de l'Etat et des personnes employées à la suite des armées, qui sont reçus dans les formes prévues par les art. 981 à 984 et 989 C. civ., ainsi que les testaments olographes faits par les militaires pendant la durée des hostilités avec l'Allemagne, sont exempts du droit de timbre de dimension (L 16 avr. 1917, art. 3, I. 3504, R. E. 6640).

2. Ils sont enregistrés gratis, à la double condition, d'une part, qu'ils ne contiennent pas de dispositions au profit de personnes autres que les héritiers en ligne directe ou le conjoint ; d'autre part, que le testateur soit décédé dans les conditions et les délais spécifiés à l'art. 6 L. 26 déc. 1914 (L. 16 avr. 1917, art. 3 § 2).

3. L'exemption du droit d'enregistrement ne s'applique qu'au droit fixe actuel de 15 fr. (même loi, art. 3 § 3).

TIMBRE. — **1**. *Tarif*. — Les droits de timbre de dimension ont été portés à partir du 1er août 1918 aux taux ci-après, non sujets aux décimes : 1 fr. pour la demi-feuille de petit papier ; 2 fr. pour la feuille de petit papier ; 3 fr. pour la feuille de moyen papier ; 4 fr. pour la feuille de grand papier ; 6 fr. pour la feuille de grand registre (L. 29 juin 1918, art. 19 et 22, I. 3554, R. E. 6786).

2 Les tarifs ont été doublés à partir du 1er août 1920 (L. 25 juin 1920, art. 36, I 3626, R. E. 7125). V. pour le contre-timbrage et l'échange de timbres (D. 25 juill. 1920, I. 3629).

3. La majoration de la loi de 1920 ne s'applique pas aux registres de l'état civil (L. 25 juin 1920, art. 26) non plus qu'à leurs expéditions.

4. Le prix du moyen papier est de 3 fr. pour les feuilles employées à la rédaction des expéditions des actes civils, administratifs, judiciaires et extrajudiciaires (L. 25 juin 1920, art. 26).

5. *Exigibilité du droit*. — L'exigibilité du timbre de dimension a été reconnue en matière d'exécutoires relatifs aux frais de pension d'aliénés (Circ. Int 14 sept. 1912, R.E 5748) ; de récépissés de déclaration d'association (D. M. F. 14 sept 1912, I. 3362 § 16, R. E. 5759) ; de pièces déposées par des sociétés d'épargne et de récépissé desdites pièces (D. M F. 18 nov. 1913, I. 3390 § 21, R. E. 5966) ; de récépissés de déclaration et de brevets de conducteur d'automobiles, de permis de navigation en aéronef et brevets d'aptitude (D M. F. 4 fév. et 22 juill. 1914, I. 3434 § 14, R. E 6200) ; d'extraits de délibération de sociétés d'habitations à bon marché désignant un membre du conseil d'administration pour souscrire la déclaration prévue par l'art. 1er Déc. 17 juill. 1857 (D. M. F. 21 mars 1914, I. 3413 § 24, R. E. 6088) ; de certificats délivrés par les greffiers en vue de la purge des hypothèques légales grevant des immeubles acquis par l'Etat (D. M. F. 3 août 1915, I. 3466 § 7, R. E. 6548).

6. *Exemptions*. — Par contre, des dispositions législatives ou réglementaires ont prononcé des immunités d'impôt. On en trouvera la liste au mot *Enregistrement* ci-dessus. *Adde* :

D. 27 fév. 1913. Tables décennales des registres de l'état civil destinées au greffe. S. 3390, R. E. 5957.

L. 30 juill. 1913. Mandats-poste périmés. Demande de renouvellement du délai. R. E. 5800.

L. 17 août 1915. Retraites ouvrières et paysannes. Affiches. I. 3454, R. E. 6295.

L. 1er juin 1916. Registres de l'état civil. Reconstitution. I. 3477, R. E. 6442.

L. 26 janv. 1917. Chèque. Mention de domiciliation. I. 3496, R. E. 6583.

L. 21 janv. 1918. Marchés à livrer. I. 3550, R. E. 6831.

L. 14 nov. 1918. Succession. Droits. Fonds publics d'Etat donnés en garantie. R. E. 6836.

L. 18 mars 1919. Registre du commerce. R. E. 6973.

L. 5 sept. 1919. Pensionnaire de l'Etat, R. E. 7038.

L. 8 oct. 1919. Brevets d'invention. Prorogation, I. 3600, R. E 7060.

D. 15 mars 1920. Registre du commerce. Copies et certificats. R. E. 7096.

7. Il a été reconnu que le timbre n'était pas applicable : aux certificats produits pour le service des pensions et des secours de la caisse de prévoyance des marins (D. M. F. 25 oct. 1910, I. 3312 § 13, R. E. 5289) ; aux certificats d'exemption du service militaire ou d'ajournement délivrés en vertu de l'art. 18 L. 21 mars 1905 (D. M. F. 11 janv. 1913, I. 3370 § 29, R. E. 5936) ; aux pièces produites pour la liquidation des retraites des veuves et orphelins, des agents des douanes et des forêts (D. M. F. 6 juin 1913, I. 3390 § 20, R. E. 5965) ; aux actes de police générale concernant : soit les professions ambulantes et la circulation des nomades (D. M. F. 3 janv. 1914, I. 3413 § 22, R. E. 6086), soit la réglementation de l'emploi, dans les magasins, d'enfants âgés de moins de 18 ans (D. M. F. 15 mai 1914, I. 3413 § 23, R. E. 6087).

8. Les actes dressés par les consuls étrangers au siège de leur consulat sont susceptibles d'être établis sur papier non timbré à la condition qu'ils se rapportent d'une manière exclusive à l'accomplissement de la mission consulaire (D. M. F. 8 juin 1916, I. 3494 § 14, R. E. 6604).

9. Les feuilles non utilisées des registres de l'état civil ne peuvent recevoir aucun autre emploi (D. M. F. 30 nov. 1915, I. 3466 § 9, R. E. 6569).

10. *Timbrage à l'extraordinaire.* — En principe, la formalité du timbrage à l'extraordinaire doit s'effectuer sur des papiers en blanc. Si des formules imprimées sont présentées, il n'est pas nécessaire qu'elles portent un intitulé destiné à caractériser leur destination : l'Administration est seulement fondée, lorsque les énonciations desdites formules déterminent nettement la nature de l'acte auquel elles sont destinées, à refuser d'appliquer un timbre autre que celui que comporte cette nature (Sol. 30 juin 1919, R. E. 7089).

11. *Privilège du Trésor.* — Le privilège établi au profit du Trésor par l'art. 1er L. 12 nov. 1808, pour le recouvrement des contributions directes, et étendu à la matière du timbre par l'art. 76 L. 28 avril 1816, s'applique aux taxes de l'année échue et de l'année courante, lesquelles années doivent se calculer invariablement du 1er janv. au 31 déc. (Cass. civ., 11 janv. 1916, R. E. 6446).

12. *Salles de jeu.* — A partir du 1er octobre 1920, nul ne peut pénétrer dans les salles où conformément à la loi du 15 juin 1907 les jeux de hasard sont autorisés sans être muni d'une carte délivrée par le directeur de l'établissement et dont le minimum est fixé par le préfet du département. Cette carte est passible d'un droit de timbre spécial, savoir.

Dans les cercles ou casinos dont la recette brute des jeux est égale ou inférieure à 100.000 fr. :

0 fr. 50 si l'entrée est valable pour une durée de 1 à 15 jours;

2 fr. si l'entrée est valable pour une durée de 16 jours à 1 mois ;

5 fr. si l'entrée est valable pour une durée excédant 1 mois.

Dans les cercles ou casinos, dont la recette brute des jeux est supérieure à 100.000 fr. et ne dépasse pas 1 million :

1 fr. si l'entrée est valable pour la journée ;

3 fr. si l'entrée est valable pour une durée de 2 à 15 jours ;

5 fr. si l'entrée est valable pour une durée de 16 jours à 1 mois ;

10 fr. si l'entrée est valable pour une durée excédant 1 mois.

Dans les cercles ou casinos dont la recette brute des jeux est supérieure à 1 million :

1 fr. pour 1 jour ; 5 fr. pour 2 à 15 jours ; 10 fr. pour 16 jours à 1 mois ; 20 fr. pour une durée excédant 1 mois (L. 31 juill. 1920, art. 46 et 47, I. 3636, R. E. 7144).

13. Pour l'établissement du pourcentage, le produit de la recette brute des jeux de la saison ou de l'année précédente servira de base (même art. 46).

14. Le droit de timbre est acquitté par l'apposition sur les cartes de timbres mobiles délivrés par l'administration de l'Enregistrement, La forme et les conditions d'emploi de ces timbres mobiles doivent être déterminées par décret (même art.).

15. Sont considérées comme non timbrées les cartes sur lesquelles le timbre mobile a été apposé sans l'accomplissement des conditions prescrites par le décret ou sur lesquelles a été apposé un timbre mobile ayant déjà servi (même art.).

16. Toute contravention aux dispositions de la loi et à celles du décret à intervenir est punie d'une amende de 200 fr. en principal dont le titulaire ou le porteur et le directeur responsable de l'établissement sont solidairement tenus (même art.).

17. Les contraventions sont constatées, les instances sont suivies et le produit des amendes est réparti conformément aux al. 3 et 4, art. 23 L. 23 août 1871 (même art.).

TITRES NÉGOCIABLES

SOMMAIRE

§ 1. — Publicité des émissions financières.

1. Les notices à insérer au bulletin annexe au *Journal officiel* créé par le décret du 27 février 1907 (T. A., V° *Titres négociables*, 42), doivent être revêtues de la signature d'un des fondateurs ou émetteurs accompagnée de son adresse, et cette signature doit être légalisée par le maire du domicile du signataire (D. M. F. 7 juin 1911, R. E. 5440).

§ 2. — Timbre.

2. *Tarif L. 1914.* — L'art. 40 de la loi du 29 mars 1914 a élevé le taux du droit de timbre au comptant à 1,80 0/0, décimes compris, pour les titres d'obligations, et pour les titres ou certificats d'actions à 0,90 0/0, décimes compris, si la durée de la société n'excède pas dix ans, et à 1,80 0/0, décimes compris, si elle est supérieure. Le même article porte de 0,06 à 0,09 0/0 le tarif de la taxe annuelle d'abonnement. Ces élévations de tarif ne s'appliquent qu'aux droits et taxes exigibles depuis le 1er juillet 1914 (R. E. 6032, I. 3410).

3. Les sociétés qui auront réduit leur capital antérieurement à la loi du 15 juillet 1914 ne devront acquitter la surtaxe de timbre d'abonnement que sur leur capital réduit, l'ancien tarif restant applicable, selon la règle générale, sur le capital originaire jusqu'à l'expiration de la société (L. 15 juill. 1914, art. 29, R. E. 6032).

Pour l'application des nouveaux tarifs, de nouveaux types de timbre ont été créés par le décret du 15 février 1915 (R. E. 6159).

4. *L. 1920.* — Les tarifs édictés L. 1914 sont élevés de 0,90 0/0 à 1 0/0, de 1,80 0/0 à 2 0/0, de 0,09 0/0 à 0.10 0/0 (L. 25 juin 1920, art. 48, I. 3626, R. E. 7125). Le droit annuel d'abonnement de 0,10 0/0 est dû, quelle que soit l'époque à laquelle l'abonnement a été contracté.

5. Les nouveaux taux édictés L. 25 juin 1920 sont applicables un jour franc après l'arrivée du *Journal officiel* au chef-lieu de chaque arrondissement.

6. *Droit à la charge des sociétés.* — Le droit de timbre sur les titres des sociétés ne doit pas seulement être avancé par celles-ci ; il est à leur charge sans recours (C. d'Etat, 4 mars 1881, Cie P. L. M., Sir. 82.3.22; Sol. 23 juil. 1885, J. E. 22519, R. P. 6508; Seine, 6 déc. 1890, R. P. 7606; Wahl, *Valeurs mobil.*, II, n° 1877).

7. *Bons d'épargne ou de capitalisation.* — Sous le régime antérieur à L. 25 juin 1920, les bons qui ne sont pas susceptibles d'être cotés à la bourse et ne constituent pas des valeurs publiques ne sont pas assujettis au droit de timbre établi par l'art. 27 de la loi du 5 juin 1850 et ne donnent ouverture qu'au droit de timbre des effets négociables; ils ne sont pas passibles, d'autre part, du droit de transmission (Cass. civ., 7 mai 1912, R. E. 5560; et sur renvoi Reims, 18 déc. 1913, R. E. 5900) (V. pour le régime de la L. 25 juin 1920, V° *Assurances*).

8. *Sociétés de caution mutuelle.* — Les certificats de parts non négociables des sociétés de caution mutuelle et des banques populaires ne sont soumis qu'au timbre de dimension (L. 13 mars 1917, art. 8, R. E. 6580).

9. *Insuffisance d'évaluation.* — En cas d'insuffisance de la valeur déclarée pour la perception des droits de timbre, la prescription biennale de l'action du Trésor commence à courir du jour même de l'évaluation et par conséquent du jour même du contrat d'abonnement qui, en général, la renferme.

10. *Groupements de sinistrés dans les régions dévastées.* — Sont exempts du droit de timbre, les titres émis en représentation des emprunts prévus à l'art. 155 L. 31 juill. 1920 (L. 31 juill. 1920, art. 157, I. 3625, R. E. 7144) et à l'art. 67, L. 31 déc. 1920 (R. E. 7172).

11. *Sociétés françaises de gestion de titres étrangers. Exemption.* — Lorsqu'une société française réunit, en vue d'assurer les droits de porteurs français, les actions ou obligations d'une ou plusieurs sociétés étrangères et qu'elle délivre en représentation de ces actions ou obligations des titres spéciaux émis par elle-même comportant l'indication précise des titres que chacun d'eux a pour but de remplacer, ces titres sont exemptés du droit de timbre proportionnel édicté par les art. 14 et 27 L. 5 juin 1850 (L. 31 juill. 1920, art. 30, I. 3636, R. E. 7144).

12. Sont également exempts du droit de timbre, les emprunts contractés à l'étranger par les départements et les communes (LL. 28 sept. 1910, 29 sept. 1919, R. E. 7037), par les compagnies de chemins de fer d'intérêt général.

§ 3. — Droit de transmission.

13. *Tarif.* — Les transferts des titres nominatifs sont soumis au droit de 0,90 0/0 de la valeur négociée (L. 29 mars 1914, art. 41, I. 3410, R. E. 6032). Le taux du droit dû sur la conversion d'un titre nominatif en un titre au porteur fixé à 0,90 0/0 (L. 29 mars 1914, art. 41) est porté à 2 0/0, L. 25 juin 1920, art. 49, I. 3626, R. E. 7125).

La taxe annuelle de transmission de 0,30 0/0. (L. 29 mars 1914, art. 41) est élevée à 0,50 0/0 (L. 25 juin 1920, art. 49).

14. Les majorations de tarif L. 1920 sont applicables à l'expiration du délai fixé par le décret-loi 5 nov. 1870.

15. La conversion de titres au porteur en titres nominatifs est exempte du droit de transmission (L. 26 déc. 1908, art. 5, R. E: 4751-II).

16. La loi du 31 juil. 1920 (art. 16) règle les modalités de négociation et de transfert des titres nominatifs (I. 3636, R. E. 7149).

17. Lorsque le titulaire d'un titre nominatif a dû le convertir au porteur en vue de le vendre et qu'il a acquitté de ce chef le droit de 2 0/0 (L. 25 juin 1920, art. 49) il peut obtenir le remboursement de ce droit si, dans le délai d'un mois à compter de la conversion, il a remployé le prix de la vente intégralement en valeurs mises au même nom et dont la conversion au porteur est assujettie au droit proportionnel. Un règlement d'administration publique doit déterminer les conditions de ce remboursement qui pourra être effectué par l'établissement de la société qui a opéré la conversion sur simples déclarations de l'agent de change ou du banquier vendeur et de l'agent de change ou du banquier acquéreur établies sur papier libre et sans frais (L. 31 juill. 1920, art. 17).

18. Les actions, obligations ou parts bénéficiaires nominatives attribuées à une société française par actions en représentation de versements ou d'apports en argent ou en nature par elle faits à une autre société française dans les conditions prévues à l'art. 27 L. 31 juill. 1920 (V. *Impôt sur le revenu des valeurs mobilières, suprà*, n° 23) sont, lors de leur conversion au porteur, affranchies du droit institué L. 23 juin 1857, art. 6, et porté à 2 0/0 L. 25 juin 1920, art. 49 (L. 31 juill. 1920, art. 28).

19. *Groupement de sinistrés dans les régions dévastées.* — Sont exempts des droits de transfert et de la taxe annuelle de transmission, les titres émis en représentation des emprunts prévus à l'art. 155 L. 31 juill. 1920 (L. 31 juill. 1920, art. 157, I. 3625, R. E. 7144).

19 *bis. Emprunts à l'étranger par les départements, les communes.* — Sont exempts des droits de transmission (LL. 28 sept. 1916, 29 sept. 1919, R. E. 7037).

20... par les *compagnies de chemins de fer d'intérêt général et les chemins de fer de l'Etat.* — Les séries spéciales d'obligations sont soumises au régime fiscal applicable aux titres émis par les sociétés étrangères qui n'acquittent pas par abonnement les taxes de timbre, de transmission et du revenu (L. 27 mars 1920, R. E. 7095). Les justifications à fournir à l'Administration par les compagnies émettrices sont fixées A. M. 11 sept. 1920.

21. *Rachat d'actions* par la société qui les a émises. En ce cas, le droit de transfert est dû (Seine, 6 mars 1896, R. E. 1139).

22. *Bons d'épargne et de capitalisation.* — Ces écrits constituant non des titres négociables mais des effets négociables ne sont point passibles du droit ni de la taxe de transmission (V. *suprà*, n° 7). V. le nouveau régime fiscal des entreprises de capitalisation *suprà*, V° *Assurances*, n°s 50 et s.

TITRE NOUVEL. — Le droit proportionnel de 0,20 0/0 en principal a été élevé à 1 0/0 sans décimes par l'art. 15 L. 29 juin 1918 (I. 3554, R. E. 6786).

Les titres nouvels et reconnaissances de dettes qu'il y avait lieu d'établir avant le 24 avr. 1920 (L. 4 juill. 1915, art. 4) profitent de la prorogation de 6 mois accordée (L. 19 avr. 1920).

V. *Dissimulation* et *Insuffisance*.

TRANSACTION. — La cession de tous ses droits par un légataire universel à un héritier du sang non réservataire qui conteste la validité du testament, emporte acceptation du legs (Cass. req., 25 fév. 1914, I. 3413-19, R. E. 5945).

TRANSPORT (CONTRAT DE). — 1. Les lettres de voitures, frappées du timbre de dimension par l'art. 6 L. 11 juin 1842, ont été atteintes par l'augmentation de tarif du timbre de dimension réalisée par l'art. 19 L. 29 juin 1918 (I. 3554, R. E. 6786) et ce, à partir du 1er août 1918 (art. 22 de la loi). Elles sont, depuis le 1er août 1920, soumises aux tarifs doublés par art. 36 L. 25 juin 1920 (I. 3626, R. E. 7125).

2. Sont assujettis au timbre de dimension, les écrits qui présentent les caractères de la lettre de voiture (art. 101, 102 C. com.), dès lors qu'en fait, ils donnent à l'entrepreneur de transports le moyen d'assurer l'expédition qui lui est demandée et dont il assume la charge (Cass. req., 11 mai 1915, I. 3449-6, R. E. 6223).

3. Le droit de timbre des récépissés, bulletins d'expédition ou autres pièces en tenant lieu, délivrés par les administrations des voies ferrées d'intérêt général ou local, pour chacun des transports effectués en grande ou en petite vitesse, est fixé uniformément à 0 fr. 25, y compris le droit de la décharge donnée par le destinataire (L. 29 juin 1918, art. 34, I. 3554, R. E. 6786).

4. Le nouveau tarif s'applique de plein droit aux lettres de voitures internationales créées en vertu de la convention du 14 oct. 1890 et qui sont assimilées par l'art. 1er L. 27 déc. 1892 aux récépissés des chemins de fer.

5. Une même expédition ne peut comprendre que le chargement d'un seul wagon, à moins qu'il ne s'agisse d'envois indivisibles ou qu'il n'existe pour certains trafics des prescriptions particulières (L. 29 juin 1918, art. 34 § 3).

6. Les récépissés délivrés par les administrations des transports par tramways sont passibles du droit de timbre de 0 fr. 10 ou de 0 fr. 25 suivant que le tramway a été concédé antérieurement ou postérieurement à la loi du 31 juill. 1913 (L. 31 juill. 1913, art. 41, I. 3378, R. E. 5846, maintenue par L. 29 juin 1918, art. 34 § 2).

7. La loi du 31 juill. 1913 assujettissait déjà au droit de 0 fr. 25 les récépissés délivrés par les chemins de fer d'intérêt local pour les marchandises circulant uniquement sur les voies ferrées établies par les départements ou les communes (art. 41, I. 3378).

8. L'art. 2 de la loi du 30 mars 1872 relatif au groupage est général et absolu. Il s'applique aux expéditions faites de l'étranger en France (Cass. civ., 28 juin 1911, I. 3335-9, R. E. 5353).

9. Une exception à la règle concernant le groupage est apportée en faveur des groupements agricoles constitués conformément aux dispositions des lois en vigueur, c'est-à-dire les syndicats agricoles et certaines sociétés agricoles, qui réunissent en une ou plusieurs expéditions des colis ou paquets envoyés à des destinataires différents (L. 15 juill. 1914, art. 32, I. 3415, R. E. 6033).

10. Les récépissés des colis agricoles dont le poids ne dépasse pas 40 kilogr., ont bénéficié d'un tarif réduit de 0,10 (Déc. 27 oct. 1911, I. 3332, R. E. 5446 ; 1er avr. 1914, I. 3404, R. E. 6040 ; 12 juin 1915, I. 3448, R. E. 6220 ; 5 juill. 1916, I. 3481, R. E. 6465).

11. Désormais, les colis postaux de 0 à 5 kilogr. bénéficient seuls du droit de timbre de 0,10 ; les colis postaux de 5 à 10 kilogr. acquittent un droit de timbre de 0, 20 (L. 29 juin 1918, art. 33, I. 3554, R. E. 6786).

12. Les colis agricoles dont le poids peut atteindre 40 kilogr., étant observé que la disposition de faveur, en tant qu'elle s'applique aux colis postaux de ou pour la Corse, n'a, en l'état, d'effet que pour une période cessant 1 an après la date de cessation des hostilités (Déc. 11 juill. 1918, I. 3559, R. E. 6858) sont également passibles du nouveau droit de 0,20 dès que leur poids excède 5 kil.

13. Le droit de timbre des colis agricoles peut être acquitté sur état (Déc. 27 oct. 1911; art. 4, I. 3332, R. E. 5446).

14. Les bulletins de bagages délivrés aux voyageurs par les administrations des voies ferrées d'intérêt général ou local sont soumis à un droit de timbre de 0,10 (L. 29 juin 1918, art. 35, I. 3554, R. E. 6786).

15. Sous la dénomination de chemin de fer d'intérêt local, il faut comprendre les voies ferrées désignées sous le nom de tramways par la loi du 11 juin 1880.

16. Les cartes, bons et permis de circulation soit entièrement gratuits, soit avec réduction du prix des places délivrés sur les réseaux de chemins de fer d'intérêt général et les voies ferrées d'intérêt local et tous autres titres concédant les mêmes avantages sont assujettis à un impôt égal au dixième de la valeur de l'exemption qu'ils établissent (L. 31 juill. 1920, art. 38, I. 3636, R. E. 7144 modifiant L. 29 juin 1918, art. 31, I. 3554, R. E. 6786).

17. Sont exempts de l'impôt de 10 0/0 les cartes, bons et permis accordés en vertu des dispositions des cahiers des charges ou des tarifs homologués ainsi que ceux dont bénéficient les agents en activité ou en retraite des réseaux d'intérêt général et voies ferrées d'intérêt local, ainsi que leurs familles (L. 31 juill. 1920, art. 38 modifiant L. 29 juin 1918, art. 31 et 32).

18. La même exemption profite aux cartes, bons et permis accordés aux agents de l'Etat pour l'exécution de leur service (L. 31 déc. 1918, R. E. 6879) dans les conditions déterminées par le D. 22 avr. 1919 (R. E. 6909).

TUNISIE. — 1. Les droits d'enregistrement applicables à certains actes ont été majorés (D. beylical 20 déc. 1919, R. E. 7035).

2. Des augmentations de droits de timbre ont été édictées (3 DD. beylicaux 20 déc. 1919, R. E. 7035). L'un de ces décrets déclare applicables de plein droit, même en l'absence d'un texte, les exemptions d'impôt accordées par les lois françaises en matière de timbre.

3. Les actes et jugements passés ou rendus en Tunisie dont il est fait usage en France soit par acte public, soit devant toute autorité constituée, sont, au point de vue de la perception des droits de timbre et d'enregistrement, assimilés à ceux passés ou rendus dans les colonies où ces impôts sont établis (L. 30 juill. 1913, art. 14, I. 3371, R. E. 5800).

4. Cette disposition a pour contrepartie les décrets beylicaux des 19 et 20 avril 1912 (R. E. 5603) aux termes desquels il doit être fait imputation, en Tunisie, tant des droits d'enregistrement perçus en France et dans les colonies françaises sur les conventions autres que les mutations, que des droits de timbre perçus en France et dans les colonies françaises (I. 3371, R. E. 5800).

5. Le régime d'imputation réciproque a été admis pour l'Algérie (Déc. 28 déc. 1913, R. E. 6012) ; l'Indo-Chine (Déc. 16 janv. 1914, R. E. 5910) ; le Sénégal (Déc. 7 mai 1914, R. E. 5990) ; l'Inde française (Déc. 25 juin 1915, R. E. 6291) ; la Martinique, la Guadeloupe et la Guyane (3 DD. 2 juill. 1915, R. E. 6291) ; la Nouvelle-Calédonie (Déc. 2 juill. 1915, R. E. 6292) ; l'Afrique équatoriale (Déc. 6 fév. 1919, R. E. 6870) ; le Maroc (Déc. 9 déc. 1919, R. E. 7023).

6. L'impôt sur le revenu des valeurs mobilières a été institué en Tunisie (Déc. 23 déc. 1918, R. E. 6940) ; l'impôt sur le revenu des créances y a été aussi établi (D. 27 déc. 1919, R. E. 7035).

USUFRUIT. — 1. Lorsqu'un immeuble transmis par décès

est grevé d'un usufruit constitué conjointement sur plusieurs têtes, sans assignation de parts, la valeur imposable de la nue propriété de cet immeuble doit être déterminée sur la quote-part de chaque usufruitier évaluée d'après son âge (Cass. civ., 13 juin 1917, R. E. 6682).

2. En cas d'usufruits successifs, l'Administration subordonne (à tort, semble-t-il) l'application de la disposition de l'art. 13 § 2, 2e al., L. 25 fév. 1901 qui autorise la restitution au nu propriétaire, à la condition que le second usufruit se soit ouvert dès la cessation du premier (Sol. 2 juin 1916, I. 3494 § 10, R. E. 6606).

VALEURS MOBILIÈRES ÉTRANGÈRES

SOMMAIRE

§ 1. — Émission en France.

1. Les titres des sociétés étrangères ne peuvent être exposés en vente ou introduits sur le marché français que sous certaines conditions déterminées par la loi du 13 avril 1898 (T. A. V° *Valeurs mobilières étrangères*, nos 65 et s.).

2. Quant aux titres de fonds d'Etat étrangers, l'émission ou la souscription en France ne pouvait être annoncée, publiée ou effectuée sans une déclaration préalable (L. 25 mai 1872).

3. L'art. 44 de la loi du 29 mars 1914 (Inst. 3410) atteint non seulement l'émission ou la souscription, seules prévues par la loi de 1872, mais aussi les faits d'exposition en vente, d'introduction sur le marché, de remboursement ou de conversion des fonds d'Etat étrangers et elle décide qu'aucune de ces opérations ne pourra être annoncée, publiée ou effectuée en France sans qu'il ait été fait, dix jours à l'avance, au bureau de l'enregistrement de la résidence de l'intermédiaire de l'Etat émetteur, une déclaration dont la date sera mentionnée dans l'avis ou l'annonce. Les titres définitifs ne peuvent être délivrés sans avoir préalablement acquitté le droit de timbre au comptant.

§ 2. — Sociétés étrangères abonnées.

4. A partir du 1er juillet 1914, la taxe d'abonnement au timbre à laquelle sont obligatoirement soumises les sociétés étrangères qui ont introduit leurs titres en France, a été portée de 0,06 à 0,09 0/0, décimes compris (L. 29 mars 1914, art. 40, R. E. 6032). Elle est actuellement de 0,10 0/0 quelle que soit l'époque à laquelle l'abonnement a été contracté (L. 25 juin 1920, art. 48, I. 3626, R. E. 7125).

5. Cette taxe est d'ailleurs exigible pendant toute la durée de la société, nonobstant toutes réductions que peut subir le capital social (Cass. civ., 4 févr. 1914, I. 3413 § 11, R. E. 5955-I).

6. Toutefois, la loi du 15 juillet 1914, art. 29, dispose que la surtaxe établie par la loi du 29 mars précédent ne sera liquidée que sur le capital existant lors de la promulgation de la loi, le capital originaire, lorsqu'il y aura eu réduction avant la loi, n'étant passible de la taxe qu'à l'ancien tarif.

7. Lorsqu'à la suite d'une réduction du capital, une société étrangère remplace les titres anciens contre des titres nouveaux et qu'elle souscrit, pour ces derniers, un nouvel abonnement au timbre, la taxe due en vertu de l'abonnement primitif cesse d'être exigible (Cass., 23 fév. 1914, I. 3413 § 12, R. E. 5946-II).

8. L'abonnement au timbre n'est suspendu, en ce qui concerne les sociétés étrangères, qu'en cas d'improductivité absolue, c'est-à-dire à défaut de réalisation de tous bénéfices (Cass. req., 1er fév. 1911, I. 3322 § 2, R. E. 5240).

9. *Transmission*. — Le tarif de la taxe de transmission applicable aux titres des sociétés étrangères abonnées a été élevé à 0,30 0/0, sans décimes, par l'art. 41 de la loi du 29 mars 1914, puis à 0,50 0/0 (L. 25 juin 1920, art. 49).

10. *Impôt sur le revenu*. — Les taux de l'impôt sur le revenu fixés à 5 et 10 0/0 (L. 30 déc. 1916, I. 3493, R. E. 6535) sont portés à 10 et 20 0/0 (L. 25 juin 1920, art. 50, I. 3626, R. E. 7125).

11. Les impôts étrangers prélevés sur les intérêts ou le dividende des obligations ou actions des sociétés étrangères abonnées ne doivent pas être déduits pour la liquidation de l'impôt sur le revenu (Cass. civ., 29 juill. 1912, 4 arrêts, I. 3362 § 6, R. E. 5634).

12. Lorsque des membres d'une société étrangère constituent en France une société en nom collectif pour l'exploitation d'une usine et qu'il est établi que cette usine n'est qu'une dépendance de l'établissement étranger, on doit admettre qu'en réalité la société étrangère possède en France une succursale à raison de laquelle elle est passible de l'impôt sur le revenu (Cass. req., 29 juill. 1913, I. 3390 § 8, R. E. 5810-II).

13. La taxe du revenu est exigible sur les intérêts des emprunts contractés en France par une société étrangère, alors même qu'il n'y aurait pas eu émission de titres négociables et que la société ne posséderait aucun bien en France (Cass. civ., 30 mars 1914, I. 3413 § 13, R. E. 5992).

14. Les bénéfices, qui, par suite de dispositions statutaires, sont distribués aux membres des Conseils d'administration des sociétés, compagnies et autres entreprises étrangères, sont assujettis à la taxe du revenu, mais seulement sur la quote-part de bénéfices distribués à ceux de ces membres qui sont domiciliés en France ou y résident (L. 30 déc. 1916, art. 12, R. E. 6535-III).

§ 3. — Sociétés étrangères non abonnées et fonds d'État étrangers.

Art. 1er. — *Timbre.*

15. Le tarif du droit de timbre au comptant sur les titres de fonds d'État étrangers élevé à 3 0/0, à compter du 1er août 1913, par la loi du 30 juill. 1913, art. 13 (R. E. 5800-V), a été ramené à 2 0/0 par la loi du 4 avr. 1914, art. 5 (R. E. 5988. — I. 3403).

La loi du 29 mars 1914, art. 43, a, d'autre part, supprimé le minimum de 100 fr. sur lequel le droit devait être perçu pour chaque titre ou coupure, de sorte que le droit se perçoit actuellement sur la valeur nominale réelle des titres. Toutefois, le même article dispose que pour les titres de rente, obligations et autres effets publics des gouvernements étrangers, cotés à la bourse officielle, dont le cours moyen pendant l'année précédente est tombé au-dessous des trois quarts du pair, la perception s'effectuera sur la valeur négociable déterminée par ce cours moyen (I. 3410). V. le relevé de ces derniers titres Déc. 19 mars 1920, I. 3620.

16. Diverses décisions ministérielles ont dispensé de l'apposition de l'empreinte matérielle du timbre les certificats provisoires d'emprunts de gouvernements étrangers, à la condition que les droits de timbre au comptant seraient versés au préalable et qu'une insertion serait faite au *Journal officiel*. En cas d'énonciation de ces certificats provisoires dans des actes, c'est cette insertion qui doit être reproduite et les titres définitifs sont, lors de leur échange contre les certificats, revêtus de l'empreinte du timbre (D. M. F. 14 mai 1910, R.E. 5099 ; 28 mai et 12 juin 1910, R. E. 5115 ; 13 juill. 1910, R. E. 5193 ; 8 avr. 1911, 3 juill. 1911 et 15 juill. 1911, R. E. 5381).

17. Les valeurs étrangères non abonnées qui ont été perdues ou abandonnées par suite de faits de guerre, peuvent être énoncées dans des actes faits à la requête des propriétaires pour la conservation de leurs droits, sans indication du paiement des droits de timbre, à la condition qu'il soit justifié de ce paiement lors de la mainlevée des oppositions ou après la cessation des hostilités (D. M. F. 12 janv. 1915, R. E. 6286).

18. L'art. 5 L. 28 déc. 1895 est applicable aux énonciations contenues dans un acte dressé à l'étranger annexé à un acte dressé en

France mais dans la mesure seulement où l'acte étranger est le complément nécessaire de l'acte français et si, par suite, la mention énoncée dans l'un peut être considérée comme figurant dans l'autre (Cass. civ., 18 mars 1918, R. E. 6805-II).

Art. 2. — *Impôt sur le revenu.*

19. Les titres des sociétés étrangères non abonnées en France et les titres des fonds d'Etat étrangers n'étaient passibles que du droit de timbre au comptant dans les cas et dans les conditions indiqués au T. A. V° *Valeurs mobilières étrangères*, n°s 339 à 465. Ils échappaient à la perception de l'impôt de transmission et de la taxe sur le revenu auxquels sont soumises les valeurs françaises et se trouvaient ainsi dans une situation privilégiée.

L'art. 31 L. 29 mars 1914 fait disparaître en partie cette anomalie en étendant, à partir du 1er juill. 1914, la taxe sur le revenu établie par la loi du 29 juin 1872 aux actions, parts de fondateur, parts d'intérêts, commandites et emprunts de toutes natures des sociétés, compagnies, entreprises, corporations, villes, provinces et tout autre établissement public étrangers, ainsi qu'aux rentes, obligations et autres effets publics des gouvernements étrangers (I. 3410, R. E. 6032).

Malgré les termes généraux de la loi, les sociétés étrangères abonnées restent soumises au régime antérieur et elles sont notamment assujetties à la taxe sur le revenu au tarif de 5 0/0 établi par la loi du 30 déc. 1916, aujourd'hui 10 0/0.

20. Quant aux titres des sociétés étrangères non abonnées et aux titres de fonds d'Etat étrangers, la L. 29 mars 1914 les soumet à la taxe de 4 0/0 et à une surtaxe de 1 0/0. Ce tarif de 5 0/0 a été porté à 6 0/0 par L. 30 déc. 1916, puis à 12 0/0 (L. 25 juin 1920, I. 3626, R. E. 7125).

La taxe est perçue au moment du paiement du coupon, par les soins du banquier qui effectue le paiement, et sur le montant brut du coupon.

21. Il a été, d'ailleurs, décidé que la taxe n'était pas due sur *les primes du remboursement* (D. M. F. 22 août 1914, R. E. 6269 ; I. 3434 § 18).

22. En vue du recouvrement de cet impôt, toute personne qui demande en France le paiement de coupons, chèques ou tous autres instruments de crédit créés pour le paiement des dividendes, intérêts, arrérages ou autres produits des titres de sociétés étrangères non abonnées et de fonds d'Etat étrangers, doit déposer, à l'appui, contre récépissé, un bordereau daté ne portant ni son nom, ni sa signature, ni son adresse.

23. D'autre part, les banquiers, les changeurs et les diverses personnes faisant profession ou commerce de recueillir, encaisser, payer ou acheter des coupons, chèques ou instruments de crédit, sont astreints à diverses obligations.

Ils doivent, tout d'abord, souscrire au bureau de l'enregistrement de leur résidence une déclaration d'existence.

Ils doivent tenir deux registres, sur papier non timbré, cotés et paraphés dans les conditions établies par l'art. 11 C. comm., l'un pour les opérations directes de paiement, l'autre pour la négociation des coupons sur lesquels l'impôt a été retenu par un précédent intermédiaire. La forme de ces registres et celle des bordereaux à déposer par les particuliers sont déterminées par le décret du 21 juin 1914 (I. 3412).

Ils doivent, au moment du paiement, retenir la taxe pour le compte du Trésor ou en faire l'avance si, par suite de contrats existants, cette taxe est à la charge de l'émetteur du titre. L'agence française d'une banque étrangère doit, d'ailleurs, retenir l'impôt lorsqu'elle inscrit au compte de ses clients le montant de coupons de titres non abonnés présentés au paiement dans des succursales à l'étranger (Sol. 8 juin 1915, R. E. 6348, I. 3449 § 14).

Les assujettis ont droit, sur les recettes qu'ils font pour le compte du Trésor, à des remises de 1 0/0 sur les premiers 100.000 fr. et de 0,75 0/0 sur le surplus.

24. Les personnes qui ne sont pas de nationalité française, qui ont à l'étranger leur domicile et leur résidence et qui ne font pas profession de payer des coupons, sont dispensées du paiement de la taxe sur les coupons qu'elles présentent en France, à la condition de produire un affidavit établi par l'agent diplomatique ou consulaire français dans la circonscription duquel elles résident, et constatant qu'elles remplissent les conditions prescrites pour bénéficier de l'exonération. Cet affidavit doit être déposé entre les mains de l'assujetti au moment même de la demande de paiement des coupons, sous peine de ne plus pouvoir invoquer l'exonération (Sol. 22 juin 1915, R. E. 6349, I. 3449 § 15).

L'*affidavit* à produire par les agents diplomatiques étrangers accrédités en France doit être fourni dans une forme particulière fixée par une décision des Ministres des affaires étrangères et des finances des 29 janvier-13 février 1915, R. E. 6272, I. 3440).

Un affidavit collectif pour un groupe de porteurs étrangers est irrégulier et ne peut être accepté (D. M. F. 8 sept. 1914, R. E. 6270, I. 3434 § 19).

Pour les titres déposés en garde ou donnés en nantissement en France, un affidavit annuel est suffisant (D. M. F. 16 sept. 1914, R. E. 6271, I. 3434 § 20).

25. *Pénalités.* — L'assujetti qui n'a pas souscrit la déclaration d'existence ou retenu l'impôt est passible d'une amende de 100 à 1.000 fr., indépendamment du quintuple droit et de poursuites correctionnelles. Les pénalités sont dues par le seul fait de l'inexécution dûment constatée des prescriptions réglementaires (Cass. crim., 25 mars 1920).

Les irrégularités dans la tenue des registres et le défaut de dépôt des extraits entraînent une amende de 100 à 10.000 fr.

26. La *prescription* est de cinq ans.

Les instances sont jugées comme en matière d'enregistrement.

27. *Coupons payés à l'étranger.* — Les personnes, françaises ou étrangères, domiciliées en France qui se font envoyer ou encaissent à l'étranger, soit directement, soit par un intermédiaire quelconque, le montant de coupons de titres étrangers non abonnés, sont tenues d'acquitter l'impôt, soit en apposant sur chaque titre un timbre spécial d'une valeur égale au montant de la taxe exigible pour l'année entière, soit en souscrivant au bureau de l'enregistrement, dans les trois premiers mois de l'année, une déclaration indiquant le montant des coupons qu'elles ont touchés à l'étranger pendant l'année précédente.

VENTES DE MEUBLES. — **1.** Les ventes de meubles et autres actes énumérés à l'art. 69 § 5, 1°, 2°, 5°, 6° et 7°, L. frim. an VII, sont assujetties au droit de 5 0/0 sans décimes (L. 25 juin 1920, art. 24, I. 3626, R. E. 7125).

2. Le tarif de 5 0/0 est réduit de moitié pour les ventes d'animaux, récoltes, engrais et autres objets mobiliers dépendant d'une exploitation agricole (L. 25 juin 1920, art. 24).

3. Le taux du droit proportionnel exigible sur les ventes de marchandises avariées par suite d'événements de mer est porté de 0,20 0/0 en principal à 1 0/0 sans décimes (L. 29 juin 1918, art. 15, I. 3554, R. E. 6786).

4. La vente des warrants hôtelier est passible du droit de 0,10 0/0 comme celui qui est établi par l'art. 4 L. 28 mai 1858 pour les ventes publiques de marchandises en gros (L. 8 août 1913, art. 15, I. 3375, R. E. 5803).

5. Le droit de 5 0/0 est dû sur le procès-verbal d'adjudication d'un fonds de commerce donné en nantissement bien que ce fonds ait été vendu pour réaliser le gage auquel il était affecté (Cass. civ., 24 mai 1912, I. 3345 § 8, R. E. 5574).

6. Les ventes ayant pour objet le recouvrement des contributions directes et des taxes assimilées sont exemptes de la formalité du timbre et de l'enregistrement (L. 18 juill. 1911, art. 20, I. 3340, R. E. 5542).

7. Lorsqu'une vente de marchandises, denrées, fournitures ou objets classés comme étant de luxe (Déc. 26 juin 1920, I. 3632, R. E. 7142) et appartenant à un *non-commerçant* est effectuée par un officier public ou ministériel ou est constatée par un acte authentique ou sous signatures privées, la taxe de 10 0/0 édictée art. 57 L. 25 juin 1920 (V. *suprà, Reçu*, n° 7) est perçue sur le procès-verbal ou l'acte constatant la vente aux lieu et place du droit d'enregistrement (L. 25 juin 1920, art. 57, I. 3626, R. E. 7125).

8. La taxe est due même si l'acte ne porte pas quittance du prix (La quittance postérieure est en pareille occurrence passible du droit de timbre de 0,25 à 1 fr. dès lors que le prix dépasse 10 fr.). En cas de contravention, notamment si l'acte soumis à la taxe de 10 0/0 n'a pas été présenté à la formalité dans le délai égal, chacune des parties est passible personnellement d'une amende égale au triple de la taxe impayée avec minimum de 100 fr., outre les 2 décimes et demi édictés art. 110 L. 25 juin 1920 (L. 25 juin 1920, art. 57).

9. Lorsqu'une vente publique comprend des marchandises, denrées, fournitures ou objets quelconques appartenant à une *personne redevable de l'impôt sur le chiffre d'affaires* (V. ce mot) et classés comme étant de luxe (Déc. 26 juin 1920, I. 3632, R. E. 7142), la taxe de 10 0/0 est perçue lors de l'enregistrement du procès-verbal de vente sur le prix desdits objets aux lieu et place du droit d'enregistrement exigible sur ce prix (L. 25 juin 1920, art. 71, I. 3632, R. E. 7125).

10. Le commerçant qui achète un objet de luxe dans une vente publique en vue de le revendre doit, nonobstant sa qualité, acquitter le droit de 10 0/0 (Déc. 24 juill. 1920, art. 20, I. 3632, R. E. 7142).

11. Contrairement à l'art. 27 L. 31 déc. 1917, la loi du 25 juin 1920 dans ses art. 57 et 71 ne comporte aucune exception en ce qui concerne les ventes effectuées sous l'autorité de justice ou par licitation forcée. Ces ventes doivent dès lors supporter l'impôt de 10 0/0 dans les mêmes conditions que les ventes volontaires.

12. Qu'il s'agisse de spiritueux ou de vins de luxe, le prix de l'adjudication doit être augmenté des droits de consommation pour l'application de l'impôt.

A cet égard lorsque la vente est faite par un marchand en gros ou un producteur, au profit d'un débitant ou consommateur, le droit soit de 25 0/0, soit de 10 0/0 exigible est recouvré par l'administration des Contributions indirectes. Dans tous les autres cas où le droit de 10 0/0 est dû, l'impôt est perçu par le receveur de l'Enregistrement lors de la formalité donnée à l'acte ou au procès-verbal de vente.

13. Si la vente d'objets classés et d'objets non classés comme étant de luxe a lieu en bloc, une déclaration estimative est nécessaire, pour l'assiette du droit majoré sur le prix des premiers.

VENTES D'IMMEUBLES. — **1.** Le droit de 7 0/0 édicté par L. 22 avr. 1905, art. 2 est porté à 10 0/0 sans décimes (L. 25 juin 1920, art. 25, I. 3626, R. E. 7125).

2. Lorsque l'acheteur a déclaré dans l'acte qu'il achète l'immeuble en vue de le revendre, le droit est porté de 10 à 12 0/0. Mais, dans ce cas, il lui est restitué : 10 0/0, 8 0/0, 6 0/0, 4 0/0 ou 2 0/0 suivant que l'immeuble est revendu dans les délais respectifs de 1, 2, 3, 4, ou 5 ans (L. 23 juin 1920, art. 25).

3. La restitution est admise sous les conditions fixées par la loi, quelles que soient la qualité de l'acquéreur ou la nature des immeubles.

4. Si la revente n'est que partielle, la portion du prix originaire afférente à la fraction revendue est déterminée par voie de déclaration estimative.

5. Les actes de ventes d'immeubles sont soumis aux dispositions des LL. 27 fév. 1912 et 18 avr. 1918, R. E. 5504.6784, V. *Dissimulation* et *Insuffisance*.

6. Le droit proportionnel de vente est dû sur le contrat présenté sous la forme d'une promesse de vente, dès l'instant qu'il résulte des stipulations dudit contrat et des faits de la cause que la mutation s'est trouvée actuellement et immédiatement réalisée par l'accord des parties sur la chose et sur le prix (Cass. req., 13 déc. 1916, I. 3494-1, R. E. 6541).

7. En cas de vente de meubles et d'immeubles par un même acte, l'absence de prix particulier et de détail estimatif en ce qui concerne les meubles justifie la perception de l'impôt au tarif immobilier sur le prix global (Cass. req., 17 nov. 1913, I. 3413-2, R. E. 5872 ; Cass. req., 15 juin 1920, R. E. 7134).

8. L'exemption du timbre prononcée par l'art. 6 L. 22 avr. 1905 profite, sous les réserves formulées à l'art. 7 de la même loi, aux actes constatant des acquisitions ou des échanges d'immeubles par l'État (Florac, 28 juill. 1911, R. E. 5383 ; D. M. F. 12 déc. 1912, I. 3362 § 19, R. E. 5796).

9. Pour qu'un acte de vente soit exonéré du droit de timbre il suffit qu'il ait pour objet des immeubles et qu'il ne contienne pas de dispositions indépendantes : les modalités qui peuvent affecter le contrat sont, à cet égard, indifférentes. Par suite un acte de vente sous condition suspensive qui ne renferme aucune disposition indépendante peut être rédigé sur papier non timbré (Sol. 31 août 1916, I. 3494 § 15, R. E. 6605).

10. Mais, dans cette dernière hypothèse, l'acte ultérieur qui constate l'accomplissement de la condition est assujetti au timbre. L'expédition de ce dernier acte bénéficie, toutefois, de la dispense d'impôt si elle est établie à la suite de l'expédition du premier acte constatant la vente sous une seule et même signature.

11. La loi du 9 avril 1918 facilite en faveur des pensionnés militaires et des victimes civiles de la guerre l'acquisition, l'aménagement, la transformation et la reconstitution des petites propriétés rurales ainsi que la constitution de ces propriétés en biens de famille (art. 1 à 6, I. 3574, R. E. 6780 ; Déc. 3 déc. 1918, I. 3574, R. E. 6874).

12. Le bénéfice de cette dernière loi doit prendre fin un an à partir de la date fixée pour la cessation des hostilités (L. 17 oct. 1919).

13. La même loi de 1918 dispose que les actes d'acquisition de terres d'une valeur de 1.200 fr. au maximum qu'ils s'engageront à cultiver eux-mêmes pendant 10 ans, actes passés dans l'année qui suivra leur démobilisation par des fermiers, métayers, ouvriers agricoles et non encore propriétaires sont dispensés du droit de mutation et enregistrés gratis (L. 9 avr. 1918, art. 8, I. 3574, R. E. 6780).

14. Sont, par ailleurs, dispensés de la double formalité du timbre et de l'enregistrement, les actes des autorités administratives ayant pour objet exclusif la vente aux habitants des départements atteints par l'invasion, de bâtiments ou baraquements provisoires à usage d'habitation ou d'exploitation agricole (L. 29 mars 1918, art 4, I. 3537, R. E. 6829).

V. *Acte sous seing privé*, 18.

VIREMENT (ORDRE DE). — V. *Reçu*, § 4.

WARRANT. — **1**. Le warrant hôtelier est passible du droit de timbre des effets de commerce de 0,05 0/0 (L. 8 août 1913, art. 15, I. 3475, R. E 5803).

2. Son enregistrement n'est obligatoire qu'en cas de vente prévue pour non paiement. En ce cas, le tarif applicable est celui de 0,50 0/0 édicté pour les effets de commerce (même art.).

3. Le droit à percevoir sur la vente réalisée est fixé à 0,10 0/0 (même art.).

Etablissements André Brulliard, Saint Dizier (Haute-Marne).

www.ingramcontent.com/pod-product-compliance
Ingram Content Group UK Ltd.
Pitfield, Milton Keynes, MK11 3LW, UK
UKHW022013170726
13837UKWH00001B/168

9 782329 211633